転換期・名古屋の都市公共政策

リニア到来と大都市の未来像

伊藤恭彦/小林直三/三浦哲司

|編著|

ミネルヴァ書房

ま え が き

　本書は，現在または将来の都市公共政策について考えようとする人たちに向けて執筆されたものである。では，なぜ，いま，都市公共政策なのだろうか。まずは，都市公共政策が注目される背景について述べていきたい。

　1990年代の地方分権改革の延長線上で，2006年に地方分権改革推進法が制定され，これに基づき地方分権改革推進委員会が設置された。地方分権改革推進委員会は，2008年から2009年にかけて4次にわたる勧告を出している。また，今日，実際に9次におよぶ地方分権改革一括法が成立している。つまり，現在の日本は，まさに「地方」（ここでいう「地方」とは「国」に対する「地方」のことであり，「都市」も含む）を志向する時代といえるだろう。

　ただし，「地方」といっても，多様なかたちが存在する。そのなかでも，経済をはじめとして「地方」を牽引できる人的資源と財政力をもつのは，やはり「都市」だと思われる。このことに関連して，都市部の地方自治体の活動は，当該自治体に留まるものではなく，広く周辺地域にもかかわる。

　たとえば，公営の地下鉄や公立の病院について考えてみよう。これらの事業について，黒字経営が予測される場合には，しばしば，民間の企業や団体が参入するため，国や自治体が何らかの役割を積極的に果たしていくことは，強く期待されない。むしろ，民間の企業や団体が参入しようとしないけれども，公共性の観点から，それらのサービスが求められる場合にこそ，国や自治体への期待が高まる。したがって，これらのサービスの展開は，（当然ながら赤字であってよいわけではないが）本来的に，ある程度の人的にも財政的にも負担がありうる場合が多いのである。

　そうした負担を抱えることができるのは，やはり都市部の自治体になりやすい。しかも，都市における公営の地下鉄や公立の病院の利用者は，都市の住民

だけではない。その周辺地域の住民も利用することになる。言い換えれば，都市部の自治体の財政や人的資源によって，その周辺地域の住民へのサービスを提供しているのである（このことは，都市の財政の周辺地域への流出と捉えることも可能であり，そのことの問題と限界も考えなければならない。なお，文脈は異なるが，いわゆる「ふるさと納税」も，都市から他の地域への資源の流出といえる）。

このようにみると，都市部の自治体の政策は，当該自治体だけの問題ではなく，広く周辺地域にもかかわることがわかる。したがって，広く「地方」のことを考えるためには，「都市」に注目する必要がある。

そこで，本書は「名古屋という都市を対象として，さまざまな角度から都市公共政策を学び，名古屋を深く知る」という理念に沿って，執筆することにした。あえて「名古屋」という都市にこだわり，各章ではできる限り名古屋に関連する動向を扱っている。

振り返ってみると，東京は東京の研究者によって，大阪は大阪の研究者によって，それぞれ豊富な都市研究の蓄積がある。他方で，名古屋に関しては，ふたつの大都市に比べると都市研究の蓄積は浅く，なかでも都市公共政策という観点からの体系的な研究は，管見に限り皆無であった。本書は，こうした学術研究の空白を埋めつつ，名古屋大都市圏のさらなる発展の一助となることをめざした。

本書のねらいがどれほど成功しているかは，読者の判断に委ねることにしたい。ただ，執筆者は各自の学問領域から「名古屋」という都市を扱うことで，研究書としての全体的な共通性を持たせているつもりである。興味のある章から読み進めてもかまわないが，ぜひとも多様な角度から「名古屋」を考える契機になればと願っている。

なお，ミネルヴァ書房編集部の中川勇士さんには，本書の編集から発刊にいたる一連の過程で多大なご尽力をいただいた。ここに深く感謝したい。

2020年7月

編　者

転換期・名古屋の都市公共政策
——リニア到来と大都市の未来像——

目　次

─── コラム ───

①公共政策学とは……25

②都市と大学……44

③ESD……76

④名古屋市と SDGs 未来都市・自治体 SDGs モデル事業……77

⑤東海地域製造業の多様性……99

⑥足による投票……115

⑦PCS と PFI-LCC の現在価値……129

⑧実証分析の結果の見方……130

⑨「学校に泊まろう」……149

⑩中部 ESD 拠点の「流域圏 ESD モデル」……187

⑪名古屋市子どもライフキャリアサポートモデル事業……225

⑫子どもが参画する社会としての「こどものまち」……226

⑬福祉と国家像……259

⑭やさしい日本語劇団……299

序　章
都市公共政策を拓く

1　いま，都市を考える

都市制度のあり方

　現状において都市部の自治体は，人的資源と財政力の点から，新たな政策を立案・実施しやすい立場にある。実際，日本の大都市制度は，都市部の自治体に幅広い権限を認めることで，独自の政策を立案・実施できる環境にあり，その周辺地域も牽引できる。

　たとえば，大都市制度の一例として，政令指定都市制度がある。名古屋市をはじめとする全国20の政令指定都市は，ほかの市町村とは異なり，おおむね都道府県と同様の権限をもっているといわれる。しかし，現代社会では，こうした既存の制度だけでは不十分ではないかとの議論もある。そのことをふまえて，たとえば，2014年の地方自治法の改正によって「総合区」の制度ができた（ただし，現在のところ，実際には導入されていない）。あるいは，いわゆる大阪都構想やその他の様々な構想が示されている。その先では，現在の都道府県の枠組みを変えるという道州制の議論もある。

　このようにみてみると，いまわが国では，これからの都市制度のあり方そのものに，大きな注目が集まっているのである。

都市の責任の重み？

　ところで，近時の最高裁判決では，いわゆる「定数不均衡訴訟」において投票価値の平等を重視して，一票の格差の是正を図ろうとしている。たとえば，かつては衆議院選挙では3倍までの格差は合憲だと考えられてきた（最判昭63・10・21，最判平7・6・8）。しかし，近時は，合憲とされるのは2倍までだと

考えられている（最大判平23・3・23，最大判平27・11・25）。

　こうした一票の格差を是正する傾向を肯定的に評価すべきかどうかは，議論の余地があろう。ただ，現実のうごきは，国政において，都市部の住民の意思がその他の地域の住民の意思よりも反映されやすくなったことを意味している。言い換えれば，日本全体の政策において，従来よりも都市部の住民の比重が高くなったのである。その意味でも，われわれは「都市」に注目すべきだと考えられる。

　このことは，これまで以上に「都市」の責任が重くなったことも意味している。鬼丸かおるは，最高裁判事だった当時，「近年の発達した通信技術により発信が容易になり，また少子高齢化社会に伴う問題の現れとして報道されることも多く，国会議員にも国民にもその実情は知られるようになって」おり，「議員定数を増加する方法を採用しなくとも，人口が少ない地域の実情は知ることができる」ことなどを強調して，「人口少数県により多くの議員定数を配分することには合理性があるとはいえない」としている（最大判平30・12・19での反対意見）。こうした意見を正当化するためには，都市の住民が，たんに人口少数県の実情を知りうるだけではなく，その立場にたって判断し，行動できるようにならなければならないだろう。

　以上のように，現代社会において，都市の政策は（あるいは，それに携わる人たちや住民は），周辺地域を牽引すること，新たな政策モデルを計画・実施すること，そして，これまで以上に人口少数県の立場を考慮して行動することが求められているのである。

　したがって，われわれは，日本の社会を考えるにあたって，そうした都市公共政策に注目することで，そこから多くを学ぶことができる。

2　都市公共政策を学ぶ

政策型思考

それでは，都市公共政策を学ぶことには，どのような意味があるのだろうか。

都市政策であれ，ほかの政策であれ，公共政策を学ぶことは，将来，公務員など行政実務に携わる人や政策形成に関与する人にのみ有益だと考えられがちである。たしかに，公務員志望の人や政治家志望の人にとって公共政策を学ぶ意義は大きい。こうした理解は間違っていない。しかし，政策を学んだり，考えたりすることは為政者や政治・行政エリートにのみ必要だとまでいうと，それは明らかに誤っている。

　戦後，シビルミニマム論を掲げ，自治体改革の理論的支柱を提供し，さらにわが国の公共政策学の確立に尽力してきた，松下圭一は公共政策を学ぶことの意義を「政策型思考」をマスターすることだとした（松下 1991）。「政策型思考」とは問題解決型思考のことであり，都市型社会では個人はいつでもどこでも，自らの責任で問題を解決していくことが求められるのである。公共政策は問題解決の計画や手法を意味しているが，そうした計画や手法を学ぶことは，市民1人1人が直面する問題を解決する力を獲得していくことにつながる。

　松下の考え方によるならば，公共政策学は政治家や政府職員といった政治・行政エリートのための学問ではない。自分の地域でまちづくりや福祉活動を行っている市民たち（その中には退職した高齢者や専業主婦・主夫も含まれる）にとっても，政策型思考は必要だろう。どんな領域で活動する NPO や NGO の職員にも政策型思考は必須である。企業活動と行政や非営利セクターとの協働が広がっていることを考えれば，民間企業で働く人にも政策型思考が大切になっている。

　このように理解すると，公共政策学は現代社会を生きるすべての人が身につける知識体系であるといえる。本書でも公共政策に関わる様々なアクターの役割に注意をしながら叙述をしているので，公共政策にかかわる人々の広さを十分に理解して読み進めてほしい。つまり，公共政策は「他人事」ではなく「自分事」なのである。

都市を学ぶ

　本書は都市の公共政策をテーマにしている。いうまでもなく，大都市や都市

で生活している人ばかりではない。いわゆる地方で生活している人も多数である。たとえば農村や漁村で，農業や漁業で生計をたてて生活している人もたくさんいる。老後，住み慣れた大都市を離れ，地方に移住してのんびり生活する人も増えている。こうした人々にとって，都市の公共政策は関係のないことのように思える。そういう人にとっては，都市公共政策ではなく，地方公共政策や田舎公共政策があれば十分といえるかもしれない。

たしかにその地域に応じた公共政策は実際に存在し，それぞれが個性的である。しかし，自分が住んでいる地域の公共政策や自分の住んでいる地域に類似した地域の公共政策を学ぶだけでは不十分である。さらに都市に暮らす人だけでなく地方に暮らす人も都市公共政策を学ぶ意義がある。その意義をいくつか挙げておこう。

第1の意義は，現代社会が「都市化」と言われる大きな波のなかにある点にかかわる。都市と地方では異なる現象や文化がみられるが，生活様式や人々の行動パターンは似通ってきている。さらに，かつての地方は地縁を基盤とした強固な共同体的社会であったが，現在は都市のように希薄な人間関係も拡大している。このような社会の変化を「都市化」と呼ぶことができる。「都市化」の進展は，地方と都市との差異を小さくし，両者が抱える社会問題や社会課題を共通化していく。地方と都市の違いは程度の差でしかない場合もある。その点で地方に暮らす人も都市について学ぶ必要がある。もちろん，逆に都市で暮らす人が地方について学ぶ必要もある。

急いで付け加えておくが，「都市化」によってすべての地域が抱える問題が同じになっていくわけではない。たとえば少子高齢化という現象は日本全国に共通しているが，その問題の現れ方は都市と地方で異なるだろう。しかし，その場合であっても，地方は都市から，都市は地方から，それぞれの政策についてお互いに学ぶ意義はなくならないだろう。「都市化」の進展により，地方も都市型社会になりつつある。したがって，松下のいう「政策型思考」の重要性は，都市でも地方でも高まっているのである。

第2の意義は社会全体におよぼす都市の影響にかかわっている。都市，特に

大都市は社会全体の「成長エンジン」と位置づけられ，都市の盛衰が社会全体の盛衰に深く関わっている。そして都市の盛衰のいくつかは，そこで展開されている公共政策の内実に関係している。たとえば都市の経済成長を促進する政策が行われ，その効果が地方にも波及することがあるかもしれない。逆に都市の成長が結果的に都市の1人勝ちだけになり，都市へのさらなる人口集中と地方の衰退に結びつくこともある。ある意味で地方の運命の一部を握ってしまっている大都市の状況と政策動向を理解しておくことは，地方が自らの地域の活性化策を構想するうえで不可欠だろう。この点でも都市公共政策を都市以外で暮らす人々が学ぶ意義がある。

3　本書の目的と構成

　ここまでの内容からもわかるように，現代社会が直面する複雑な社会問題の解決策を考えてみたいと思う人は，ぜひとも都市公共政策を学んでほしい。都市公共政策のなかには，行政が取り組むべき公共知だけでなく，社会問題を解決するために市民に求められる実践知も蓄積されている。本書はそうした蓄積の一部を示し，都市公共政策の学びを支援することを目的にしている。

　以上のような背景や目的からなる本書は，全16章から構成される。各章のタイトルからもわかるように，本書は都市にまつわる政治や経済，福祉やまちづくりと，幅広い内容を含んでいる。本来であれば，観光や防災なども欠かせないテーマであるが，本書では扱うことができていないのも事実である。こうした内容に関しては，残された課題として今後に扱うことになる。

　執筆者はいずれも名古屋市立大学の教員（ないしは関係のある教員）であり，かつ2018年5月に設置した都市政策研究センターと何らかのかかわりを有している。名古屋市を設立団体とする名古屋市立大学として，都市公共政策の研究は緒に就いたばかりである。本書は，そのささやかな試みでもある。いまだ道なかばであるが，今後も多方面からの協力を得ながら，幅広く都市公共政策の調査・研究を展開していきたい。

参考文献

松下圭一『政策型思考と政治』東京大学出版会，1991年。
諸富徹『人口減少時代の都市』中央公論新社，2018年。

第 1 章
都市公共政策の課題と都市政治

── この章で学ぶこと ──

　この章では都市が直面している問題を取り上げながら，現代の都市公共政策の課題を理解することを目的にする。特に人口の集中，産業の集積，人工建造物の林立といった都市の現象に注目しながら，都市政策の特徴をみていく。同時にグローバル化や少子化・高齢化によって起こっている新しい都市政策の課題も検討したい。また公共政策は現実政治によっても左右されるので，都市政治と公共政策の関連についても簡単に言及する。

1　公共政策とは

公共政策と政治・政府

　私たちはいろいろな問題に直面し，それらを解決しながら生活している。自力で解決できる問題もあるが，そうではない問題もある。ほかの人と力を合わせなくては解決できない問題も多数あるだろう。それらは多くの人に共通した問題で，そのほとんどは「困ったこと」である。多くの人に共通する困った問題を一般的に社会問題という。

　自分だけの力ではなく，社会のほかの人々と共同して，公共的に社会問題を解決する手法が公共政策である。豪雨で頻繁に川が氾濫すると流域住民はみんな困る。しかし自分だけ堤防をつくることはできない。そこで流域住民が力を合わせて堤防を建設したり，政府が堤防を建設したりするといったやり方が採用される。これは公共政策の典型事例である。

　社会問題を解決するうえで公共政策はとても重要だが，すべての社会問題が公共政策の対象になるわけではない。都市の通勤ラッシュによって多くの人は

困っている。しかし，通勤ラッシュの抜本的な解決は政策課題になかなかならない。社会の多数の人が困っているからといって，それらがすべて政策課題になるわけではない。逆にマイノリティの権利擁護を政策化する場合，社会の少数者の困りごとが課題になっている。この場合，少数者の利益が公共的な課題になっている。これとは正反対に有力政治家が自分の選挙区に，社会全体から見れば必ずしも必要ではない公共事業を誘致することもある。これは政治力をもった少数派が自分の力で政策課題を設定している例だといえる。社会問題が公共政策の対象となるのはたんに困っている人の数だけではない。

　ある社会問題が政策課題になることを，公共政策のアジェンダ設定（課題設定）という。アジェンダには公衆アジェンダと政策アジェンダがある（秋吉・伊藤・北山 2015：53）。前者は一般の人々が注目し政策化したいと考えている社会問題である。後者は政府内部の人間（政治家や官僚）が政策化したいと考えている課題である。どんなに深刻な社会問題であっても，アジェンダにならなければ公共政策による解決は始まらない。何がアジェンダになるかは，世論の力，マスコミの思惑，政治家の好み，政治家の選挙対策など複雑な要因が絡み合う。実は「みんなが困っているから政府に解決してもらおう」という単純な理由で公共政策はできあがらない。公共政策はその立ち上がり方から非常に政治性が強いのである。

　「政策を政争の具にしてはならない」とか「政争はやめて政策を論じよう」とかいった言葉を耳にすることがある。これは正論かもしれない。しかしアジェンダ設定の説明からも理解できるように，政策は政治と切り離せない。公共政策は政争や対立を通して実現していくものである。公共政策を考えるとき，このような政治についての現実的見方が大切である。

　公共政策が政治と深く関わっているからといって，公共政策が政府の独占物であるわけではない。公共政策の中心は確かに中央政府や地方自治体（地方政府）が実行する政府政策である。しかしながら，たとえば企業などの民間セクター，NPO などのボランタリーセクターなど政府以外の主体も公共サービスを提供している。さらに政府が立案した政策をこれらのセクターが実施するだ

けでなく，政策の立案・デザインから政策執行，さらには政策評価まで，政府以外の多様なアクターが関与している。最近では社会問題を解決するために政府を含む多様なアクターが自覚的な協働関係を構築している。こうした協働関係による社会問題解決のことをガバナンスと呼んでいる。統治活動（ガバナンス）はもはや政府の独占物ではなくなったのである。ガバナンス現象は都市や地域のガバナンス（ローカル・ガバナンス）からグローバルなレベル（グローバル・ガバナンス）にまで広がっている。以上のような意味で政策を政府政策に限定するのは狭すぎるので，政府政策ではなく公共政策という言葉が使われている。

公共政策の手法

　公共政策は社会問題の公共的解決の方向性を示す指針と，そのための具体的な手段から成り立っている。社会で暮らす人々は基本的に自分の利益を実現しようと行動している。そのため利益を最大化し，負担を最小化しようとしている。このような動機をもつから，たとえ誰も悪意をもって行動しなくても，結果的に社会問題（社会悪）が発生する。

　ゴミ問題で考えてみよう。ゴミ廃棄について何の規制もなければ，人々は不用になったものを適当な場所にどんどん廃棄するだろう。その結果，悪臭をはじめ生活環境の悪化や自然環境の破壊などが起こり，結果的に多くの人が困る。ゴミを捨てた人は必ずしも生活環境や自然環境を悪化させようと思ったわけではなくたんに自分の利益を考えてゴミを投棄しただけだ。

　公共政策は自己利益に従って行動する人々の行動パターンを変えて社会問題を解決しようとする。ゴミ問題であれば，税金を使って公的なゴミ収集事業を行ったり，勝手な投棄を止めてもらう啓発活動をしたり，悪質な投棄を処罰したり，リサイクル活動に補助金をつけたりして，人々の行動パターンを変えようとする。これらが公共政策の典型的な手法である。

　それでは公共政策の手法にはどのようなものがあるのだろうか。ここでは標準的な政策の 5 類型（足立・森脇 2003：9）を参考に政策手法を整理しておこう。

第1は規制緩和や排出権取引などに代表される「市場メカニズム」の導入である。第2は「税と補助金」を使って人々の行動を変えることである。社会問題を引き起こすような行動には税を課し，社会問題の発生を抑制する行動には補助金をつけるというやり方が代表だろう。第3は「法による行為規制」である。これにはある行為を法的に禁止にすることや登録・免許制度によって規制することが含まれる。第4は「非市場メカニズムによる財やサービスの供給」である。公立学校の設置などがこの代表だろう。また政府が民間企業に委託してサービスを供給することもこれに該当する。第5は「保険とクッション」である。保険は自動車損害賠償責任のような強制保険制度が代表であり，クッションは大災害に備える物資の備蓄が代表である。

　実際の公共政策はこれらの手法を組み合わせている。都市公共政策ではさらに重要な政策手法がある。それはローレンス・レッシングのいう「アーキテクチャ」である。レッシングは「橋が落ちていたら，川を渡る能力の制約になる。鉄道の線路があったら，コミュニティの統合能力が制約されるかもしれない」と述べ，物理的世界自体が人間の行動を制約し変える点を強調している（レッシング 2003＝2004：152）。後に述べるように都市は人工的な建造物から構成されている。この建造物の作り方や建造物による物理的空間の変形で人々の行動を変更させたり制約させたりすることができる。これも都市政策で使われる手法である。

　たとえば地下鉄などの鉄道車両の7人掛けいすは何の手立てもしなければ，混雑時でも6人しか腰掛けていない。しかし，長いすの3人目と4人目の間に縦に伸びる手すりを設置し長いすを3人部分と4人部分に外見上区分するだけで，自然に7人の乗客が座るようになる。これはアーキテクチャの典型である。公園の芝生をはがしてとがった石を並べたり，3人掛けのベンチに肘掛けを設置したりすることが行われる。このような改装は公園の美観や利便性を向上させる方策にも見えるが，公園で寝泊まりする人を排除する手段としても機能する（第13章参照）。

　都市は多数の人工的な建造物から構成される。建造物の作り方によって効率

性や安全性を実現することができる。逆に建造物の構造によっては意図せず誰かの障害となることもある。さらにあえて特定の人を排除する構造をつくることもできる。アーキテクチャは都市において人々の行動パターンを変える重要な政策手法である。同時に目立たない形で特定の人を排除することもできる危険な政策手法である点にも注意が必要だろう。

2　公共政策の対象としての都市問題

都市問題と都市公共政策

　都市公共政策は都市で発生している社会問題の公共的解決をめざす。都市で発生している社会問題は一般的に都市問題と呼ばれてきた。ただし，都市問題という言葉について注意すべき点がある。それは現代社会では都市で（あるいは都市だけで）発生している社会問題はほとんどないということである。交通事故は都市と農村では件数は違うかもしれないが発生している。自然環境は程度の違いはあれどこでも悪化している。いじめ，虐待，子どもの貧困などの子どもにかかわる問題もいろいろな場所で起こっている。こう考えると都市固有の社会問題を見つけることは不可能に近い。

　都市固有の社会問題を見つけにくい背後には，都市的な生活が社会全体に拡大したこと（都市化）がある。今から100年ぐらい前の日本社会であれば，都市の生活様式と農村の生活様式は大きく異なっていた。両者の文化もかなり異なっていた。したがって都市で発生する問題と農村で発生する問題は，量的のみならず質的にも違っていただろう。しかしながら，他の先進国と同様に日本も経済成長を経て，都市と農村はほとんど変わらなくなった。これは「都市」という固有の領域や空間は存在するのかどうかという難しい学問的な問題に広がっていく。

　このように考えてみると都市で発生している問題と都市以外で発生している問題との違いはないといえる。あったとしても量的な違い程度の相対的なものに過ぎない。それでは都市問題とか都市公共政策を考える余地はないのだろう

か。

　ここでは都市には相対的ではあれ，ほかの地域と区別する特徴があり，その特徴があるからほかの地域とは異なる強度で発生する問題があると考えてみたい。そして，そのような問題の解決をめざす公共政策も，独自の政策領域として成り立っていると捉えてみよう。このような公共政策を都市公共政策と呼ぶことにする。さらに主な対象となる都市公共政策は，都市の政策過程を通じて都市政府によって形成された政策，つまり，その都市の地方自治体が決定した公共政策である。都市政策のなかには中央政府が形成し，全国の都市に一律に適用するものもあるが，ここではその重要性や影響力を視野に入れながらも，主には都市が自立的に決定した政策を対象とする。

　以下では相対的であれ，都市をほかの地域と区別できる特徴に着目して，都市公共政策の主要課題を整理していきたい。

人口集中と都市公共政策

　都市の最大の特徴はその人口の多さにある。2019年の横浜市の人口は約374万人，大阪市は約274万人，名古屋市は約232万人である。このうち名古屋市は1960年代末に人口200万人都市となり，その後も一貫して人口増加傾向にある。都市部の人口増加の大部分は，自然増ではなく社会増である。つまりほかの地域からの転入者が都市の人口を増加させてきたのである。これは産業革命以降の近代都市の基本的なトレンドである。人口増加だけでなく，昼間人口が夜間人口よりも多いということも都市の特徴である。名古屋市の場合，2017年の夜間人口が231万人に対して，昼間人口は約259万人であった。これは就労や就学の場が都市にあり，周辺地域から人を集めていることによる。都市は近隣自治体をベッドタウンとしながら発展してきたし，都市勤労者は豊かな郊外にマイホームをもつことを夢にしてきた。このように都市は人がダイナミックに移動する場なのである。

　都市はたんに人口が多いだけではない。そこで生活する人々の集団には，基本的に地縁関係や血縁関係が弱いという特徴がある。この点は伝統的な農村共

同体社会とは異なる。都市は様々な地域から多様な動機をもって移住してきた人々（とその家族や子孫）から構成されている。つまり同質性ではなく異質性の強い人間集団なのである。かつてルイス・ワースが都市を「相対的に大きく，密度が高く，社会的に異質な個人からなる，永続的な居住地である」（ワース 1938＝2011：97）と的確に定義した。さらにグローバル化が進展するなかで，都市で暮らす外国籍住民も増加している。外国籍住民に対する就労，就学，生活のための支援のみならず，日本人住民との地域での共生をはかる多文化共生政策が都市公共政策の課題になっている（第16章参照）。

　このように多様な人々が集まってくるから，都市には独特の問題が発生する。住宅供給，上下水道などのライフラインの整備，ゴミ処理などは多くの人々が集中して居住するためには必須の課題である。さらに異質な人々から構成されるから，伝統的共同体的な紐帯に訴えて治安を維持することはできず，独自の治安維持も重要な都市課題である。後に述べるように，都市で生活する人々に就労の機会を提供しているのは，第 2 次産業と第 3 次産業である。そのために都市で働く人々の働く条件も多様化し，都市独特の労働市場が形成される。その結果，都市で生活する人々のなかに経済階層ができあがり，様々な生活水準で生きる人々が同じ空間で暮らすことになる。これは時に都市内の経済格差や貧困という問題として発現する。このため生活保護や就労支援が都市政策の重要な柱になる（第14章参照）。

人工建造物と都市公共政策

　都市の特徴は，そのほとんどが人工建造物からできあがっている点にある。農村や漁村で暮らす人々は，第 1 次産業に多数の人が従事している。自然に直接的に働きかける労働が中心であるために，農村や漁村では自然に沿い自然環境を残しながら人間の居住地が形作られる。他方で都市は第 2 次産業と第 3 次産業が集積する場であるため，工場群やオフィス群といった人工的な建造物から構成されている。建造物を密集させ集積の利益を最大化するために，次々と都市内部の自然環境は除去されていく。

ディヴィッド・ハーヴェイは都市の最大の特徴を「建造環境」（built environ-ment），すなわち人工的・工業的に作られた環境としたが，これも都市の重要な特徴だといえる（ハーヴェイ 1985＝1992）。「建造環境」づくりの主要な担い手は，企業などの私的セクターである。工場，オフィス，住宅を企業が建設していくが，それ自体が1つの巨大なビジネスとなっていく。他方で，私的セクター主導で「建造環境」が整備されていくと，採算のとれないものや非効率なものは供給されなくなる。その結果，人間が都市で働き生活するために必要な各種ライフラインを，不採算が見込まれる地域も含めて都市全域で担う企業は簡単には現れない。また居住地と仕事場を結ぶ大量交通機関も民間だけでは不十分な場合がある。このような社会資本の整備を担うのが，地方自治体（都市政府）である。地方自治体の社会資本整備のための公共政策は都市の住環境と産業基盤，さらには都市魅力など，都市のあり方を大きく左右する。

　建造物の建設を個々の民間企業だけに委ねると，営利目的から空間の無秩序な分割，無秩序な景観などが作られていく。これを避け調和のとれた都市環境をつくるためには，自治体の都市計画とそれに基づく各種の建築規制政策が不可欠になる。

　他方で自治体は私的セクターでは提供できない各種社会資本の整備を進める。公共交通機関，道路，上下水道などの建設だけでなく，大規模商業施設の誘致を試みたりもする。いうまでもなく社会資本の整備を実際に請け負うのは民間企業であるし，自治体が誘致する商業施設は民間経営である。したがって，都市は私的セクターにとっては大きなビジネスチャンスが提供される場にもなる。

　自治体が都市の「建造環境」に政策的に関与することは，先に述べた公共政策としてのアーキテクチャの可能性も広がることを意味する。人工建造物は，その作り方で人々の行動パターンを変えることができる。そして，それを通して政策目的を実現することも可能になる。道路を拡張すれば交通の利便性が高まる。商店街の道路への車両乗り入れを物理的に排除することで，人々の自由な空間を拡げることもできる。逆にアーキテクチャは悪しき政策目的の実現も可能にする。幅の広い道路や高架道路を作ることは，交通の便を良くする政策

であると同時に作り方次第ではコミュニティを分断することもできる。大都市が人工的な建造物から構成されるから，建造物の作り方や規制のなかにどのような政策意図があるのか注意を払う必要がある。公共政策としてのアーキテクチャのもつ功罪を正しく判断するためには，建造物が誰に対して公正なのかという政策規範の熟考が大切になる。

　都市が大量の人工的な建造物から構成されることから別の政策課題も発生する。それは建造物の老朽化である。私的セクターが建設したものであれば，老朽化した建造物を自らの経営努力で更新するだろう。他方で自治体が建設した建造物については，基本的に自治体財政によって更新が必要となる。特に名古屋市をはじめとした大都市では自治体が高度経済成長期に上下水道を一気に整備した。それが現在の日本の都市の生活基盤や産業基盤を支えているが，同時にほとんどすべてが更新の時期を迎えている。信号機，道路，公共交通機関，公立学校の校舎なども更新が求められるが，都市部自治体の財政状況は必ずしも良くなく，建設からメンテナンスへという課題に応えられるかが焦眉の課題となっている（第 8 章参照）。財政状況悪化のなかで社会資本更新という新しい課題に対応するために，特に都市では新しい公民連携・官民連携（public private partnership, 略称 PPP）づくりが公共政策の大きな柱になっている（第 7 章参照）。

大都市の新しい政策課題

　人口の集中，産業の集積，人工的建造物といった特徴は，近代都市が形成されてからほぼ一貫して都市の政策課題を生み出してきた。こうした政策課題以外に，近年，都市の新しい政策課題が登場してきている。いくつか紹介しておこう。

　第 1 は都市の規模をめぐる問題である。都市は地方自治体として制度的な境界をもっている。しかしながら，先に指摘したように都市の発展は郊外の形成と一体であった。また近隣の都市と密接な経済的な結びつきをつくっている場合もある。名古屋市の場合，自動車産業が集積している豊田市や自動車産業に

関連する企業やものづくりを担う企業が集まっている近隣市町村と大きな経済圏をつくっている。この経済圏は中部地方だけでなく日本の成長エンジンも担っている。さらにリニア中央新幹線が開通すれば東京圏を含む新たな経済圏の形成も予測されている。

　大都市圏（大都市経済圏）が既存の自治体の境界を越えて広がるから，都市制度の規模や役割の再編を望む声も強い。名古屋市も県の機能を取り込んだ「特別自治市」の創設に前向きであり，大都市の規模とその自治体の権能自体が都市公共政策の大きな課題になりつつある。

　このように大都市には境界を拡げていこうとする力学が働いているが，逆の力学も働き始めている。それは高齢化と人口減を原因とするコンパクトシティの形成という課題である。現在，高度経済成長期に開発が進んだ郊外の住宅地においても高齢化が進んでいる。そこに社会資本の老朽化が重なっている。そこで，特に生活に関わる都市機能をコンパクトにまとめることや，都市中心部に複数のタワーマンションを建設し郊外から人口を呼び戻すことも構想されている。これは一度は衰退した中心市街地の活性化にもつながる政策課題である。ただし郊外から都市中心部への人口の移動は下手をすると郊外の衰退を進め都心―郊外の新たな格差にもなりかねない。

　現代の大都市では都市スケールによって政策の内容が変化するし，逆に既存の都市スケールの変更（リスケーリング）自体が政策課題になっている。都市のスケール問題は後で述べる大都市ガバナンスにも大きく関わっている。

　第2の課題はグローバル化と都市という問題である。グローバル化は都市間競争という新しい状況を生み出している。人口減と低成長に直面している日本では，居住者の獲得，財政基盤確保のためのグローバル企業の中枢管理機能の誘致，さらには観光客の獲得を目指した都市間競争が熾烈に展開されている。このためにさらなるインフラや都市間ネットワークの整備が求められている。名古屋市でもリニア中央新幹線開通を都市間競争で優位に立つ条件に転換すべく，駅前の再開発や近隣都市との交通ネットワークの整備が構想されている。さらにグローバルなレベルでも自らの都市の魅力を示すために観光資源の開発

や各種イベントも盛んに行われている。都市間競争に勝ち抜くための政策形成が大きな課題となっている。

　同時にグローバル化は成長エンジンとしての都市の新しい課題も浮上させている。それは地球環境に関わる政策課題である。これが第3の政策課題である。人工建造物の集中と高層化などを原因とする都市独特の気候変動，すなわちヒートアイランド現象については以前から指摘されてきた。人の集中と人工空間の巨大化は，都市内部の自然条件を変化させ，それが特に夏期のエネルギー消費の増加につながっている。都市は地球環境に大きな負荷を与えており，都市のあり方は地球全体の持続可能性にもつながっている。都市が環境に負荷を与えるだけでなく，近年は自然環境が都市に与える負荷についても問題になっている。気候変動の影響から近年，日本では夏期に豪雨が発生する。この豪雨に対して都市機能がことのほか脆弱であることが露呈している。さらに南海トラフ巨大地震などの巨大災害において，いかに都市での減災をはかるかも，都市公共政策の課題になっている。

都市公共政策の体系

　以上のように都市政策は人の集中，産業の集積，人工建造物の林立による利益を最大化しながら，そこから生じる不利益を最小化することを基本的な狙いにしている。自然環境それ自体が，居住者の生活環境を左右する農村とは異なり，都市では人の行いが生活者や勤労者の状態を決定づける。都市公共政策の重要性をハロルド・ウォルマンは次のように指摘している。人々の満足感は通常所得のレベルで測られるが，「人々は所得のレベルとは直接関係のない環境からも満足を導き出している。それらの環境とは生活環境の物理的，余暇的，社会的なアメニティ，家族，教会，コミュニティなど，参加している社会的ネットワーク，自らがアイデンティティを感じている制度との関係，市民的，コミュニティ的な事柄への参加，身体的，精神的健康，個人の安全と安心などである」(Wolman 2012：416)。これらの環境の質は都市政策によって大きく変わる。都市政策のあり方はそこで生活したり働いたりしている人々の状態や満

足度に甚大な影響力をもつから，きわめて重要なのである。

　人々の満足度は都市環境全体によって左右されるから，都市公共政策は個別の都市問題の解決だけでなく，都市全体の発展方向を意識した総合政策として定式化される必要がある。今日，都市自治体だけでなく，全ての地方自治体が各種計画とその下の施策を統括する「総合計画」を定期的に策定している。都市問題が複雑に連結し大規模化するだけでなく，多様で異質な人間から構成されているのが都市であるから，小規模自治体以上に政策の総合調整が不可欠である。そのため「総合計画」という都市ビジョンの提示と政策の体系化は非常に重要である。

　名古屋市においては21世紀になってからだけでも「名古屋市新世紀計画2010」「名古屋市中期戦略ビジョン」「名古屋市総合計画2018」が策定され，2019年に新しい総合計画「名古屋市総合計画2023」が策定された。名古屋市の新しい総合計画は，前述の都市課題の展開をにらみ2030年頃の名古屋市を念頭に2023年までの名古屋市の政策を体系化している。総合計画では政策の体系化を図るための５つの「めざす都市像」が示されている。それは「人権が尊重され，誰もがいきいきと暮らし，活躍できるまち」「安心して子育てができ，子どもや若者が豊かに育つまち」「人が支え合い，災害に強く安心，安全に暮らせるまち」「快適な都市環境と自然が調和したまち」「魅力や活力にあふれ，世界から人や企業をひきつける，開かれたまち」である。

　公共政策は一般に政策のもとに「施策」が，「施策」のもとに「事業」（事務事業）が紐づけられていく。これを政策の体系性と呼んだりするが，総合計画が都市問題を解決していくことができるかどうかは，各種事業の成否にあるが，同時に事業がどのように体系化されているかによっても決まる。名古屋市の総合計画でも「都市像」という政策理念のもとに「施策」と「事業」が明確に位置づけられ，それらが相乗効果的に実行されることによって都市居住者の満足が決まるといってよいだろう。

3　都市政策と都市政治

都市政治の特徴

　都市居住者の生活のみならず都市の未来像をも左右する都市政策は，いうまでもなく，都市の政治過程を通して策定される。つまり議会と首長の二元的な代表過程が都市政策の内実に決定的な役割をもつ。

　都市は多様で異質な人々から構成されているから，その利害も多様であり利益調整もきわめて難しい。かつての都市産業では第2次産業が中心であり，都市住民の多くは工場労働者であった。そのため多数の労働者を組織した労働組合の政治力が都市政治に大きな影響力を行使した。労働組合の影響力を背景に1960年代から70年代にかけて大都市で次々と「革新自治体」が誕生した。名古屋市でも1973年から1985年までは革新市政であった（ただし1981年から1985年までの第3期は自民党を含む全ての政党が支持にまわった）。高度経済成長期に大都市で発生した公害，過密，社会福祉といった問題群に対して農村を地盤とした自民党が対応できなかったことが「革新自治体」を生み出した1つの原因である。名古屋市では現在でも労働組合を支持基盤とした政治勢力が一定の力をもっている。

　ところが近年の都市産業では第3次産業が中心になり，そこで働く新しいタイプの有権者が登場した。それは「無党派層」と呼ばれたりするが，特定の政治勢力を強く支持するわけではなく，選挙ごとに投票行動を変える有権者である。有権者の「無党派層」化は都市のみの現象ではない。しかし，近年，都市の「無党派層」が与野党問わず既成の政治勢力とは異なる政治勢力を支持する傾向が現れている。2008年に大阪府知事に，2011年に大阪市長に就任した橋下徹と「大阪維新の会」は，その典型である。名古屋市でも2009年から新政党「減税日本」を組織した河村たかしが4期連続市長に就いている。彼も既成の政治勢力を基盤にしているわけではない。

　こうした新しいタイプの都市首長は，既存の政治勢力との対決姿勢，都市官

僚（自治体職員）との対抗という分かりやすい政治手法を使いながら，都市の公共政策を大胆に，革新していこうとする。河村市長の場合は「減税」と「議員報酬の削減」という有権者受けする政策で支持を取りつけながら，観光政策の推進や都市独特の教育問題や貧困問題解決のための大胆な政策を断行している。こうした政治は「ポピュリズム」と評価されることもあるが，都市政治を大きく変える潜在力があることは確認しておきたい。

　重要なことは社会が大きく動く時代に，都市有権者は全国に先駆けて新しい政治選択をし，それが日本政治の大きな革新にもつながる点である。そして有権者の直接的で強力な支持をとりつけた首長がリーダーシップを発揮し，新しい都市政策を強力に推進する。近年の大都市ではこのような政治過程を通して都市政策が決まっていくのである。

大都市ガバナンス

　都市もほかの自治体と同じように，首長と議会の二元代表が政策過程の制度的な特徴である。住民の直接的な支持を得て当選した首長は時として議会だけでなく都市官僚とも対立する。このような独特の特徴をもつ都市政治のなかで都市公共政策が決定され執行される。こうした特徴に加えて，先にも指摘したように現代の大都市は大都市圏として拡張する傾向と人口減による縮小という複雑な力学のなかにもおかれている。

　都市政治の複雑性と圏域をめぐる力学から，都市公共政策の立案，決定，執行，評価の全過程において独自のガバナンスが必要だとの議論も広がっている。独自のガバナンスを「大都市圏ガバナンス」と表現することもある。成長エンジンと自治という課題を遂行するために大都市圏ガバナンスの基本的問題は「大都市圏ガバナンスにおける住民自治と都市内分権推進」と「大都市行政における中枢性・一体性・総合性・効率性の確保」である（重森 2017：11）。都市は自治の単位としては領域を可能な限り小規模に分権化することが望ましく，成長エンジンの中枢管理としては行政の集中が望ましいが，2つを両立させることには困難を伴う。

　さらに先にも指摘したように，公共政策の執行過程において多数の民間セクターや非営利セクターが参加し，行政との連携のなかで活動している。この傾向は特に大都市を含む自治体財政悪化のなかで強くなっている。このようなローカル・ガバナンスは大都市圏でも今後拡大していくと考えられる。ローカル・ガバナンス現象は「ネットワーク・ガバナンス」として現れている。マーク・ベビアは政府の活動が「無数の多種多様な公的機関，民間組織，非営利団体などで構成される，空間的，機能的に独自のネットワークの間に分散されるようになっている」（ベビア 2012 = 2013 : 113）と指摘している。先に紹介したPPP もネットワーク・ガバナンスの典型なのである。

　大都市圏の自治体首長のガバナンス，都市官僚のガバナンスのみならずローカル・ガバナンスという現象が拡大していくなかで，特に大都市圏では巧妙な舵取りが求められる。都市問題が複雑化することが予想されるが，都市問題を解決する公共政策だけでなく，どのような枠組や連携で公共政策を立案し，決定し，執行していくのかということ自体が都市公共政策の焦点になっているのである。

都市公共政策と政策規範

　先に述べたように都市には多様な利益があり，その相互調整は難しい課題である。対立する利益を調整しながら都市問題を解決する政策においては，政策規範が特に重要になる。つまり，ある公共政策が誰のどのような利益を高め，それがどのような意味で公平なのか（あるいは正義にかなうのか）という規範的な思考が求められる。

　さらに前述のように都市は「建造環境」から構成され，それらの多くはアーキテクチャとして機能している。人の手で作られたわけではない自然環境に対して「公平」とか「不公平」とかいう人はいない。これに対して人間が作った環境に対しては「公平」とか「不公平」とかいうことができる。高い山を越えないと隣町に行けない人々は「辛い」というかもしれないが，平坦な土地に暮らす人より「不公平だ」とはいえない。これに対して高い歩道橋を渡らないと

買い物に行けない高齢者や子どもが，車優先の「建造環境」に対して「不公平だ」ということは十分に意味をもつ。

　都市は公平や正義という規範を重視しなくてはならない場でもある。都市における正義の重要性をいち早く提起したのはハーヴェイである。所得分配の格差は社会政策や経済政策をはじめとした公共政策の課題になる。ハーヴェイは所得分配の背後にある「隠れたメカニズム」として「雇用と住宅の立地」「所有権の価値」「消費者にとっての資源の価値」を挙げる（ハーヴェイ　1973＝1980：110）。点（小売店・学校・病院），線（交通の便），面（選挙区・テリトリー），立体（建造物）からなる都市は，人々の生活のあり方に深刻な影響を与える。

　都市公共政策，特に都市計画はこのような公平や正義の観点から吟味されなくてはならない。ハーヴェイは都市において恵まれない人々が公平といえる都市公共政策が正義にかなうという。さらに「公正な都市」を提唱しているスーザン・ファインスティンも経済成長への貢献という観点からのみ都市が評価されていることを批判し，社会的公正こそが都市公共政策の基底におかれるべきと主張している（Fainstein 2010）。このような都市独特の規範として正義を理解する議論は，都市における悪しき地形，弱者やマイノリティを地理的，物理的手法で排除する構造を批判し，全ての人に対して開かれた空間を目指す「空間的正義」（spatial justice）としても展開している（Soja 2010）。

　都市の正義論を都市公共政策の基底に組み込む議論はまだ始まったばかりだが，都市住民の多様性や「建造空間」が人の善き生活に及ぼす影響をふまえるならば，都市公共政策の原論として，正義論を含む規範論を位置づける必要があるだろう。

4　公正な都市公共政策へ

　オリンピック・パラリンピックの開催や万博の誘致などで日本の大都市は大きな盛り上がりを見せている。名古屋市もアジア競技大会の開催やリニア中央新幹線の開通を起爆剤に都市としてのさらなる飛躍をめざしている。こうした

イベントや大事業を契機に都市の発展を考えることは，グローバルな都市間競争を勝ち抜く上で重要なことであろう。そして都市間競争が繰り広げられることで，名古屋市をはじめとした日本の大都市が日本全体の成長エンジンとして機能していくだろう。こうした成長戦略を後押しするのが都市公共政策である。

　しかしながら都市公共政策を成長戦略の手段としてのみ位置づけることは狭すぎるといわざるをえない。本章で検討してきたように，少子化，高齢化，グローバル化のなかで都市は新しい都市問題を抱え始めている。そして多くの都市問題は都市で暮らす弱い人々や傷つきやすい人々に大きな打撃を与える。華やいだ都市の表層だけではなく，都市の見えない場所で苦しんでいる人々に視点をおいた公共政策でなければ正当性を主張できない。その意味で公正な政策が現在ほど求められている時代はない。

　都市は古代ギリシア以来，自由な空間と考えられてきた。都市で生きるすべての人が自由を満喫できるかどうかに都市公共政策の最大の課題がある。

参考文献

秋吉貴雄・伊藤修一郎・北山俊哉『公共政策学の基礎（新版）』有斐閣，2015年。

足立幸男・森脇俊雅『公共政策学』ミネルヴァ書房，2003年。

重森暁「自立都市ネットワーク構想と大都市圏ガバナンスの課題」重森暁・柏原誠・桑原武志編『大都市圏ガバナンスの検証——大阪・アジアにみる統治システムと住民自治』ミネルヴァ書房，2017年。

ハーヴェイ，ディヴィッド（竹内啓一・松本正美訳）『都市と社会的不平等』日本ブリタニカ，1980年。

———（水岡不二雄訳）『都市の資本論——都市空間形成の歴史と理論』青木書店，1992年。

ベビア，マーク（野田牧人訳）『ガバナンスとは何か』NTT 出版，2013年。

レッシング，ローレンス（山形浩生・守岡桜訳）『FREE CULTURE——いかにして巨大メディアが法をつかって創造性や文化をコントロールするか』SHOEISHA，2004年。

ワース，ルイス「生活様式としてのアーバニズム」松本康編『都市社会学セレクション 1 近代アーバニズム』日本評論社，2011年。

Fainstein, Susan S. (2010) *The Just City*, Cornell University Press.

Lasswell, Harold D. (1971) *A Pre-View of Public Policy Sciences,* American Elsevier.

Soja, Edward W. (2010) *Seeking Spatial Justice,* University of Minnesota Press.

Wolman, Harold (2012) "What Cities Do: How Much Does Urban Policy Matter?," in Karen Mossbetger, Susan E. Clarke, and Peter John (eds.) *The Oxford Handbook of Urban Politics,* Oxford University Press.

推薦図書

秋吉貴雄・伊藤修一郎・北山俊哉『公共政策学の基礎（新版）』有斐閣，2015年。

＊公共政策学は政治学や経済学のなかの1領域と考えられてきたが，近年では独立した学際的学問領域だと理解されるようになっている。本書はそうした公共政策学の最新の見取り図である。

ベビア，マーク（野田牧人訳）『ガバナンスとは何か』，NTT 出版，2013年。

＊公共政策を理解するうえで「ガバナンス」はキーワードである。本書はガバナンス概念の多様な顔に注意を払った概説書である。

─── コラム①　公共政策学とは ───

　公共政策という言葉がわが国でも定着した。その背景には公共政策を学問的に検討する公共政策学の興隆がある。かつて政策学は政治学や経済学の一下位領域と考えられてきたが，現在では公共政策学は政治学，経済学，法学，社会学，工学など様々な学問領域から構成される新しい学際的な学問と理解されるようになっている。

　公共政策学が扱う知識については，ハロルド・ラスウェルの整理が有名である。ラスウェルは，公共政策学が扱う知識を「of の知識」と「in の知識」に整理した（Lasswell 1971）。「of の知識」とは公共政策のプロセス，すなわち公共政策が成立する一連のプロセスに関する知識である。これは専門的には政策過程論や政策決定過程論と呼ばれ，アジェンダ・セッティング，政策案の形成，政策決定，政策執行，政策評価という流れを対象にする。そしてそこに登場するアクターやアクターが表出する利益や価値，さらにはアクターを制約する制度の現実との関係で政策形成プロセスを分析する。

　他方で「in の知識」は公共政策づくりで使われる知識である。公共政策学のなかでは政策デザイン論や政策評価論が，この知識に位置づけられる。さらにたとえば都市政策の立案には，人口学，環境学，工学，教育学などの非常に広範囲の都市に関する知識が必要になる。この種の知識も「in の知識」に含めてよいだろう。

　どんなにうまくデザインされた公共政策案も複雑な政治力学が働く政策過程を通過しなくては公共政策として日の目を見ない。その意味で政策デザイナーは政策過程については正しい理解をもたなくてはならない。政策過程の現実をふまえたうえで，政策に投入する知識を精査しなければならない。

　かつては政治家の勘や官僚の経験則が政策づくりの中心にあった。今でも政策づくりにそのような面はある。しかし，利益だけでなく不利益（国民に対する負担や痛み）の分配を行う政策も必要になっている。その結果，多様な価値観や利害をもった国民に対して科学的で丁寧な政策の説明が必要になる。この意味でも公共政策についての体系的で汎用性の高い知識の蓄積が必要である。「of の知識」と「in の知識」を体系化した公共政策学の意義はここにもある。

　わが国でも公共政策学についての標準的なテキストが出版されている。本書を理解する前提として，公共政策学のテキストにも目を通すことをお薦めしたい。

第2章
憲法と都市制度

┌─ この章で学ぶこと ─────────────────────

　本章では，都市政策を考える前提として，日本の都市制度についてみていく。日本国憲法には地方自治に関する規定があり，したがって，憲法上の地方公共団体であれば，当然のことながらその規定の法的拘束を受ける。そのため，日本の都市も憲法上の地方公共団体である場合には，その制限の範囲内で構築することになる。そこで，本章では，特に都市制度のあり方についての憲法上の制約を解説していく。

└─────────────────────────────────

1　憲法における地方自治制度

　大日本帝国憲法には地方自治に関する規定はなかったが，日本国憲法では，地方自治に関する規定をもつに至っている。その意味で「地方自治」は，日本国憲法の特徴の1つだといえる。そして，現在の日本の都市制度も，そうした日本国憲法の地方自治制度の一部なのである。

　憲法上の規定に「地方自治」に関するものを設けることは，一方で地方自治制度の促進に繋がるものである。しかし，他方では，憲法上の「地方公共団体」である場合には，当然のことながら，憲法上の地方自治に関する規定に拘束されることになる。したがって，その意味では，地方自治制度を考えるにあたって，憲法上の規定が限界を設定していることにもなる。

　このことは，住民参加においても同様であり，たとえば外国人に地方参政権を認めることができるかどうかも，憲法によって限界づけられることになる。

　それらの憲法上の限界の当否はともかく，まずは憲法上の地方自治に関する規定について理解を深めておくことが，これからの都市制度を考えるにあたっ

て，不可欠なことだといえるだろう。

　本章は，そうしたことをふまえて，憲法上の地方自治に関する規定の理解を中心に，都市制度の特徴を解説するものである。

2　地方公共団体の概要

憲法上の地方公共団体と都市制度

　日本国憲法では，地方自治に関して第92条から第95条までの４つの条文を定めている。憲法第92条では，「地方公共団体の組織及び運営に関する事項は，地方自治の本旨に基いて，法律でこれを定める」とある。憲法学の通説的な考えによれば，ここでいう「地方自治の本旨」とは「住民自治」と「団体自治」のことを意味している。「住民自治」とは，地方自治はその地方の住民の意思に基づくものだということであり，「団体自治」とは，地方自治とはほかの団体（国も含む）から独立してその団体の意思と責任で行われるということである。したがって，憲法第92条によれば，憲法上の地方公共団体の組織や運営について，国（国会）で制定する法律で決めることになるが，それは，これら「住民自治」と「団体自治」の考え方に基づいたものでなければならない。

　次に憲法第93条の第１項では，「地方公共団体には，法律の定めるところにより，その議事機関として議会を設置する」としている。実際，この規定を受けて，地方自治法第89条では，「普通地方公共団体に議会を置く」と定めている。ただし，同法第94条では，「町村は，条例で，第89条の規定にかかわらず，議会を置かず，選挙権を有する者の総会を設けることができる」とし，同法第95条では，「前条の規定による町村総会に関しては，町村の議会に関する規定を準用する」としている。つまり，原則的には議会を設置することになるが，町村においては，（有権者によって選出された議員ではなく）有権者による総会に代えることができるのである。地方自治法制定以前の事例も含めれば，町村総会の事例は２例（地方自治法下では，そのうち１例）しかない。ただし，いわゆる過疎地では議員のなり手がいなくなるなどの理由から，近年，注目されるこ

ともあり，実際，高知県土佐郡大川村で検討が行われたりもしている。

　ところで，地方議会の議員は，国会議員と同様に憲法上の特権が認められるのだろうか。たとえば，日本国憲法第51条では，国会の「両議院の議員は，議院で行つた演説，討論又は表決について，院外で責任を問はれない」として，いわゆる「免責特権」を国会議員に認めている。こうした特権は，地方議会の議員にも認められるのだろうか。この点に関して，最高裁大法廷は「憲法上，国権の最高機関たる国会について，広範な議院自律権を認め，ことに，議員の発言について，憲法第51条に，いわゆる免責特権を与えているからといって，その理をそのまま直ちに地方議会にあてはめ，地方議会についても，国会と同様の議会自治・議会自律の原則を認め，さらに，地方議会議員の発言についても，いわゆる免責特権を憲法上保障しているものと解すべき根拠はない」としている（最大判昭42・5・24）。

　さて，憲法第93条第2項では，「地方公共団体の長，その議会の議員及び法律の定めるその他の吏員は，その地方公共団体の住民が，直接これを選挙する」としている。したがって，憲法上の地方公共団体の場合には，その長（首長）は，住民（有権者）による直接選挙で選出されなければならず，たとえば国の内閣総理大臣のように議会（国会）で選出する仕組みは採用できないことになる。最高裁大法廷判決でこの点に関連する内容のものとして，次のように述べたものがある（最大判昭38・3・27）。

　すなわち，「憲法は，93条2項において『地方公共団体の長，その議会の議員及び法律の定めるその他の吏員は，その地方公共団体の住民が直接これを選挙する。』と規定している。何がここにいう地方公共団体であるかについては，何ら明示するところはないが，憲法が特に1章を設けて地方自治を保障するにいたつた所以のものは，新憲法の基調とする政治民主化の一環として，住民の日常生活に密接な関連をもつ公共的事務は，その地方の住民の手でその住民の団体が主体となつて処理する政治形態を保障せんとする趣旨に出たものである。この趣旨に徴するときは，右の地方公共団体といい得るためには，<u>単に法律で地方公共団体として取り扱われているということだけでは足らず，事実上住民</u>

が経済的文化的に密接な共同生活を照み，共同体意識をもつているという社会的基盤が存在し，沿革的にみても，また現実の行政の上においても，相当程度の自主立法権，自主行政権，自主財政権等地方自治の基本的機能を附与された地域団体であることを必要とするものというべきである。そして，かかる実体を備えた団体である以上，その実体を無視して，憲法で保障した地方自治の権能を法律を以て奪うことは，許されないものと解するを相当とする」と述べたのである（下線筆者）。

　なお，この事例では，東京都にある区（後述の特別地方公共団体の１つである「特別区」）が憲法上の地方公共団体かどうかが問題となったのであるが，判決は，東京都にある区は憲法上の地方公共団体ではないとしている。そのため，現在の東京都にある区は区長を住民による直接選挙で選出しているが，その仕組みを変更したとしても違憲とはならないし，実際，変更されていた時期もあったのである。

　さて，この判決によれば，憲法上の地方公共団体といえるためには，「法律で地方公共団体として取り扱われているということだけでは足らず，事実上住民が経済的文化的に密接な共同生活を照み，共同体意識をもつているという社会的基盤が存在し，沿革的にみても，また現実の行政の上においても，相当程度の自主立法権，自主行政権，自主財政権等地方自治の基本的機能を附与された地域団体」でなければならないことになる。では，それに該当する地方公共団体は，具体的に何であろうか。

　地方自治法では，地方公共団体を「普通地方公共団体」と「特別地方公共団体」とに分けている。そして，「普通地方公共団体」には「都道府県」と「市町村」とがあり，「特別地方公共団体」には，「特別区」「地方公共団体の組合」「財産区」「地方開発事業団」（後述のように現行法上，規定はない）である（合併特例区については割愛）。

　ここでいう「特別区」とは，現在，存在しているものは東京都の23の区だけである。なお，大阪都構想でいわれている区も，ここでいう特別区のことである。

　なお，政令指定都市にも「区」が存在しているが，これは「行政区」と呼ばれるもので，あくまで政令指定都市の下部組織の1つであり，市長の権限に属する事務を分掌する組織である。また，政令指定都市以外でも，市町村長の権限に属する事務を分掌する「地域自治区」を設置することができるが，それも，あくまで市町村の下部組織の1つである。さらに，現行法上は，「行政区」を「総合区」に代えることも可能である。「総合区」は「行政区」よりも権限が強化されていることが特徴となっている。ただし，これまでのところ，総合区を導入した事例は存在していない。

　これら「総合区」「行政区」「地域自治区」に対して，「特別区」は独立した1つの地方公共団体である。

　なお，姫路市などでも「区」が存在しているが，それは地名として「区」を用いているだけであり，上記の特別区でも行政区でも地域自治区でもない。

　さて，「地方公共団体の組合」には，「一部事務組合」と「広域連合」がある。「一部事務組合」とは，消防や上下水道などの地方公共団体の事務を共同で行うための組織である。かつては地方議会や執行機関の事務を共同で行う「全部事務組合」制度もあり，その場合には，事務処理的には事実上の地方公共団体の合併に近いものとなるが，現行法では廃止されている。また，執行機関の事務を共同で行う「役場事務組合」制度もあったが，これも現行法では廃止されている。

　「広域連合」は，共同して地方公共団体の事務を行う点では「一部事務組合」と同様のものであるが，国などからの権限移譲があり得るなどの違いがある。

　「財産区」は，地方公共団体の合併などの際に，もともとの地方公共団体の財産を合併後の新しい地方公共団体ではなく，もともとの地方公共団体の地域で管理するものである。

　なお，かつては特別地方公共団体として，「地方開発事業団」の規定もあった。これは，複数の地方公共団体が共同で行う公共事業を委託され，それを実施するものである。現行法上は規定が削除され，新しくは設置できない。

　また，かつては特別地方公共団体に「特別市」も含まれていた。これは，都

道府県の区域外のものとして（通常の市町村は区域的に都道府県に包含されている），都道府県や市町村の事務を行うものである。もともとは5大都市（大阪市，京都市，神戸市，名古屋市，横浜市）を想定したものとされるが，実際に特別市になったものはなく，現行法では，特別市制度は廃止されている。そして，実質的に，特別市制度に代わるものが，政令指定都市制度である（ただし，政令指定都市は普通地方公共団体である）。

さて，これらの特別地方公共団体が，憲法上の地方公共団体ではないことに，学説上，ほとんど異論はない。したがって，これらの特別地方公共団体の組織や運営に関しては，憲法上の法的拘束はなく，法律などで自由に定めることができる。

次に普通地方公共団体であるが，そのうち，「市町村」が憲法上の地方公共団体であることにも，学説上，ほとんど異論はない。したがって，「市町村」に関しては，憲法上の規定の法的拘束を受けることになる。

なお，現行法上の大都市制度としては，「市」について，「政令指定都市」と「中核市」がある。かつては，「特例市」もあったが，現行法上は廃止されており，かつて「特例市」であったもののうち，「中核市」に移行しなかったものについて，経過措置的に「施行時特例市」としている。

政令指定都市や中核市は，都道府県から権限移譲が行われるため，そうではない市に比べて多くの権限をもつことになる。特に政令指定都市は，実質的に都道府県に近い権限を有することになる。それだけに，政令指定都市や中核市は，近隣地域を牽引することが期待されているといえるだろう。

地方自治法では，政令指定都市とは「政令で指定する人口五十万以上の市」（同法第252条の19）となっている（ただし，実際には人口50万人で政令指定都市になった例はない。なお，中核市は「政令で指定する人口二十万以上の市」（同法第252条の20）である）。

政令指定都市は，現在のところ，名古屋市をはじめ20市があり，それらの人口を合わせると，おおむね日本の全人口の5分の1となる。

さて，憲法上の位置づけで問題となるのが「都道府県」である。

つまり，都道府県が憲法上の地方公共団体なのかどうか，そして，憲法が市町村・都道府県の二層構造まで求めているのかについて学説上の争いがある（なお，現在のところ，最高裁大法廷判決で，この点を明らかにしたものはない）。

したがって，仮に，いわゆる「道州制」の導入を考える場合，憲法が市町村・都道府県の二層構造を求めており，都道府県も憲法上の地方公共団体であるとすれば，憲法上，都道府県制を廃止することはできないため，道州制を大きな都道府県制（都道府県が合併したものが道州になる）と考えることになる。そして，そうした道州制の組織や運営も，憲法上の法的拘束を受けることになる。逆に，憲法が市町村・都道府県の二層構造を求めておらず，都道府県も憲法上の地方公共団体ではないとすれば，道州制のあり方は，より柔軟に制度設計が可能となるといえるだろう。

地方公共団体の権限と国の権限

さて，地方公共団体も国の区域の一部に存在する以上，その区域に一定の国の権限が及ぶことは当然のことであり，したがって，地方公共団体の権限と国の権限との関係が問題となる。

日本国憲法第94条では，「地方公共団体は，その財産を管理し，事務を処理し，及び行政を執行する権能を有し，法律の範囲内で条例を制定することができる」としている。そのため，たとえば，国が法律で環境保護などのために開発などの経済活動に一定の規制をかけている場合に，環境保護を推進しようとする地方公共団体の独自の判断で，国の規制よりもさらに加重（上乗せ規制）をしたり，あるいは，規制の対象範囲を広げたりする（はみ出し規制）ことは可能かどうかが問題となる。

この問題に関して，最高裁大法廷は次のような判断をしている（最大判昭50・9・10）。

すなわち，地方自治法では法律に違反しない限りで条例制定を認めており，「普通地方公共団体の制定する条例が国の法令に違反する場合には効力を有しないことは明らかであるが，条例が国の法令に違反するかどうかは，両者の対

象事項と規定文言を対比するのみでなく，それぞれの趣旨，目的，内容及び効果を比較し，両者の間に矛盾抵触があるかどうかによつてこれを決しなければならない。例えば，ある事項について国の法令中にこれを規律する明文の規定がない場合でも，当該法令全体からみて，右規定の欠如が特に当該事項についていかなる規制をも施すことなく放置すべきものとする趣旨であると解されるときは，これについて規律を設ける条例の規定は国の法令に違反することとなりうるし，逆に，特定事項についてこれを規律する国の法令と条例とが併存する場合でも，後者が前者とは別の目的に基づく規律を意図するものであり，その適用によつて前者の規定の意図する目的と効果をなんら阻害することがないときや，両者が同一の目的に出たものであつても，国の法令が必ずしもその規定によつて全国的に一律に同一内容の規制を施す趣旨ではなく，それぞれの普通地方公共団体において，その地方の実情に応じて，別段の規制を施すことを容認する趣旨であると解されるときは，国の法令と条例との間にはなんらの矛盾抵触はなく，条例が国の法令に違反する問題は生じえないのである」としている（下線筆者）。つまり，法律に違反する条例は認められないが，法律に条例が違反するかどうかの判断は，たんに文言だけから考えるのではなく，その法律と条例「それぞれの趣旨，目的，内容及び効果を比較し，両者の間に矛盾抵触があるかどうか」で判断するのである。したがって，そうした判断にしたがって，法律に違反しない場合には，法律の上乗せ規制やはみ出し規制も条例によって可能となる。

　なお，日本国憲法第95条は，「一の地方公共団体のみに適用される特別法は，法律の定めるところにより，その地方公共団体の住民の投票においてその過半数の同意を得なければ，国会は，これを制定することができない」としている。これは，地方自治を重視して国と地方公共団体との関係を規律する規定である。実際，この規定をふまえて住民投票が行われたものとしては，戦後の広島市の復興のための広島平和記念都市建設法，横須賀市，呉市，佐世保市，舞鶴市についての旧軍港市転換法などがある。

直接民主制的制度

　ところで，地方自治制度の基本を定める地方自治法では，国政に関する制度と比べて，直接民主主義的な制度の要素が強い。憲法上の地方公共団体では首長を直接選挙で選出するが，それ以外にも，たとえば，地方自治法上，直接請求制度が定められており，一定数以上の「有権者」の署名を集めることで，議員や首長，主要な職員の解職，議会の解散を求めたり，事務監査の請求，条例の制定や改廃の提案をしたりすることもできる。

　なお，地方自治法の施行令では，条例制定などの直接請求の前提となる手続として，請求の代表が条例制定請求代表者証明書の交付を受けることになっている。さて，この条例制定請求代表者証明書の交付申請について，もし，地方公共団体の首長が求められる条例案は法律に反する内容であると判断した場合に，同証明書の交付について拒否処分をすることができるのだろうか。

　この点に関して参考となるものとして，次の東京高裁判決がある（東京高昭49・8・28）。

　すなわち，「請求代表者が長に対し代表者証明書の交付を申請すべきものとしたのは，当該地方公共団体の議会の議員および長の選挙権を有する者でなければ条例制定請求ができない」ため，「あらかじめ請求の前提手続の段階で請求代表者の資格を公認し，同資格をめぐる後日の無用の紛争を避けるとともに爾後の手続の明確を期する趣旨に出たに他ならないのであつて，代表者証明書の交付申請の段階において長が当該条例案の内容を事前審査し，その判断により住民の条例制定請求の途を杜絶するようなことは全く法の予想しないところである」とし，また，「地方自治のあり方における住民自治の要請に基づき，地方住民は原則的には地方公共団体の議会の議員および長の選挙を通じて間接的に地方自治に参与するものとされているが，間接参政制度に伴う弊害を是正する手段として別に住民には条例の制定等に関し直接的にその意思を表明する権利が与えられているのである。地方公共団体の議会の議員又は長は住民の選挙により住民の意思を反映して選出されたものであるとはいえ，実際には必ずしもすべての住民の意思をそのまま地方自治に反映しつくすことはとうてい期

し難いところであり，ここに議員又は長と政治的，社会的，経済的その他の点において見解を同じくしない住民による条例制定請求権行使の必要が是認されるのである。もし条例制定請求手続の前哨手続に過ぎない代表者証明書交付申請の段階において，長に条例案の内容の事前審査を許すものとすれば，長が反対見解に立つ限り，ややもすれば住民の条例制定請求の権利の行使が右の前哨段階において事前に阻止され爾後の手続が阻害されるおそれがある」とした。そのうえで，「条例案を一見しただけで条例で規定し得ない事項又は条例制定請求をなし得ない事項に関するものであることが，何人にも論議の余地すらない程に極めて明白である場合には，爾後の法定の手続を進めることも無意義に帰することが明らかであるから，代表者証明書の交付申請の段階において，例外的に，爾後の手続の進行を阻止することも許されてよい」としながらも，それに該当する場合とは，「法定されている場合とか，憲法改正手続を定めるものであるとか極めて局限された場合に限られ」るとし，「実際にはたやすくかかる断定を下し得ないのが常である。しかるに安易に長にかかる判断を許すときは，ともすれば長の見解により代表者証明書交付申請という前哨段階において住民の条例制定請求権の行使を阻止し，条例制定請求制度を設けた趣旨を没却せしめるおそれがある。したがつて，右にあげた何人にとつても自明と見られる場合を除いては，長において『一見極めて明白』との判断を下すことも許されないものというべきである」としたのである（下線筆者）。つまり，極めて限定された場合を除いて，地方自治法上の条例制定などを提案する直接請求において，首長が内容の事前審査を行って拒否処分をすることはできないとしたのである。

　また，地方自治法上の直接民主主義的制度としては，住民監査請求制度もあり，これは地方公共団体の違法または不当な財務会計上の行為に限定されるものではあるが，住民であれば外国人でも１人から請求することができるものである。そして，その住民監査請求による監査の結果に不服がある場合には，住民訴訟を起こして裁判で争うことも可能とされている。これらに該当するような制度は，国政に関しては存在しておらず，（憲法上の制度ではないものの）大都

市を含む現行法上の地方自治制度の特徴の1つだといえるだろう。

3　外国人の政治参加

地方選挙権

　名古屋市などのグローバル化の進む大都市では，外国人にとっても住みやすいまちづくり・地域づくりを行うことが重要となるものと思われる。そのための1つの考え方として，外国人の意見をまちづくり・地域づくりに反映させることも考えられる。

　では，外国人の参政権については，どのように考えればよいのだろうか。まず，選挙権からみていきたい。

　憲法上，定住外国人に地方選挙権が認められるべきかどうかが争われた事例において，最高裁は，次のように判断している（最判平7・2・28）。

　すなわち，「憲法15条1項にいう公務員を選定罷免する権利の保障が我が国に在留する外国人に対しても及ぶものと解すべきか否かについて考えると，憲法の右規定は，国民主権の原理に基づき，公務員の終局的任免権が国民に存することを表明したものにほかならないところ，主権が『日本国民』に存するものとする憲法前文及び1条の規定に照らせば，憲法の国民主権の原理における国民とは，日本国民すなわち我が国の国籍を有する者を意味することは明らかである。そうとすれば，公務員を選定罷免する権利を保障した憲法15条1項の規定は，権利の性質上日本国民のみをその対象とし，右規定による権利の保障は，我が国に在留する外国人には及ばないものと解するのが相当である。そして，地方自治について定める憲法第8章は，93条2項において，地方公共団体の長，その議会の議員及び法律の定めるその他の吏員は，その地方公共団体の住民が直接これを選挙するものと規定しているのであるが，前記の国民主権の原理及びこれに基づく憲法15条1項の規定の趣旨に鑑み，地方公共団体が我が国の統治機構の不可欠の要素を成すものであることをも併せ考えると，憲法93条2項にいう『住民』とは，地方公共団体の区域内に住所を有する日本国民を

意味するものと解するのが相当であり，右規定は，我が国に在留する外国人に対して，地方公共団体の長，その議会の議員等の選挙の権利を保障したものということはできない」とした。

ただし，この判決は，続けて，「このように，憲法93条２項は，我が国に在留する外国人に対して地方公共団体における選挙の権利を保障したものとはいえないが，憲法第８章の地方自治に関する規定は，民主主義社会における地方自治の重要性に鑑み，住民の日常生活に密接な関連を有する公共的事務は，その地方の住民の意思に基づきその区域の地方公共団体が処理するという政治形態を憲法上の制度として保障しようとする趣旨に出たものと解されるから，我が国に在留する外国人のうちでも永住者等であってその居住する区域の地方公共団体と特段に緊密な関係を持つに至ったと認められるものについて，その意思を日常生活に密接な関連を有する地方公共団体の公共的事務の処理に反映させるべく，法律をもって，地方公共団体の長，その議会の議員等に対する選挙権を付与する措置を講ずることは，憲法上禁止されているものではないと解するのが相当である」としたのである。

一定の外国人に選挙権を認めるべきかどうかに関して，憲法学的には，①憲法上，選挙権を認めなければならないとする「要請説」，②憲法上，認めてはいけないとする「禁止説」，③憲法上は要請していないので認めていなくても違憲にはならないが，法律で一定の外国人に選挙権を認めることは可能であるとする「許容説」がある。この判決は，これらのうちの「許容説」を採用したのである。

したがって，（現行法上は外国人に選挙権は認めていないが）法律を改正すれば，一定の外国人に地方選挙権を認めることは可能ということになる。その意味では，一定の外国人に地方選挙権を認めるかどうかは，国の政策判断に委ねられているといえるだろう。

なお，比較法的には，外国人に選挙権を認めている国は，日本も含めて，ほとんどないのが現状である。

公務就任権

　政治参加の方法は，選挙権の行使だけではない。たとえば，公務員などになって政策決定に携わるという方法もあり得るだろう。そこで，次に外国人の公務就任権についてみていきたい。

　この点に関連するものとして，東京都に保健婦として採用されていた特別永住者である外国人が，管理職選考試験を受験しようとしたところ，日本国籍を有していないことから受験を認められなかったため，東京都に慰謝料請求などを求めた事案がある。この事案について，最高裁大法廷は，次のように判断している（最大判平17・1・26）。

　すなわち，まず，「地方公務員法は，一般職の地方公務員（以下「職員」という。）に本邦に在留する外国人（以下「在留外国人」という。）を任命することができるかどうかについて明文の規定を置いていないが（同法第19条第１項参照），普通地方公共団体が，法による制限の下で，条例，人事委員会規則等の定めるところにより職員に在留外国人を任命することを禁止するものではない」（下線筆者）とし，そして「普通地方公共団体は，職員に採用した在留外国人について，国籍を理由として，給与，勤務時間その他の勤務条件につき差別的取扱いをしてはならないものとされており（労働基準法３条，112条，地方公務員法58条３項），地方公務員法24条６項に基づく給与に関する条例で定められる昇格（給料表の上位の職務の級への変更）等も上記の勤務条件に含まれるものというべきである」とした。しかしながら，「上記の定めは，普通地方公共団体が職員に採用した在留外国人の処遇につき合理的な理由に基づいて日本国民と異なる取扱いをすることまで許されないとするものではない。また，そのような取扱いは，合理的な理由に基づくものである限り，憲法14条１項に違反するものでもない」とした。そのうえで，「地方公務員のうち，住民の権利義務を直接形成し，その範囲を確定するなどの公権力の行使に当たる行為を行い，若しくは普通地方公共団体の重要な施策に関する決定を行い，又はこれらに参画することを職務とするもの（以下「公権力行使等地方公務員」という。）については，次のように解するのが相当である。すなわち，公権力行使等地方公務員の職務の

遂行は，住民の権利義務や法的地位の内容を定め，あるいはこれらに事実上大きな影響を及ぼすなど，住民の生活に直接間接に重大なかかわりを有するものである。それゆえ，国民主権の原理に基づき，国及び普通地方公共団体による統治の在り方については日本国の統治者としての国民が最終的な責任を負うべきものであること（憲法1条，15条1項参照）に照らし，原則として日本の国籍を有する者が公権力行使等地方公務員に就任することが想定されているとみるべきであり，我が国以外の国家に帰属し，その国家との間でその国民としての権利義務を有する外国人が公権力行使等地方公務員に就任することは，本来我が国の法体系の想定するところではないものというべきである」としたのである（下線筆者）。そして，「日本国民である職員に限って管理職に昇任することができることとする措置を執ることは，合理的な理由に基づいて日本国民である職員と在留外国人である職員とを区別するものであり，上記の措置は，労働基準法3条にも，憲法14条1項にも違反するものではないと解するのが相当である。そして，この理は，前記の特別永住者についても異なるものではない」として，請求を認めなかったのである。

　つまり，外国人にも公務就任権を全否定するわけではないが，しかしながら，憲法は，「公権力行使等地方公務員」には原則として日本国籍保有者が就任することを想定しており，外国人がそれに就任することを想定していないため，外国人は「公権力行使等地方公務員」になれないようにしていても，合憲であるとしたのである。

　なお，この「公権力行使等地方公務員」が具体的に何を意味するのかは，難しいところであるが，たとえば，文科省は，外国人は公立学校の校長になれないとの考えを前提として，外国人は公立学校の教諭としては任用せずに，「任用の期限を附さない常勤講師」として任用するように指導する通知を出している。仮に，外国人は「公権力行使等地方公務員」になれないとしても，小学校や中学校などの校長がそれに該当すると考えるべきかどうかは，議論のあるところだろう。

その他の方法

選挙権や公務就任権以外にも，地域に住む外国人の考えを政治に反映させる方法がある。たとえば，地域に住む外国人の代表に集まってもらい，地方公共団体の首長のいわゆる諮問機関として，そこでの意見を首長へあげていくものがある。いわゆる「外国人会議」である。この仕組みは，川崎市が最初に実施したといわれている。

また，前述したように住民監査請求は，現行法上も外国人でも請求できるものである。

以上のように，外国人の政治参加の方法はいくつかあり，それらの多くは，国や地方公共団体の政策判断に委ねられている。実際，グローバル化の具体的なあり方も都市や地域ごとに異なっている。したがって，それぞれの都市や地域に適合した形で，そこに住む外国人の意見を反映させる仕組みを構築することが重要であると思われる。

4　大都市名古屋を考えるにあたって

本章では，都市政策を考える前提として，日本の都市制度のあり方に関してみてきた。日本国憲法には地方自治に関する規定があるため，憲法上の地方公共団体であれば，その規定の法的拘束を受けることになる。したがって，本章では，特に，都市制度のあり方についての憲法上の制約についてみてきた。

憲法上の地方公共団体の場合には，その組織のあり方に関しては制約されるものの，憲法上の地方公共団体でなければ，柔軟な組織設計も可能となる。したがって，今後の大都市制度を考えるにあたっては，それを憲法上の地方公共団体として位置づけるのか，そうではないのかによって，その憲法上の制約が大きく変わることになる。

たとえば，名古屋市やその周辺地域に関わる地方制度の構想として，道州制の導入も考えることができるが，すでにみてきたように，道州制の導入にあたっては，それらの憲法上の論点を避けて通ることはできない。

このように，道州制については制度設計上の拘束やあり方に議論が残るため，それを置くにしても，たとえば，現行法上，名古屋市をはじめとする大都市の制度のあり方としては，広域行政として「広域連合」などをどのように展開するのか，そして，都市制度そのもののあり方として，大阪都構想のように特別区を想定するもの，市を維持しながら「総合区」を設置するもの，現行の「行政区」のままで，その権限のあり方を工夫するものなどが考えうることになる。

　この問題は，大都市名古屋の役割として，どの程度，その近隣自治体と連携するのか，そして，名古屋市の区域内において，どの程度，各地域に権限を分掌するのか，あるいは，完全に個別の公共団体にしてしまうのか（つまり，大都市名古屋内部での分権のあり方）に関わるものだといえるだろう。

　また，名古屋市をはじめとする大都市は，経済的側面において，その周辺地域や日本全体を牽引することを期待されているだけではなく，文化や法制度においても，同様の期待がなされている。たとえば，環境保護などの施策においても，法律の趣旨，目的，内容および効果を比較し，両者の間に矛盾抵触がなければ，条例で上乗せ規制やはみ出し規制も可能である。実際，名古屋市は，3万4,000人以上の職員（教員も含む）を有し，財政規模も1兆2,000億円以上にも上る大都市であり，それらを実現するだけの能力をもつものと思われる。

　そして，外国人の政治参加のあり方などについては，国や地方公共団体の政策判断に委ねられている部分も多い。したがって，名古屋市をはじめとして，グローバル化の進む大都市では，外国人の政治参加をどのようにするのかについても，主体的に考えていかなければならないように思われる。実際，2012年度から名古屋市では，「名古屋市外国人市民懇談会」を開催し，外国人の意見を施策に反映する仕組みを導入している。

　繰り返しになるが，名古屋市をはじめとする大都市は，経済面だけではなく，文化や法制度においても，その周辺地域や日本全体を牽引することが期待されている。そうしたことをふまえて，大都市名古屋の都市制度のあり方の検討や積極的な施策の展開が求められるものと思われる。

参考文献

飯島淳子「憲法上の地方公共団体の意義」磯部力・小幡純子・斎藤誠編『地方自治判例百選（第 4 版）』有斐閣，2013年。

大江一平「定住外国人の地域への参加はどこまで可能か？──定住外国人施策・参政権・国籍についての憲法学的考察」小林直三・根岸忠・薄井信行編『地域に関する法的研究』新日本法規出版，2015年。

北村亘『政令指定都市』中央公論新社，2013年。

孝忠延夫・大久保卓治編『憲法実感！ゼミナール』法律文化社，2014年。

澤野義一・小林直三編『テキストブック憲法（第 2 版）』法律文化社，2017年。

高田篤「在日外国人の地方選挙権」磯部力・小幡純子・斎藤誠編『地方自治判例百選（第 4 版）』有斐閣，2013年。

寺洋平「地方議会の自律権・議員の免責特権の有無と公訴提起の条件」磯部力・小幡純子・斎藤誠編『地方自治判例百選（第 4 版）』有斐閣，2013年。

松戸浩「外国人の公務就任権──東京都管理職事件」磯部力・小幡純子・斎藤誠編『地方自治判例百選（第 4 版）』有斐閣，2013年。

山下淳「徳島市公安条例と道路交通法」磯部力・小幡純子・斎藤誠編『地方自治判例百選（第 4 版）』有斐閣，2013年。

推薦図書

磯部力・小幡純子・斎藤誠編『地方自治判例百選（第 4 版）』有斐閣，2013年。
＊法学を学ぶ者の間では定評のある判例解説書のシリーズの 1 冊。本章で取り上げた以外の主要判例も数多く解説している。

孝忠延夫・大久保卓治編『憲法実感！ゼミナール』法律文化社，2014年。
＊地方自治制度に限らないが，話し言葉で書かれた憲法学のテキスト。各章に付いている「ゼミ風景」では，意外と高度な内容が扱われている。

澤野義一・小林直三編『テキストブック憲法（第 2 版）』法律文化社，2017年。
＊地方自治制度に限らないが，日本国憲法全般についての解説書。初学者の入門書としても公務員試験受験志望者の基本書としても活用できる。

―― コラム②　都市と大学 ――

　本章でも述べたように，大都市は，様々な面で周辺地域や日本全体を牽引することが期待されている。その期待に応え続けるためには，その担い手の育成，つまり，公共人材の育成が不可欠となる。

　そうした公共人材の育成の唯一の場が大学だとは思わないが，少なくとも大学がそのための重要な役割を担っていることは確かだろう。特に公立大学は，設置者が地方公共団体であるだけに，地域に資する公共人材の育成が求められている。

　しかしながら，大学の運営には，しばしば多額の費用がかかり，また，肝心の受験生が集まらなければ成り立たない。したがって，公立大学の運営は，特に総合大学ともなれば，その設置者である地方公共団体にある程度の財政的余力があり，かつ学生募集が比較的容易な地域でなければ，（もちろん，不可能ではないけれども）実際のところ，困難である。その意味でも，それらの条件を満たしやすい都市に期待されやすいように思われる。

　いわゆる「劇団ポポロ事件」で最高裁は，「大学における学問の自由を保障するために，伝統的に大学の自治が認められている。この自治は，とくに大学の教授その他の研究者の人事に関して認められ，大学の学長，教授その他の研究者が大学の自主的判断に基づいて選任される。また，大学の施設と学生の管理についてもある程度で認められ，これらについてある程度で大学に自主的な秩序維持の権能が認められている」とした（最大判昭38・5・22）。そして，かつては大学の自治といえば，ほぼ教授会の自治と同義的に理解されてきたように思われる。ただし，日本国憲法の規定上は，その第23条に「学問の自由は，これを保障する」とあるだけであり，解釈上，そこに大学の自治も含まれるものと理解されるけれども，教授会の自治については明文規定がない。実際，地方独立行政法人法による独立行政法人化や学校教育法の改正などによって，教授会の自治を重視していた大学の自治のあり方は，今日，大きく変容している。

　そうした変容に関しては色々と議論のあるところであるが，いずれにしても，地域に資する公共人材の育成の視座から，これからの公立大学のあり方，そして，公立大学を設置する地方公共団体，特に都市の役割が問われることになるものと思われる。

第**3**章
都市における住民参加の意義と可能性

┌─── この章で学ぶこと ───

　わが国の住民参加は，半世紀ほど前に全国各地で勃興した住民運動に源流が
ある。その後，武蔵野市（東京都）をはじめとする先駆自治体で，住民の参加
を基盤とする計画づくりの動きが広まっていった。もっとも，住民参加には常
に，「二元代表制との関係をどう整理するのか」「参加する住民は真に住民代表
といえるのか」といった疑問が突き付けられる。また，都市部に関していうと，
「人口流動が激しい都市部に住民参加は馴染むのか」との指摘もみられる。他
方，今日では住民参加の新形態も現れ始めており，こうした動向が既存の住民
参加を進展させる可能性もある。

1　都市における住民参加を考える

　みなさんは「参加」と聞くと，何を連想するだろう。多くの人は部活動や
サークル活動への参加，成人式への参加といった日常生活における身近な「参
加」が出てくるのではないか。他方で，ある人は選挙に代表される「政治参
加」をイメージするかもしれない。また，少し前にしばしばテレビで放送され
た，国会周辺での「デモへの参加」の様子を思い描く人もいるだろう。さらに，
法律に興味がある人は，裁判員裁判に代表される「司法への市民参加」を思い
出すかもしれない。

　このように，「参加」と聞けば，身近なところでの参加や社会への参加など，
何らかのイメージが出てくるのではないだろうか。今度は，みなさんが住むま
ちの広報誌やホームページを一度ご覧いただきたい。おそらく「住民参加のま
ちづくり」「市民参加型の自治体運営」といったフレーズがどこかで看取され
るだろう。特に，検索サイトで自分が住むまちについて「○○市　参加」と検

索すれば，何らかの情報を得ることができる。

　いずれにしろ，今日において「参加」という言葉は，世の中に広く浸透している。本書が主眼とする都市公共政策の領域でも，様々な場面で「参加」の動向を把握することができる。こうしたなかで，本章が扱うのは「都市自治体における行政への住民参加」である。地方自治やまちづくりについて学んだことがある人ならば，「住民参加」というと，もはや当たり前のような印象を持つかもしれない。ただ，実は半世紀前のわが国の自治体では，住民参加はむしろ稀有な試みであった。言い換えると，大多数の自治体は住民参加の機会を設定することなく，行政側の判断で自治体運営を進めていたのである。今でこそ所与のものともいえる自治体の住民参加は，こうした歴史の積み重ねのうえに存在している。同時に，めまぐるしく進化する最新の情報技術を活用することで，新たな住民参加の形態も生まれ始めている。

　そこで，本章では都市の住民参加，なかでも都市自治体における行政への住民参加に焦点を当て，その意義と可能性について考えていく。なお，厳密に「住民参加」と「市民参加」を分ける研究もあるが，本章では特に区別はしない。そのため，便宜的に「住民参加」という表現を用いることにしたい。また，「参加」ではなくあえて「参画」という表現を用い，独自の意味を込める場合もあるが，本章では広く用いられている「参加」と表記していく。

2　住民参加とは何か

住民参加の歴史的展開

　わが国の住民参加は，その起源を住民運動に求めることができる。1960年代に隆盛した全国各地の住民運動は，深刻化する公害への反対，都市開発が進むなかでの自然環境の保護，高速道路や新幹線をはじめとする大型交通インフラの建設反対など，内容は様々であった。この流れのなかで，環境の保護や福祉の充実を謳い，革新政党の支援を受けて当選する，いわゆる「革新首長」が全国の自治体で登場していった。都市部も例外ではなく，1960年代後半からは，

東京都の美濃部知事，大阪府の黒田知事に代表される革新首長が誕生している。こうした自治体は「革新自治体」と呼ばれ，時代の趨勢となった。

　革新自治体のなかには，たとえば横浜市のように，当時の飛鳥田市長の主導によって「一万人市民集会」を開催するなど，直接的な住民との対話を重視するところもあった。こうした流れのなかで，住民と行政との対立関係が前提となる住民運動は，しだいに双方の非対立関係における住民参加へと発展していった。

　ところで，わが国で住民参加を実践した先例と位置づけられるのは，武蔵野市（東京都）である。1970年代初頭から，総合計画の基本構想づくりにおいて，策定委員会が積極的に住民意見を把握するために，聞き取りを通じた住民の声の収集につとめた。この取り組みは，総合計画は行政内部で策定するのが当たり前であった当時において，画期的な試みであった。こうした基本構想の策定手法は「武蔵野方式」と呼ばれ，ここに住民参加の実質的な始まりを求めることができよう。その後，この方式は全国に広がり，総合計画づくりにおいて何らかの住民参加の機会を設定することは，当たり前の状況となっている。

　ちなみに，この頃に武蔵野市をはじめとする全国の自治体で住民参加を主導した佐藤竺は，「住民参加とは，例えば住民の利害が対立して簡単に調整がつかず，事業が進まないごみ処理場の建設に対して，住民が他人事のような傍観者の立場を取ることなく，積極的にその調整に乗り出して主人公としての責任を果たすといったことを指すのである」（佐藤 1990：130）と述べている。住民参加はその機会が確保されるだけの「手続的住民参加」の段階にとどまってはならないことが，あらためて把握される。むしろ，住民参加の本質は「地域社会への責任と自覚という公共心をもった主体的な住民の育成」に求められる。このようにみてみると，住民参加は市民教育（シティズンシップ）とのかかわりを有していることがわかる。

　ここまでの内容をふまえ，本章では住民参加を「住民が身近な地域の公共的な問題解決を図るために，身近な行政に対して何らかの影響を与えようとする主体的行為」ととらえることにしたい。ここで重要なのは，以下の２点である。

第1は，「住民は何に対して参加するのか」という点である。佐藤徹によると，住民が参加する対象は行政に限らず，議会への参加，コミュニティへの参加，NPOへの参加など多岐にわたるという（佐藤 2013：12）。もっとも，本章では上記のとおり，都市自治体における行政への住民参加を念頭に置いて，検討を進めていくことにする。

　第2は，「参加する住民に主体性が備わっているか」という点である。単なる行政追従の活動は参加といえず，実質的な動員とならざるをえない。参加の機会こそ行政が設定するものの，住民参加は主体性をもった住民が起点となる点には，留意を要する。

住民参加をみる視点

　このような住民参加について，ここでは「どこで」「いつ」「なぜ」「だれが」「なにを」「どのように」という5W1Hに即して，より詳しくみていこう。このうち，「どこで，住民参加の機会を設けるのか」という「機会」に関しては，各種の審議会や委員会など，自治体が抱える問題や将来的な方向性を検討するために，行政が設置した舞台において，住民参加がなされる場合が多い。

　自治体行政の政策過程とは，一般的に以下の流れで整理される。すなわち，山積する問題のなかから何を解決すべき課題として位置づけるかという「課題設定」，設定した課題に対して複数の解決策を検討して提示するという「政策立案」，複数の解決策を比較衡量し，また当該自治体が置かれている制約に照らして最善のものを選択するという「政策決定」，決定した解決策を実行に移して課題解決を推進する「政策実施」，実施した解決策が効果を上げたか否かを検証して，次の展開につなげるという「政策評価」である。

　このうち，住民参加はいずれの過程でも，そこに一定の住民意思を反映させる目的で，何らかの接点を持つことになる。なかでも代表的な住民参加の機会は，各自治体が防災・福祉・環境・教育などの領域ごとで，特定のテーマについて議論する場として設置している「〇〇審議会」「〇〇委員会」である。

　もっとも，こうした審議会や委員会のなかには，たんに行政に対して「お墨

つき」を与えるかのような性格のものも，ないわけではない。行政が「住民の声を聞いています」というポーズを取るためのアリバイ作りに陥らないように，住民参加の機会をどのように位置づけ，どのように運営していくかという点には，留意する必要がある。同時に，特定の団体や一部住民の利害のみが優先されるような審議会・委員会と化す事態も，回避しなければならない。

　続いて，「いつ，住民参加の機会を設けるのか」という「時機」については，様々なタイミングがありうる。たとえば，何らかの計画を策定する場合，素案づくりを進めるうえでの意見聴取を目的に，住民参加の機会が設けられることがある。この場合は，素案ができあがる前段階であり，住民の意思を反映させられる余地もある。他方で，総合計画審議会に代表されるように，何らかの計画の素案ができあがった段階で，これに対する住民意見を把握するねらいから，住民参加の機会を設けることもある。こうなると，できあがった素案に対して，住民としての意見や意向は伝達できうるが，より根源的な部分での意向伝達や意思反映は困難となるかもしれない。

　「なぜ，住民参加の機会を設けるのか」という「目的」に関しては，行政の側が住民の意向を把握し，それらを住民生活の向上に寄与する自治体運営に活かしていく，といったねらいがある。あるいは，住民参加の機会を通じて，住民自身による当該自治体の担い手としての意識を醸成していくねらいもあろう。これらの点は後述する住民参加の意義とも関わるが，少なくとも上述した「形だけの住民参加」にとどめることがないように，行政側の対応が期待される。

　「だれが，住民参加の機会に参加するのか」という「参加者」については，様々な形態がありうる。たとえば，所属先によって行政側があらかじめ選任する人物の場合，行政側が行う公募で審査に通過した人物の場合，など参加対象を絞ることがある。あるいは，当該自治体に住所要件を有する人物の場合，ここに通勤・通学者も含める場合など，住所要件を基準にする場合もみられる。こうした住所要件に関しては，近年では住民のなかから無作為抽出で選ばれた者に参加を呼びかける場合もある。住民参加の機会を誰に開くのかに関しては，どのような場面において，いつのタイミングで，何のために住民参加を行うの

かという上記の3点によって大きく左右される。

　「なにを，住民参加の機会で扱うのか」という「内容」に関して，環境・福祉・防災・教育など扱う領域とその問題は多岐にわたる。そのため，住民参加で扱う対象を規定するのは決して容易でない。ただし，住民参加に馴染む領域と，そうではない領域があるのは事実であろう。たとえば，住民同士の利害が対立している問題において，その解決を展望して住民参加を進めたとしても，かえって双方の対立を激化させる結果になってしまうかもしれない。

　最後に，「どのように，住民参加の機会を設けるのか」という「手法」に関しては，近年に様々な形態が編み出されてきている。従来は会議の場に住民が参加し，必要に応じて発言を求めるという形態が多かった。しかし，これで率直な意見を述べられるかというと，必ずしも容易でない。そのため，住民生活に根ざしたより多くの意見を引き出すねらいから，今日では特に計画策定における住民参加の局面で，多様な形態のワークショップが企画されるようになってきている。本章では「未来ワークショップ」について後述したい。

　ここまでみてきた住民参加の5W1Hに関しては，以下の2点が指摘できよう。第1には，5W1Hのそれぞれが相互に関連し合う点である。すでにみたように，住民参加の「時機」に関しては，目的や内容によって規定されるし，「参加者」については「機会」「時機」「目的」に影響されよう。換言するならば，こうした点を整理しないままに住民参加を進めてしまうと，上記でも触れた利害対立の深刻化など，予期せぬ結果を招くことになるかもしれない。

　第2には，とはいうものの，やや矛盾した言い方となるが，現実において住民参加には利害対立が伴いうるという点である。住民参加の目的ともかかわってくるが，住民参加の先には「利害調整」が図られ，場合によっては「意思決定」が行われることになる。その際には，参加者は様々な属性であり，自らの立場や事情も相まって，ときには住民対行政，あるいは住民同士で利害対立も生じる。都市で活動する多様な主体が集い，都市が抱える問題について協議して解決策を模索するというのは，現実には多くの困難が伴う。住民参加の現場を観察していると，実際には様々な利害が錯綜し，そこに人間関係が複雑に絡

み合い，しばしば意見対立が起こり，理想と現実の乖離が発生してしまう。もちろん，何ら意見も出ず，あらゆる案件が議論されることなく粛々と決まっていくという「住民参加の形骸化」が問題であるのはいうまでもない。しかし，住民参加の機会を起点にして，自治体のあり方をより良いものにしていこうとするならば，利害対立の発生可能性という現実にどう向き合うかという点にも，一定の留意が必要となろう。

3　住民参加の論点と意義

住民参加の論点

　ここからは，住民参加が包含する論点をいくつか整理するとともに，住民参加に突き付けられる疑問について把握したうえで，住民参加の意義を明らかにしていこう。

　このうち，住民参加の論点については，以下の2つを確認しておきたい。第1は，住民参加の機会において，「参加する住民の範囲をどのように線引きするか」という論点である。上記でも住民参加の「参加者」をみてきたが，参加する住民の位相は，しばしば住民参加を考えるうえでの論点となる。これまでは何らかの団体に所属する者が参加対象となる場合が多く，また最近では無作為抽出によって選出された住民のなかで希望する者が参加するかたちも広まりはじめている。これ以外でいうと，たとえば空間軸と時間軸の2つからも，住民の範囲が設定できるように思われる。このうち，前者については「当該自治体に住所要件を有する者」「当該自治体に住所要件を有する者のほか，通勤・通学・活動する者」など，様々な形態が考えられよう。また，後者については年齢が1つの基準となろう。近年，主権者教育の流れのなかで「若者会議」を設置する自治体が増加しているが（三浦 2019：25-27），これなどは年齢を基準にして住民参加の機会を設けた1つのかたちとなる。

　住民参加の論点の第2は，とりわけ都市においては人口移動が激しく，頻繁に流出入が生じるなかで，住民の流動性にどう対処するか，という論点である。

これは第1の論点とも関わってくるが，たしかに人口移動が激しい都市では，そもそも住民をどうとらえるのかは容易でない。住民というのは住所要件をもつ者以外も含まれるようになってきている。常に人の移動が生じているなかで，住民参加のしくみを整えて運用していく場合には，こうした事情にどう向き合うかが問われることになろう。

住民参加と代表性

ところで，わが国の自治体の統治のかたちは，日本国憲法第93条の規定に基づき，一律で二元代表制を採っている。すなわち，およそ375万人が住む横浜市も，人口が170人ほどの青ヶ島村（東京都）も，住民を二元的に代表する議会と首長を置いている。形式的に整理すると，議会が議事機関，首長が執行機関で，議会で決めた内容を粛々と執行するのが，首長をトップとする行政となる。

住民参加はこうした行政に対して，住民が主体性をもって関わり，行政に対して何らかの影響を与えようとする活動となる。もっとも，最終的な議事機関はあくまでも議会であり，自治体の意思決定を担う。同時に，有権者でもある住民は，4年に一度の選挙において，議会を構成する議員，および行政のトップの首長を選挙によって選出する。ここにおいて，しばしば「選挙という審判を経ていない住民が行政に対して一定の影響力を与えようとする行為は，代議制と相矛盾する」との指摘がなされる。あるいは，「参加している住民は，何をもって住民全体のなかでの代表性が担保されるのか」との疑問も投げかけられることになる。参加する住民が選挙などのプロセスを経るなど，一定の代表性を伴っているのであればともかく，そうではないごく一部の限られた住民のみが参加し，彼らの意向を行政運営に反映させることへの強い懸念が背景にある。

この点に関しては，もちろん議会が議事機関として意思決定機能を担うことに間違いはなく，参加した住民が自治体運営において議会を超越して意思決定を担うことはない。あくまでも代議制を補完するのが住民参加である。しかし，それでは住民参加がまったく無価値かというと，決してそうではない。むしろ，住民参加は議会の意思決定機能を補完する役割を果たす。というのも，参加す

る住民の様々な視点や発想の1つ1つが，議会に対しても自治体運営における一定の示唆を与えるからである。

住民参加の意義

このような住民参加について，それではどのような点に意義を求めることができるのだろうか。ここでは「住民にとっての住民参加の意義」「行政にとっての住民参加の意義」の2つに分けて整理しておこう。このうち，前者に関しては，以下の3点を指摘することができる。第1は，「選挙以外のタイミングで住民意思を行政に伝達することができる」という意義である。上記のとおり，自治体の首長選挙は4年に一度行われるが，住民が自治体運営に関わる機会がこのときのみであれば，その間の住民の意向は自治体運営に反映されなくなる。住民参加は選挙以外の局面において，日頃から自治体の行政に対して住民の意向を伝達し，一定の影響力を与えていこうとするところに，第1の意義を求めることができる。

第2は，「日頃からの行政に対する統制機能を果たす」という意義である。住民参加をとおして発せられる多様な視点や発想が，自治体の行政に対して一定の緊張感をもたらす。ときには，本来であれば行政の側で対応すべき内容のうち，抜け落ちているものがあれば，住民ならではの発想によって補完されることもある。この点は，先に触れた代議制の補完にも通じよう。

第3は，「住民自身に参加を通じて多様な経験が蓄積される」という意義である。1960年代からの公害問題などを受け，選挙によって選択する有権者の側と，選挙によって選出される政治家の側とのあいだで乖離が生じ，代議制民主主義の機能不全がしばしば指摘された。このときにはむしろ，直接民主制の再興は困難であるにしても，有権者1人1人の参加があらためて問われる契機となった。こうした参加民主主義の提唱は，他方で参加を通じた有権者自身の覚醒や経験蓄積という点も注目された。換言するならば，住民参加は自治体の行政に対して何らかの影響を与えようとするとともに，参加する住民自身の自己成長もまた重要な意義として見出されるのである。

他方，後者の「行政にとっての住民参加の意義」についても，以下の３点を指摘することができる。第１は「住民ニーズの的確な把握につながる」という意義である。かつて足立忠夫は，地域社会で日々生活を送る住民というのは，実は地域の事柄に関する「一種の専門家」（足立 1981：49）という指摘をしたことがある。これはすなわち，それぞれの地域で日々生活する立場にあるからこそ知りうる情報や経験を数多く住民が蓄積しており，それらをいかにして自治体運営に活かしていくかが重要である点を意味する。参加の機会で出される視点や意見をいかに捕捉し，住民ニーズに即した自治体運営を展開していくかが問われることになる。

　第２は「施策や事業の優先順位づけにつながる」という意義となる。今日の自治体は「課題は無限，資源は有限」の状況にあり，山積する地域課題の解決のために，いかにして限られた予算や人員をどこに充てていくかに向き合わざるをえない。こうしたなかで，住民参加の機会を通じて発せられる意見や主張は，「あれもこれも」から「あれかこれか」へとメリハリのついた自治体運営へと転換していくうえでの判断材料となる。もちろん，多種多様な意見や主張があり，ときには住民同士の意向が衝突し合うこともあろうが，限られた資源を有効活用していくうえでは，住民参加を通じた自治体施策・事業の優先順位づけは避けられない。

　第３は「住民がもつ主体性の誘発につながる」という意義である。住民参加の機会を通じて，自治体運営の改善が進行していけば，住民の有効性感覚が高まり，住民参加の要件ともいえる主体性がいっそう高まることが期待できる。こうなると，場合によっては市民活動やコミュニティ活動など様々な局面において，住民自身の主体的な活動の隆盛へと波及していくかもしれない。

4　住民参加の新展開

　ここまでみてきた住民参加について，ここからは都市公共政策としてどのような可能性があるのかについて，「新たな参加の場づくり」という観点から検

討しておこう。

他都市における総合計画と住民参加

すでに上記で「どのような方法で住民参加を行うのか」という住民参加の「手法」に触れた。近年，住民参加を実りあるものにし，その意義を高めるねらいから，様々な手法が開発されている。

わが国の自治体は一定の計画期間を設定して総合計画を策定し，これに基づいて自治体運営を行うのが基本である。総合計画とは「自治体が政策を総合的かつ計画的に実施するために，一定の期間（計画期間）を設定して達成すべき目標とそのための施策・事業を定める計画・方針」（磯崎 2014：98）に相当し，「政策の束」として捉えられる。この総合計画は，自治体の将来像や政策の基本的な方向性を示した「基本構想」，基本構想を実現するために必要な政策や基本的施策からなる「基本計画」，基本計画の実現に必要な各年度の具体的な施策や事業をまとめた「実施計画」，の３つから構成される。

このうち，基本計画は多くの場合，10年程度の計画期間となっており，定期的に改訂作業を行う。こうした基本計画の策定・改訂にあたり，各自治体はおおよそ以下のプロセスを踏むことになる。すなわち，①庁内での検討と調整，②住民参加の場の設定と意見聴取，③総合計画審議会での審議，④議会での審議，意見聴取と議決，である。また，一連の過程では，市民アンケートの実施やパブリックコメントの募集を行う場合もある。

ここにあるように，行政は住民参加の場として，総合計画ワークショップなどを設定することになる。かつての総合計画は行政内部の計画という性格が強く，住民参加の発想に乏しかった。しかし，その後の推移において，先述した武蔵野市の実践が各地に波及していった。また今日では，自治体運営の担い手は行政や議会に限らず，むしろ住民や地元企業，学校や各種団体がどのような役割を果たすかが重要となっている。もはや行政のみの力量では山積する地域課題の解決は担いきれない。こうした時代状況の変化もあって，総合計画自体が地域計画型総合計画という性質を帯びるようになった（田中 2015：156）。

いずれにしろ，総合計画の策定過程において，住民参加の機会が設定される場合が著しく増加し，全国各地で豊富な実践例が観察される。さらに，参加機会におけるワークショップ手法の進化も相まって，これまでにない創造的な住民参加が展開されている動向もある。そのすべてを紹介することはできないが，ここではその一端を確認しておこう。

その代表例は，「未来カルテ」を用いた未来ワークショップであり，千葉県市川市などで展開されている。未来カルテとは，千葉大学・倉阪研究室が開発したプログラムであり，インターネット上で誰でもエクセルファイルをダウンロードし，利用することができる（倉阪 2018：27-28）。未来カルテに市町村コードを打ち込むだけで，容易に2040年時点での全国の市町村の人口・産業・保育・教育・医療・介護などに関する数値がシミュレートされる。こうした2040年のまちの姿について，具体的な数値を基に把握したうえで，2040年の時点で何が課題として生じうるか，その解決に向けて20年先を見据え，現時点から何に取り組む必要があるのかを住民自身が考える機会となっている。

名古屋市における区政運営と住民参加

都市公共政策との関連でいうと，「都市自治体における行政への住民参加」をめぐっては，従来の形式的・手続的な次元にとどまらない，新しい参加のかたちが追求されている。たとえば，わが国の政令市における行政区ごとの住民参加の機会の設置という動向がある。

2019年11月現在，わが国には20の政令市が存在し，地方自治法第252条の20の規定に基づいて，市内に複数の行政区を置いている。具体的には，名古屋市瑞穂区，大阪市鶴見区などで，これらは特別地方公共団体としての東京特別区とは異なる存在である。ともあれ，20ある政令市のなかには現在，たとえば横浜市，名古屋市，大阪市のように行政区ごとで区民参加の場を設置しているところがある。こうした場は「区民会議」「区政会議」などと呼ばれ，恒常的な住民参加の機会となっている。

もっとも，たんに参加の場が設置されるだけでは，形式的・手続的な次元に

とどまってしまう。ここで重要なのは，「参加の質」をいかに向上させるかであり，そこでは参加者の多様性はもとより，参加し議論した内容をいかに区政運営へと活用していくか，さらには参加者自身の経験蓄積と行動変革をいかに引き出していくか，などが問われる。

そこで，ここでは2016年度に全区で設置が進み，4年ほどが経過する名古屋市の「区民会議」を取り上げてみたい（ただし，千種区は2009年に，名東区は2010年に，先行して設置していた）。行政区ごとの住民自治の拡充という近年の潮流をふまえ，名古屋市では全16行政区で区民会議を立ち上げ，各区の特性を活かしながら区民参加のさらなる推進に着手している。区民会議の運営方法は各区の判断に委ねており，区政運営方針（各区で毎年策定）や区の将来的な方向性について，区民意見を聴取する場に位置づけている場合が多い。

そのため，区民会議の開催頻度も，参加する委員の属性も，各区で一様ではない。ただし，多くの場合は年に2〜3回ほどの全体会議を催し，そこに委員として参加するのは学区連絡協議会（第15章参照）をはじめとする地縁組織の関係者，医師会・薬剤師会・商店会といった業界団体の関係者，地元選出の市会議員・県会議員となっている。

この4年間を振り返ると，大半の行政区においては，区民会議は主に審議会としての機能を果たしてきた。そうしたなかで，16行政区ごとでしだいに区民会議の活動に相違も生まれてきた。具体的には，様々な区民から多様な意見を引き出し，少しでも区政運営に反映させようと積極的にワークショップを開催する区民会議がみられる。こうした区民会議は多様性と対話を重視し，立場も世代も超えて，区の現状と今後のあり方を検討する点に特徴がある。

現在は「名古屋市総合計画2023」に連動させるかたちで，各行政区では「区将来ビジョン」づくりに向けた検討が始まっている。こうした局面において，たとえば区民会議が住民参加の舞台としてさらに一歩踏み込み，より主体的な提案機能などを果たしていくことが期待される。同時に，行政側にはそれらを真摯に受け止め，区内での事業化を検討していく態勢づくりも必要だろう。

5　住民参加のこれから

　最後に，住民参加の今後について展望しておきたい。それは，新たな情報技術の進展が，わが国の住民参加の形態をさらに発展させる可能性を有している点である。

　これまでの住民参加においては，特定の場所に，特定の時間に，参加することが要件であった。しかし，情報技術の発展により，しだいに参加のかたちが多様化してきた。すでに20年近く前には，まちのあり方を議論する「電子掲示板」を一部の自治体が導入・実践した経緯もある。今日ではもはやインターネットは当たり前で，大多数の住民がパソコンやスマートフォンを容易に使いこなすようになり，自治体の現場も多く変容した。今後のさらなる IoT や AI の進化は，自治体運営にとって無縁ではいられない。実際に，試行的に AI の活用に着手した自治体も存在する。総務省が2018年に公表した『自治体戦略2040構想研究会　第二次報告書』という研究会報告においても，IoT や AI を使いこなす「スマート自治体」への変容が説かれている（自治体戦略2040構想研究会 2018：31-32）。

　このような局面において，住民参加はいかなる道をたどるのか。たとえば，千葉市や半田市（愛知県）では，市内で発見した工作物の不備について，住民がスマートフォンのアプリを活用して写真とともに市役所に伝達し，それを受けた担当部署が速やかに対応するという試みを始めている（岩崎 2017：83-86，榊原 2018：26-27）。具体的には，住民が市道の陥没箇所を発見した場合，その部分をスマートフォンで写真撮影し，位置情報などとともに投稿する流れとなる。こうした技術は「シビックテック」と呼ばれ，世界的に注目が集まっている。従来は市役所の窓口の受付時間内に直接たずねて事情を伝えるか，電話で伝えるかが主な手段であった。しかし，シビックテックが普及すれば，必ずしも窓口時間にとらわれることなく，住民は速やかに把握した情報を画像とともに伝達することができる。住民は「一種の専門家」という足立忠夫の指摘は，

この局面においてさらなる進化を遂げることになるかもしれない。

　他方で，利便性の反面で，情報技術の進化が住民参加の主体性を抑制しかねない点には，一定の留意がいる。たしかにシビックテックの普及は，住民生活を改善し，公共サービスの質も量も向上させるかもしれない。しかし，利便性が高まれば高まるほど，一方では住民の顧客意識が強くなりかねない。行政に対して次々と要望を投げかける状況が続けば，しだいに「住民自身で課題解決を図る」といった主体性は損なわれてしまうおそれも否定できないだろう。

　利便性の向上は望ましいことではあるが，住民参加にとっての要件である主体性が，シビックテックの進化によって損なわれてしまわないようにする。こうした視点を持ち，各自治体がいかに技術進化に向き合っていくかが，住民参加の今後を大きく左右するように思われる。

＊本章は平成30年度名古屋市立大学特別研究奨励費「名古屋大都市圏における都市公共政策の最前線」（代表：三浦哲司）の研究成果の一部である。

参考文献

足立忠夫『地域市民自治の公共学』公務員職員研修協会，1981年。

磯崎初仁「自治体の政策と総合計画」磯崎初仁・金井利之・伊藤正次『ホーンブック地方自治（第3版）』北樹出版，2014年。

稲継裕昭編著『シビックテック』勁草書房，2018年。

今井照『地方自治講義』筑摩書房，2017年。

岩崎忠『自治体経営の新展開』一藝社，2017年。

金井利之『実践　自治体行政学』第一法規，2010年。

倉阪秀史「人口減少社会での資本基盤マネジメントに向けて――未来シュミレータと未来カルテ」『公共研究』第14巻第1号，2018年。

榊原純夫「ICTを活用した市民協働の取り組み『マイレポはんだ』」『住民行政の窓』第450号，2018年。

佐藤竺「住民参加の一実験――武蔵野市の事例」『年報行政研究』第9巻，1972年。

―――「住民参加と自治行政」佐藤竺・渡辺保男編著『住民参加の実践』学陽書房，1975年。

―――『地方自治と民主主義』大蔵省印刷局，1990年。

佐藤徹「市民参加の基礎概念」高橋秀行・佐藤徹編著『新説　市民参加　改訂版』公
　　人社，2013年。
─────「行政政策への参加に関わる論点」『月刊地方自治職員研修』第714号，2018
　　年。
自治体戦略2040構想研究会『自治体戦略2040構想研究会　第二次報告──人口減少下
　　において満足度の高い人生と人間を尊重する社会をどう構築するか』2018年。
篠原一『市民参加』岩波書店，1977年。
田尾雅夫『市民参加の行政学』法律文化社，2011年。
田中富雄「地域計画型総合計画の現状と課題」『龍谷政策学論集』第4巻第2号，
　　2015年。
高橋秀行・佐藤徹「行政参加の手法」高橋秀行・佐藤徹編著『新説　市民参加　改訂
　　版』公人社，2013年。
辻清明『日本の地方自治』岩波書店，1976年。
西尾勝「行政過程における対抗運動──住民運動についての一考察」日本政治学会編
　　『政治参加の理論と現実（年報政治学1974）』岩波書店，1975年。
─────『権力と参加』東京大学出版会，1975年。
─────「過疎と過密の政治行政」日本政治学会編『55年体制の形成と崩壊（年報政
　　治学1977）』岩波書店，1979年。
ペイトマン，キャロル（寄本勝美訳）『参加と民主主義理論』早稲田大学出版部，
　　1977年。
三浦哲司「『若者会議』の展望」『ガバナンス』第217号，2019年。
山崎亮『縮充する日本──「参加」が創り出す人口減少社会の希望』PHP研究所，
　　2016年。

推薦図書
高橋秀行・佐藤徹編著『新説　市民参加　改訂版』公人社，2013年。
＊住民参加・市民参加について幅広く体系的に学ぶことができるテキストであり，地
　　方自治の現場における動向も包含されている。
山崎亮『縮充する日本──「参加」が創り出す人口減少社会の希望』PHP研究所，
　　2016年。
＊本章で扱ったのは，都市自治体における行政への住民参加であったが，これ以外の
　　環境・情報・商業といった領域における参加の動向が検討されている。

第4章
持続可能な社会と SDGs

この章で学ぶこと

　人間が生きるということ，それはみなさんが経験してきたように，関わりのなかにいるということのように思う。私たち1人1人の「生」のために計り知れない数の人が関わっている。かならずいる誰かのことをどれだけ想像できるだろう。都市部において，他者との関係性がますます見えなくなりつつある今，改めてそれぞれの関わりを捉え直していくことが持続可能な社会の実現には求められる。その1つのきっかけとして，2030年までに到達することが目指された持続可能な開発目標，SDGs（Sustainable Development Goals）をとりあげてみよう。

1　私たちが直面している不確実性

プラネタリー・バウンダリー

「記録的な猛暑」という言葉が毎年のように報道されるなか，気候変動による異常気象はもはや「異常」ではなくなっているだろう。「異常」であるはずの状況に，私たち人間はどれほど敏感でいられるのだろうか。大気汚染，水質汚染，オゾン層破壊，砂漠化，酸性雨，温暖化など，私たちはこうした自然環境の諸問題に直面している現在について，また対峙してきた歴史を学ぶ。四大公害病に代表されるように，それらは人為的な要因によって引き起こされる。また，異文化を背景にもつ他者への差別や偏見，ヘイトスピーチ，テロなどの社会問題や，金融危機や経済格差の拡大などの経済問題も私たち人間のあいだで起きている。

　ストックホルム・レジリエンス・センター所長のヨハン・ロックストロームが主導する研究グループは，プラネタリー・バウンダリー（planetary boundaries）

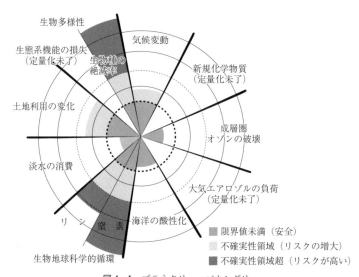

図 4-1 プラネタリー・バウンダリー

出所：ヨハン・ロックストローム，マティス・クルム（2015=2018：66）。

というコンセプトであり，かつフレームワークを提唱した。プラネタリー・バ
ウンダリーとは，人類が望まない状態，すなわち地球で暮らすことができなく
なる状態になる生物物理学的限界を示す。最新の科学的根拠に基づき，その定
量化を試みたのが，ロックストロームらの研究であった。図4-1にあるよう
に，限界値未満の範囲（太い点線内）であれば，地球がもっている回復力内に
あり，持続可能であることを示している。しかし，その域を超えると科学的に
不確実な範囲に入り，地球環境のリスクが増える。さらに，このまま不確実な
範囲を超えると，「不可逆的変化」が起こりうる。地球の回復力が効かなくな
り，地球システムの安定した常態に戻ることができなくなるのである。図4-
1から，すでに生物多様性（生物種の絶滅率）と生物地球科学的循環（リンおよ
び窒素による汚染）の危険性の高さが読み取れる。

不確実性の高まり

IPCC（Intergovernmental Panel on Climate Change：気候変動に関する政府間パネ

ル）による第5次評価報告書で指摘されたように，気候変動の要因として人為的なものの可能性がきわめて高い。私たち人間が深く関係している諸問題であるにもかかわらず，どれほどの人がこうした状況に意識的であるだろう。「私」とは関係のない出来事であると思ってしまう人は少なくない。環境破壊や人権侵害などに関わる問題を報道で取りあげたとしても，どこかの誰かの話であり，自らの生活はいつものように続くことを当然のように考える。

　しかしながら，私たちは当たり前である生活がいつ奪われるかもしれないという不確実性や，これまでの生活が続けられないかもしれないという持続不可能性が高まっている時代を生きている。私たちは，上述した諸問題に対する解決策をいまだ持ちえていない。私たちは学校教育で「正しい」解を学びとり，それらを確実に答えられるように習慣化されるが，それらが社会で問題になっている状況を解決する正解とは言い切れない。見方を変えれば，「正解」でなくなることがしばしばある。私たちがもっている「正解」とは何にとって，誰にとっての「正しさ」なのだろうか。

　また「正解」として教わったことが私たちの行動に反映されていないこともしばしばある。そのことをよく表したのが，1992年にブラジルのリオ・デ・ジャネイロで開催されたリオ・サミット（国連環境開発会議）でセヴァン・スズキが行ったスピーチである。

　　学校で，いや，幼稚園でさえ，あなたたち大人は私たち子どもに，世のなかでどうふるまうかを教えてくれます。たとえば，

　　争いをしないこと
　　話しあいで解決すること
　　他者を尊重すること
　　ちらかしたら自分でかたづけること
　　ほかの生き物をむやみに傷つけないこと
　　わかちあうこと

そして欲ばらないこと

　ならばなぜ，あなたたちは，私たちにするなということをしているんです
か。

（セヴァン・カリス＝スズキ　2003）

　私たちが「正しい」と伝えられ，伝えていることを改めて自らに問いかけ，
1人1人の言動を見直していかなければならない。不確実性や持続不可能性の
高まりをいかに抑えることができるのかについて，いま，世界中で取り組むこ
とが求められている。その1つのムーブメントがSDGsである。

2　SDGsとは

ミレニアム開発目標

　国際社会で問題視される状況に対して，ミレニアム開発目標（Millennium
Development Goals：以下，MDGs）が2000年に示された（表4-1，66頁）。同年9
月に「国連ミレニアム宣言」が国連ミレニアム・サミットで採択された。21世
紀の国際社会の目標としてより安全で豊かな世界づくりに協力することが同サ
ミットに参加した国連加盟国代表者らによって約束された。1990年代に開催さ
れた国際会議やサミットで問題提起された課題をもとに開発目標としてまとめ
られたのが，MDGsである。

　表4-1にあるように，MDGsは8つの目標と21のターゲットからなり，目
標達成の期限を2015年とした。15年間で，たとえば，目標1の「極度の貧困と
飢餓の撲滅」では1日1ドル未満で生活する人々の割合が半減し，ターゲッ
トが達成された。目標2の「普遍的な初等教育の達成」では開発途上地域で
の就学率が増加したり，初等教育を受けられない世界の児童数が約半減した
り，という改善が見られる一方で，「すべての子どもが男女の区別なく初等教
育の全課程を修了できるようにする」というターゲットの達成には課題が残っ

図 4 - 2　SDGs

出所：国際連合広報センター。

た。

　それぞれの目標でターゲットの達成に向けて多くの成果があげられた一方で，
女性や女子のエンパワーメント，もっとも脆弱な人々への支援などの再活性化
が継続して求められた。また，MDGs では貧困や飢餓の撲滅といった目標が
あげられ，開発途上地域が主に取り組むべき対象とされたため，先進国と途上
国との間にある格差の是正には至らず，格差の拡大は課題として残された。

　MDGs の達成期限である2015年 9 月には首脳級サミットが開催され，2015
年以降の開発目標が採択された。それが SDGs である（図 4 - 2 ）。SDGs 策定
のプロセスには，ポスト MDGs の流れと，1992年のリオ・サミット後の流れ
がある。リオ・サミットでは，「環境と開発に関するリオ宣言」およびその行
動計画である「アジェンダ21」「気候変動枠組条約」「生物多様性条約」が採択
された。リオ・サミットは社会的公正と環境保全を統合する「持続可能な開
発」の概念を世界に広めた会議であった。その後20年を経た2012年に再びリオ
で開催された「国連持続可能な開発会議」（「リオ＋20」Rio plus twenty）におい
て，SDGs が MDGs の次の開発目標と統合されることが合意された。持続可

表 4 - 1　MDGs の目標およびターゲット

1	極度の貧困と飢餓の撲滅 Eradicate extreme poverty and hunger ターゲット 1 - A 2015年までに 1 日 1 ドル未満で生活する人口の割合を1990年の水準の半数に減少させる ターゲット 1 - B 女性，若者を含むすべての人々の，完全かつ生産的な雇用，ディーセント・ワーク（適切な雇用）を達成する ターゲット 1 - C 2015年までに飢餓に苦しむ人口の割合を1990年の水準の半数に減少させる	6	ターゲット 6 - B 2010年までに必要とするすべての人が HIV/エイズの治療を受けられるようにする ターゲット 6 - C 2015年までにマラリアやその他の主要な疾病の発生を阻止し，その後，発生率を下げる
2	普遍的な初等教育の達成 Achieve universal primary education ターゲット 2 - A 2015年までにすべての子どもが男女の区別なく初等教育の全課程を修了できるようにする	7	環境の持続可能性を確保 Ensure environmental sustainability ターゲット 7 - A 持続可能な開発の原則を国家政策やプログラムに反映させ，環境資源の損失を阻止し，回復を図る ターゲット 7 - B 2010年までに生物多様性の損失を確実に減少させ，その後も継続的に減少させる ターゲット 7 - C 2015年までに安全な飲料水と衛生施設を継続的に利用できない人々の割合を半減する ターゲット 7 - D 2020年までに少なくとも 1 億人のスラム居住者の生活を大きく改善する
3	ジェンダー平等の推進と女性の地位向上 Promote gender equality and empower women ターゲット 3 - A 2005年までに可能な限り，初等・中等教育で男女格差を解消し，2015年までにすべての教育レベルで男女格差を解消する	8	開発のためのグローバルなパートナーシップの推進 Develop a global partnership for development ターゲット 8 - A 開放的で，ルールに基づく，予測可能でかつ差別的でない貿易と金融システムを構築する ターゲット 8 - B 後発開発途上国（LDCs）の特別なニーズに取り組む ターゲット 8 - C 内陸開発途上国と小島嶼開発途上国（太平洋・西インド諸島・インド洋などにある，領土が狭く，低地の島国）の特別なニーズに取り組む ターゲット 8 - D 国内および国際的措置を通じて途上国の債務問題に包括的に取り組み，債務を長期的に持続可能なものとする ターゲット 8 - E 製薬会社と協力して，途上国で人々が安価で必要不可欠な医薬品を入手できるようにする ターゲット 8 - F 民間セクターと協力して，特に情報・通信での新技術による利益が得られるようにする
4	乳児死亡率の削減 Reduce child mortality ターゲット 4 - A 2015年までに 5 歳未満の死亡率を1990年の水準の 3 分の 1 まで引き下げる		
5	妊産婦の健康状態の改善 Improve maternal health ターゲット 5 - A 2015年までに妊産婦の死亡率を1990年の水準の 4 分の 1 に引き下げる ターゲット 5 - B 2015年までにリプロダクティブ・ヘルス（性と生殖に関する健康）の完全普及を達成する		
6	HIV/エイズ，マラリア，その他の疾病のまん延防止 Combat HIV/AIDS, malaria and other diseases ターゲット 6 - A 2015年までに HIV/エイズのまん延を阻止し，その後，減少させる		

出所：国連開発計画駐日代表事務所（2014：3）。

能な開発のための資金に関する政府間委員会，SDGs に関する政府間オープン
ワーキンググループ，国連総会議長主催の MDGs 特別イベントがそれぞれ開
催される3年間の策定プロセスを経て，2015年9月に SDGs を含む「我々の
世界を変革する：持続可能な開発のための2030アジェンダ」（以下，2030アジェ
ンダ）が国連総会で採択された。

SDGs

　先に付した図4-2のとおり，SDGs は17の目標からなり，達成期限は2030
年である。それぞれの目標にはターゲットが設けられている。すべてのター
ゲットをあわせると169ある。国連加盟国が達成に向けた法整備や財政措置を
行うほどの拘束力はないが，加盟国は達成に向けて努力する義務があり，169
のターゲットの進捗を測るために230の指標が定められた。各国はそのフォ
ローアップとレビューを行い，自主報告することが期待された。

　SDGs は，「誰一人取り残さない」社会の実現にむけて，貧困の撲滅と環境
の保全に取り組むことを加盟国に約束させた開発目標である。その特徴は，統
合と普遍，および変容（transformation）にある。

　持続可能な開発には経済成長，社会的包摂，環境保全の3本柱の調和が必要
であり，これらは相互に関連し合っている。そのため，17目標および169の
ターゲットは個別に独立しているのではなく，それぞれが関連し合い，「統合
され不可分のもの」と認識される。また17目標およびターゲットは人類および
地球に関わる5つの重要な領域において，15年にわたる行動を促すのである。
その5つとは図4-3にある「5つのP」である。

　「人間」には目標1から6，「豊かさ」には目標7から11，「地球」には目標
12から15，「平和」には目標16，「パートナーシップ」には目標17が該当する。
この相互関連性および統合的な性質が，SDGs の特徴であり，すべての範囲に
わたって私たちが成し遂げようとすることが，「誰一人取り残さない」社会の
実現につながるのである。

　先述したように，MDGs は開発途上国を対象にした開発目標であったが，

図4-3　SDGs「5つのP」
出所：国際連合広報センター。

SDGsは世界全体の普遍的な目標とターゲットであり，途上国も先進国も対象としている。すべての国に適用され，あらゆる人々の行動を求める開発目標である。ただし「各国の現実，能力及び発展段階の違いを考慮に入れ，かつ各国の政策及び優先度を尊重」することが，2030アジェンダに記されている。つまり，SDGsは「共通だが差異ある責任の原則を再確認する」のである（United Nations 2015）。

　また，2030アジェンダにはSDGsが「最高に野心的かつ変革的な（transformational）ビジョン」をもっていると書かれている。それは，図4-4のように，「経済が自然資本や社会資本を犠牲にして発展する」（ヨハン・ロックストローム，マティス・クルム 2015＝2018：166）という入れ子構造になっている現在の開発パラダイムから，「経済が社会を支える手段として機能し，一方で，社会はプラネタリー・バウンダリーを超えずに安全に機能する空間内で発展する」（同上書：167）開発パラダイムへと移行していくことを表している。

　SDGs達成には各国の政策決定だけではなく，企業の関与も重要である。ビジネス・リーダーが刷新的なビジネス・チャンスや社会貢献の場として，CSR（Corporate Social Responsibility：企業の社会的責任）やCSV（Creating Shared Value：共通価値の創造）の機会を活用しはじめている。国連グローバル・コンパクト（United Nations Global Compact：UNGC）はその役割を担っている。1999年に世界経済フォーラムで当時の国連事務総長だったコフィー・アナンによって提唱されたイニシアチブである。「各企業・団体が責任ある創造的なリー

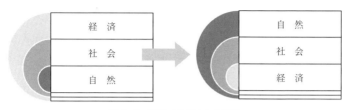

図4-4 開発パラダイムの転換

出所：ヨハン・ロックストローム，マティス・クルム（2015＝2018：166-167）をもと
に筆者作成。

ダーシップを発揮することによって，社会の良き一員として行動し，持続可能
な成長を実現するための世界的な枠組みづくりに参加する自発的な取り組み」
（グローバル・コンパクト・ネットワーク・ジャパン ホームページより）が期待され
ている。現在（2019年４月時点）約160カ国で約１万3,450の団体が署名し，「人
権」「労働」「環境」「腐敗防止」の４分野10原則を軸に活動している。

　同様に，持続可能性に向けた世界の変容に関わる高等教育機関（国連アカデ
ミック・インパクト）や科学者ら（フューチャー・アース）のネットワークもつく
られている。次世代育成や調査・研究においても，SDGs は深く関わる。地球
システムの維持と持続可能な社会システムへの移行に向けて，１人１人が従来
のあり方を見直し，新たな行動様式を身につけていくことが期待されている。

3　自らのあり方を問い返す持続可能性

　人と人との関わりのなかに「私」たちはいる。この関わりの網を張るために，
人は応答し合う。その網のなかで私たちは互いに頼り，頼られるという相互依
存の関係を築く。たとえば，私たちは様々な技術に支えられて暮らしている。
ガスや電気，上下水道，交通などにも，食べものや衣服などの商品が１人１人
に届くまでのプロセスにも，多くの技術が使われている。けれども，どこで・
どのように・いつ・だれが関わっているのか，またつくっているのか，私たち
は知らない。特に，複雑なネットワークのなかでの都市生活は，モノとの関係
性がわかりにくくなり，人との関わりも見えにくくなっている。

自然と人間との両者の関係性がもちつもたれつの関わりから変わったことを人類の歴史から読み取れよう。関係性の網が多くのところでほつれた結果，私たちは持続不可能な地球規模の諸課題に直面している。環境破壊，気候変動による異常気象，テロ，紛争，貧困，差別，偏見，失業，社会的孤立など私たちを取り巻く状況が深刻化しているいま，改めて持続可能な開発とは何かを考えるときといえる。

　自然の恵みとして水や食べもの，光があることやいのちの連鎖に感謝すること，自然のサイクルに身を委ねること，家族と一緒にご飯を食べること，仲間がいること，そして，関わりのなかで私たちがいるということなど，村などの共同体でシンプルな暮らしを経験することで私たちは技術に頼りすぎた末に見えなくなっていたプロセスや関わりに気づかされる。気づきから始まる持続可能な開発のプロセスは，決してキレイで平坦な道ではない。凸凹した道，開拓しなければならない場，1人では到底進むことができない道を通ることもある。そのため，私たちはときに自己矛盾を感じて，「持続可能な開発」から逃げたくなったり，自らの選択を正当化するために自己防衛になったりすることもある。

　持続可能な開発の根底にある持続可能性は，「私」自身のあり方を問うてくる。菊地（2006：190-191）は，持続可能性には「浅い持続可能性」と「深い持続可能性」があると説く。「浅い持続可能性」は，「状況が破綻していないこと」（継続できること）を指す。昨今では，国会で発言する政治家からも，また製品やサービスのPRなどで使う企業からも，「持続可能な○○」をよく耳にする。この場合，当該組織の利害が続くために，また増えるために，「小さくされた者を搾取したり生命を奪ったりすることさえ免罪されること」もあり得るのである。「浅い持続可能性」は表層的な継続を示し，前述した開発パラダイムの転換を含意しない。一方で，「深い持続可能性」は「ほんとうに価値ある姿」（尊敬に値するあり様）であるかどうかの問い返しを1人1人に求めるのである。「持続可能な」という英語 sustain-able の意味は「支持に値する」である。現在の人間社会を批判的に問いなおし，「いま一度〈いのちの次元〉に立ち返り」，「支持に値する」あり方であるのかを見定めなければならない。

「深い持続可能性」の追求は，今の状態からの「変化」を意味する。それは，変わること，すなわち自らをも含めた「変容」（transformation）の覚悟があるのかどうかが問われるのである。

　たとえば，軍事や防衛，また都市開発を考えてみよう。沖縄の基地問題，原子力発電所の再稼働／停止の問題，巨大な防潮堤の建設やモノカルチャーなまちづくりなど，私たちがどのようにそうした状況と関わっているのかを想像してほしい。私たちが住んでいる国の防衛をどのように考えているだろうか，私たちが使っている電気はどこでどのようにつくられているのか，地域で守り残し後世に伝えていきたいものは何だろうか，持続可能な開発を考えるとき，こうした問いに「深い持続可能性」の視点から議論を進めていくことが望まれる。しかしながら，実際はどうであろう。国会中継，政治家や行政，開発に携わる関係者の言葉を聞くたびに，「どこを見て，言い換えれば，誰を対象にして，仕事しているのか」と問いたくなるほど，〈いのち〉が軽視されているようにさえ感じることがしばしばある。一方で，先述したように私たち1人1人も同時に問い返されるのである。

　菊地（2006：191）は先の「持続可能性」の説明のあとで，加えて次のことを指摘する。私たちの生活は，貨幣や権力といった「社会的な力」の奴隷になっている。それは私たち自身の意識や言動にも影響している。「浅い持続可能性」の追求のもとでは，「深い持続可能性」，すなわち自らのあり様が問われないまま，結果として世代間および世代内の格差が拡大している。一方で「深い持続可能性」を求めれば，私たち自身のあり様が問われることになる。

　そう，「深い持続可能性」を考えると自己矛盾に襲われる。自らも危機的な状況をつくり出している加担者であるかもしれないということに気づかされる。また，紛争や災害が起きた地やそこで住まいやいのちを奪われた人に対して「私」が心がけたところで，大きなシステムのなかに生きる「私」には何もできないことに気づかされるのである。それでも，「野心」をもって「変容」を求めるのがSDGsである。それが顕著であるのは，「誰一人取り残さない」というビジョンにある。「SDGsウォッシュ」と呼ばれる見せかけの活動になら

ないためにも，自らのあり様を徹底的に問い返しながら「深い持続可能性」に依って立つことが望まれるだろう。「国連の名を借りて，上辺だけで世界的な課題に取り組んでいる企業」（足達・村上・橋爪 2018：156）に対して，国連の旗の青色にちなんで「ブルーウォッシュ」と揶揄されるのと同様に，SDGs においてもイメージアップのためにたんに利用されることは問題視されてよい。プラネタリー・バウンダリー内で安定した地球システムを維持するためにも，私たちには自然や他者に関わる責任があるのである。

　関わることは簡単なようでいて，難しい。他者のことを知り，傾聴していないと，彼／彼女らとともにいることはできない。菊地の言葉を借りれば，「小さくされた者」がいるということを知ること，なぜ「小さくされた」のかという背景を調べること，その過程で彼／彼女らの声を聴くことを通して，私たちは世界の見方を広げていく。そのうえで，どのように私は生活するのかを考え，行動し，新たな生活習慣として身につけていくことが望まれる。誰かがやってくれるという他力本願の思考ではなく，文化を紡ぐ者として他者や自然に関わっていくことが求められる。

4　地球に生きる私たちができる暮らし方

　持続可能な開発には，制度設計や技術革新が必要である。そうした環境整備によって人々の意識や行動の変化が見込める。けれどもそれを待っているだけにならないように，教育がある。1 人 1 人ができることから始める，この第一歩を踏むために，私たちは様々なことを学ぶ。私たちは改めて自然環境にやさしい ECO である暮らしを考え，何をすることがよいのかを選択することが求められている。

　「大きなことをしているわけじゃない，身近にある，小さなことをしているだけ」。これは，海外のとある村で出会った若者から返ってきた言葉である。その若者は，子どものころにみた村の風景が変わってしまったことを憂いて，一度失われた伝統文化を取り戻す活動をしていた。1 人で始めたその活動は次

第に，同じような活動をしている地域の人たちとネットワークをつくるまでに広がった。第三者から見れば「大きなこと」として受けとられることかもしれないが，始まりは「小さなこと」であった。

　この若者の言葉から，ある話を思い浮かべる人も少なくない。南米アンデス地方に伝わる『ハチドリのひとしずく』である。山火事から逃げる森の生き物たちのなかでただ一羽のハチドリが口ばしで水を一滴ずつ運んで，火の上に落とすことを続けていた。「そんなことをして，何になるんだ」という嘲笑にも，ハチドリは「私にできることをしているだけ」と応じたのである（辻，2005）。

　「持続可能な開発」と聞くと，私たちはとても大きなことを成し遂げなければならないように思う。気候変動，人権侵害，経済格差など，国際社会で問題視される状況に，私たちはどう対応することが望まれるのか，解決策を探すなど途方もない道のりだと思ってしまう。けれども，前述の若者の言葉やハチドリの話からはそうではないことに気づかされる。生活する土地でできることをすること，賛同してくれる仲間を探し，ネットワークを広げることを続ける。ただ，根底にあるのは暮らしている地域社会をよくしたいという「野心」（aspiration）である。持続可能な開発には，正解はない。これだ！という解がないから，私たちは大変に，面倒に考えてしまう。けれども村での生活を通して，私たちはすでに解をいくつも持っていることに気づかされる。ただそれらに気づいていないだけ，またそれらを複雑に覆い隠す様々なものに気を取られて，見つけ出せなくなっているのである。

　「私たちは何をしますか？私たちには何ができますか？」この問いにシンプルに応えてみると，身近なところからのスタートが見えるだろう。1人1人が，それぞれの解を行動につなげる。こうした「小さなこと」は問題解決には到底及ばないかもしれない。しかし，「小さなこと」の繰り返しが私たちの日常の習慣になる。1人1人ができる「小さなこと」を探し，持続可能な社会形成につながる習慣を身につけていくことが望まれている。さらに，SDGsは私たちが選択した「小さなこと」が地球システムの維持および持続可能な社会形成にどのようにつながっているのかという自らの言動の価値づけも促している。こ

うした循環がフラクタルに広がり，続いていくことが求められていよう。

参考文献

足達英一郎・村上芽・橋爪麻紀子『ビジネスパーソンのための SDGs の教科書』日経
　BP 社，2018年。

菊地栄治「持続可能な教育社会の方へ──新自由主義の教育改革とどう向き合うか」
　日本ホリスティック教育協会 吉田敦彦・永田佳之・菊地栄治編『持続可能な教
　育社会：環境・開発・スピリチュアリティ』せせらぎ出版，2006年。

セヴァン・カリス＝スズキ（ナマケモノ倶楽部編・訳）『あなたが世界を変える日
　──12歳の少女が環境サミットで語った伝説のスピーチ』学陽書房，2003年。

辻信一監修『ハチドリのひとしずく──いま，私にできること』光文社，2005年。

国際連合開発計画駐日代表事務所『ミレニアム開発目標』2014年。

国際連合広報局「我々の世界を変革する──持続可能な開発のための2030アジェン
　ダ」2016年（国際連合広報センター「SDGs を広めたい・教えたい方のための
　『虎の巻』」https://www. unic. or. jp/activities/economic_social_development/
　sustainable_development/2030agenda/ 2019/04/14最終アクセス）。

Global Compact Network Japan「国連グローバル・コンパクトについて」（http:
　//ungcjn.org/gc/index.html 2019/04/14最終アクセス）

Johan Rockström and Mattias Klum（2015）*Big World Small Planet : Abundance
　within Planetary Boundaries,* Yale University Press.（J. ロックストローム・M.
　クルム（武内和彦・石井菜穂子監修，谷淳也・森秀行他訳）『小さな地球の大き
　な世界：プラネタリー・バウンダリーと持続可能な開発』丸善出版，2018年）

United Nations（2015）*Transforming Our World : the 2030 Agenda for Sustainable
　Development.*（https://sustainabledevelopment. un. org/content/documents/2125
　2030%20Agenda%20for%20Sustainable%20Development%20web.pdf）（外務省仮
　訳「我々の世界を変革する──持続可能な開発のための2030アジェンダ」https://
　www.mofa.go.jp/mofaj/files/000101402.pdf 2019/04/14最終アクセス）

推薦図書

蟹江憲史監修，一般社団法人 Think the Earth 編著『未来を変える目標──SDGs ア
　イデアブック』紀伊國屋書店，2018年。

＊SDGs17目標につながる諸課題をわかりやすく解説しながら，SDGs のそれぞれの目
　標に関連させた様々なアイデアを知ることができる1冊である。

ヨハン・ロックストローム，マティス・クルム（武内和彦・石井菜穂子監修，谷淳

也・森秀行他訳）『小さな地球の大きな世界——プラネタリー・バウンダリーと
持続可能な開発』丸善出版，2018年。

＊科学的な根拠をもとに，なぜ持続可能な開発が必要であるのかを説く。プラネタ
リー・バウンダリーは SDGs の基盤になったといわれる枠組みである。

永田佳之編著『気候変動の時代を生きる——持続可能な未来へ導く教育フロンティ
ア』山川出版社，2019年。

＊SDGs 目標13「気候変動に具体的な対策を」をテーマにして，地球規模の課題への
アクションを様々な視点から考え，行動に移す実践書である。

　ESD（Education for Sustainable Development：持続可能な開発のための教育）は SDGs 達成を実現させる教育の「立役者」とされている。目標 4 のターゲット 7 には，「2030年までに，持続可能な開発のための教育及び持続可能なライフスタイル，人権，男女の平等，平和及び非暴力的文化の推進，グローバル・シチズンシップ，文化多様性と文化の持続可能な開発への貢献の理解の教育を通して，全ての学習者が，持続可能な開発を促進するために必要な知識及び技能を習得できるようにする。」とあり，その重要性を読み取れる。ESD の誕生は1992年で，本格的な始動は2005年である。1992年のリオ・サミットで合意された行動計画「アジェンダ21」に ESD の必要性が説かれ，2002年のヨハネスブルグ・サミットでその重要性が再認識され，2005年から ESD の普及と促進のための10年間が設けられた。

　ESD は学校だけでなく，地域社会や家庭などでもなされる生涯学習の性格をもつ。誰もが学習者となり，社会と教育と「私」との関係性を捉え直す。これまでの社会のあり方，それに教育がどのように関わっていたのかを問い直しながら，そのなかで「私」はどういたのかをふり返らせる。またこれからの社会を想像するにあたって，どのような教育のあり方が求められるのか，そこで「私」はどうありたいのかを考えさせる教育活動である。

　持続可能な開発にかかわる，異文化理解，環境保全，社会的公正，共生，多様性といった言葉を私たちは知っている。けれども，それらについて本当にわかっているかと問われれば，どうであろうか？　わかった「つもり」になっていないだろうか。頭でわかっていることを内在化していくこと，もしくは「頭でっかち」になっていたことをもみほぐし（ときには整え）ていくことを ESD は求める。

　持続可能な開発をはじめとする抽象的な概念をわかった「つもり」にすることなく，それらを丁寧に理解できるように，すなわち彼の地で生きている「あなた」（他者）を想像し，かつ「私」の暮らしをふり返りながら何を守り続けることがよいことなのかを考えるようにすることが重要である。様々なものやことに出会い，私たちの日常，当たり前を捉え直す機会を設け，遠かった，もしくは遠ざけていた他者との距離感が変わったり，自らの認識に気づいたりすることを ESD は促す。また，文化，コミュニティ，技術，産業，開発……とは何かについて改めて問い直すことを求めている。

── コラム④　名古屋市と SDGs 未来都市・自治体 SDGs モデル事業 ──

　日本政府は SDGs に取り組むために，2016年5月に「SDGs 推進本部」を設置した。関連する行政機関による体制を整え，この下に NGO・NPO や有識者など様々なステークホルダーが参加する「SDGs 推進円卓会議」がおかれた。同年12月には「SDGs 実施指針」が決められ，翌年12月には「SDGs アクションプラン2018」が，2018年12月には「SDGs アクションプラン2019」が公表されている。

　「SDGs 未来都市・自治体 SDGs モデル事業」は「SDGs アクションプラン2019」で示された取り組みの1つ──「SDGs を原動力とした地方創生，強靱かつ環境に優しい魅力的なまちづくり」──に関連する。2018年度から始まった当該事業では，自治体による SDGs 達成に向けた優れた取り組みを提案する29都市が「SDGs 未来都市」に，またとくに先導的な10事業が「自治体 SDGs モデル事業」に選ばれる。

　名古屋市は2019年度に「SDGs 未来都市」に選定され，「SDGs 未来都市 世界に冠たる『NAGOYA』の実現」をテーマに掲げ，2030年に向けて環境と調和した，誰もが安心して活動できる都市の実現を目指した。同市は次期総合計画とともに SDGs を推進し，かつ「名古屋が誇る"協働力"を礎につなぐ未来創造プロジェクト　なごや環境大学 SDGs 未来創造クラブ（仮称）」という事業に持続可能な開発の視点から統合的に取り組むことを提案した。こうした動きは今後予定されている諸事業にも関連させ，「低炭素・先進モビリティ都市への挑戦」および「次世代を担う子どもたちによる継承」をねらいにして，産官学連携の事業や教育プログラムを展開していく計画である。

　名古屋市は持続可能な都市を具現化する1つのアクターとなって SDGs 達成に積極的に挑戦していくことが期待されている。1人1人の住民が安心して暮らせるような生活の土台づくりをすることが自治体の役目であるとするならば，SDGs 時代において，それは私たち人間が安心して住まうことができる住環境を包括的に整備していくことにあると思われる。空気を吸い，水，食べ物を口にできる安全な自然環境があること，誰もが教育を受け，安心して暮らせる社会環境，人間らしく働ける経済環境，こうした住環境がもし持続不可能であるのであれば，自治体は新たな生活基盤を築くためのアクターとなって，産官学協同によるまちづくりをけん引していくことが求められていよう。

第5章
都市の経済政策

この章で学ぶこと

　日本には，東京大都市圏，名古屋大都市圏，大阪大都市圏を指す三大都市圏をはじめとする都市圏が設定されている。このような都市圏は，行政区画（県・市・町・村など）に加えて，地域経済を支える産業，通勤圏・通学圏など地域の関連性を考慮して規定されている。複数の都市圏が設定されていることから，国内の経済活動は地域ごとに異なる関係や性質をもっていることがうかがえる。そこで本章では，地域間のつながりを理解しながら，都市の産業構造や発展について考察する。

1　日本の地域区分

　2019年10月1日時点で，総務省によると日本には47都道府県および，792市（特別区23区は含まない，うち政令指定都市20市），743町，189村（北方四島の6村を含む）が地方公共団体として存在している。これらの行政区画は，財政や行政的な事務の執行を地方公共団体が主体となり効率的に行うため人口規模や中心的市街地内の戸数などを要件として地方自治法に規定されている。ただし，行政区画の境界には関所のような機関は設置されてないため，人々は自由に国内を移動することができる。また，人の移動だけではなく，同時にモノやカネも自由に移動させることができることから経済活動は行政区画内で完結するのではなく，多様な範囲に広がりをもつようになってきている。このような傾向は，行政が公表する統計調査などにも表れている。

　表5-1は，異なる行政機関が公表している資料や統計調査で用いられる地域区分を示している。これら地域区分は都道府県単位で整備されたデータをも

表 5-1　行政機関による地域区分

都道府県番号	都道府県	県庁所在地	地域の経済2018（内閣府）	2005年地域間産業連関表（経済産業省）	2010年基準消費者物価指数（総務省）	2017年国民生活基礎調査（厚生労働省）	2017年度自動車輸送統計調査（国土交通省）
1	北海道	札幌市	北海道	北海道	北海道	北海道	北海道
2	青森県	青森市					
3	岩手県	盛岡市					
4	宮城県	仙台市	東北	東北	東北	東北	東北
5	秋田県	秋田市					
6	山形県	山形市					
7	福島県	福島市					
8	茨城県	水戸市					
9	栃木県	宇都宮市	北関東			関東II	
10	群馬県	前橋市					
11	埼玉県	さいたま市		関東	関東		関東
12	千葉県	千葉市	南関東			関東I	
13	東京都	新宿区					
14	神奈川県	横浜市					
15	新潟県	新潟市	甲信越				
16	富山県	富山市		中部			北陸信越
17	石川県	金沢市	北陸		北陸	北陸	
18	福井県	福井市		近畿			中部
19	山梨県	甲府市	甲信越	関東	関東	関東II	関東
20	長野県	長野市					北陸信越
21	岐阜県	岐阜市		中部			
22	静岡県	静岡市	東海	関東	東海	東海	中部
23	愛知県	名古屋市		中部			
24	三重県	津市					
25	滋賀県	大津市				近畿II	
26	京都府	京都市					
27	大阪府	大阪市	近畿	近畿	近畿	近畿I	近畿
28	兵庫県	神戸市					
29	奈良県	奈良市				近畿II	
30	和歌山県	和歌山市					
31	鳥取県	鳥取市					
32	島根県	松江市					
33	岡山県	岡山市	中国	中国	中国	中国	中国
34	広島県	広島市					
35	山口県	山口市					
36	徳島県	徳島市					
37	香川県	高松市	四国	四国	四国	四国	四国
38	愛媛県	松山市					
39	高知県	高知市					
40	福岡県	福岡市					
41	佐賀県	佐賀市				北九州	
42	長崎県	長崎市					
43	熊本県	熊本市	九州	九州	九州	南九州	九州
44	大分県	大分市				北九州	
45	宮崎県	宮崎市					
46	鹿児島県	鹿児島市				南九州	
47	沖縄県	那覇市	沖縄	沖縄	沖縄		

注：自動車輸送統計では沖縄県は九州運輸局に区分されるが，実際の業務は内閣府沖縄総合事務局運輸部が管轄している。
出所：筆者作成。

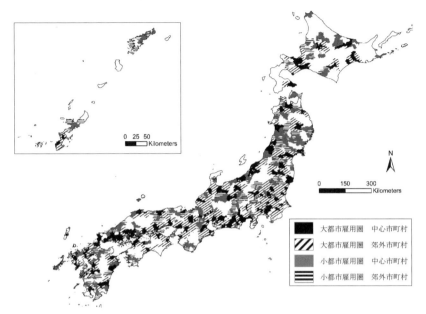

図5-1 2015年基準都市雇用圏

出所:「都市雇用圏」をもとに筆者作成。

とに,各行政機関の基準によって地理的な近さや人口規模によってひとまとま
りの地域として捉えられている。北海道地域,東北地域,中国地域,四国地域
は行政機関によって地域区分に違いはないが,東北地域と中国地域に挟まれた
範囲に位置する地域は多様な区分が割り当てられている。東北地域から本州の
中央までを指す関東地域は,厚生労働省の統計調査では南北に分割する地域を
採用する一方で,内閣府では関東地域のうち新潟県,山梨県,長野県を甲信越
地域と設定している。本州の中央に位置する地域には,中部地域,東海地域,
北陸地域という区分が混在している。本州中央よりも西に位置する関西地域と
九州地域は,関東地域同様に厚生労働省の統計調査では,南北に分割される。
　また,経済活動を通じた地域間の関わりあいは交通や情報通信の発達により,
さらに複雑かつ多様なつながりを持つようになってきていることから実際の経
済活動を考慮した地域区分も規定されている。金本・徳岡(2002)が提案する

都市雇用圏は，都道府県単位よりも小さな行政区画単位に基づく地域区分の1つである。図5-1は，2015年基準で定義された都市雇用圏を表している。都市雇用圏には，大都市雇用圏と小都市雇用圏が設定され，それぞれの雇用圏に中心都市と郊外に分類される地域が含まれる。都市雇用圏の基準では，都市雇用圏に属さない地域が存在することが特徴的である。

　近年は，行政区画を越えた地域間の広域的な連携を目指した政策が立案，施行されていることからも，地域経済の規模や実態を把握するためには行政区画だけではなく，都市雇用圏のような行政区画に捉われない地域間の関わりあいを考慮する必要がある。よって本章では，地域間のつながりに着目しながら経済的または，文化的な関連性の高い岐阜県（21市，19町，2村），愛知県（1政令指定都市，37市，14町，2村），三重県（14市，15町）の3県（市町村数は3県ともに2019年10月時点）を対象とする東海地域の産業構造や発展について都市経済学の観点から明らかにすることを目的とする。

2　東海地域における産業の概要

産業構造

　第2節では2015年国勢調査の産業別就業者数を用いて，東海地域の産業構造について把握していこう。表5-2は東海地域と全国の産業別就業者数と構成比を示している。表5-2より，東海地域の就業者数割合の高い産業は，製造業（26.0％），卸売業・小売業（15.7％），医療・福祉（10.9％）であり，割合の低い産業は鉱業・採石業・砂利採取業（0.03％），漁業（0.19％），電気・ガス・熱供給・水道業（0.51％）である。全国の就業構造と類似しているが，製造業の就業割合は全国の1.5倍である。東海地域には製造業が根づき（本章コラム参照），現在においても製造業が基盤産業として発展していることが就業者割合の高さからわかる。

　表5-3から表5-5は，産業ごとに居住地別の就業者数と割合を示し，県内居住者数については2-3列目，県外居住者数については（すなわち当該県への

表5-2　東海地域と全国の就業構造　　　　　　　（単位：人，％）

	東海地域		全　国	
全産業	5,284,108		55,757,100	
農業・林業	128,339	2.43	2,067,952	3.71
漁　業	10,042	0.19	153,747	0.28
鉱業・採石業・砂利採取業	1,631	0.03	22,281	0.04
建設業	380,699	7.20	4,341,338	7.79
製造業	1,372,411	25.97	9,557,215	17.14
電気・ガス・熱供給・水道業	26,772	0.51	283,193	0.51
情報通信業	97,325	1.84	1,680,205	3.01
運輸業・郵便業	286,154	5.42	3,044,741	5.46
卸売業・小売業	830,529	15.72	9,001,414	16.14
金融業・保険業	116,316	2.20	1,428,710	2.56
不動産業・物品賃貸業	86,768	1.64	1,197,560	2.15
学術研究・専門・技術サービス業	161,803	3.06	1,919,125	3.44
宿泊業・飲食サービス業	300,523	5.69	3,249,190	5.83
生活関連サービス業・娯楽業	188,085	3.56	2,072,228	3.72
教育・学習支援業	233,206	4.41	2,661,560	4.77
医療・福祉	577,122	10.92	7,023,950	12.60
複合サービス事業	40,346	0.76	483,014	0.87
サービス業（他に分類されないもの）	298,710	5.65	3,543,689	6.36
公務（他に分類されるものを除く）	147,327	2.79	2,025,988	3.63

表5-3　岐阜県就業構造　　　　　　　（単位：人，％）

全産業	870,417	95.14	44,451	4.86
農業・林業	30,775	99.41	182	0.59
漁　業	215	99.08	2	0.92
鉱業・採石業・砂利採取業	542	94.76	30	5.24
建設業	70,350	95.35	3,431	4.65
製造業	217,193	94.55	12,513	5.45
電気・ガス・熱供給・水道業	3,467	90.55	362	9.45
情報通信業	7,361	89.82	834	10.18
運輸業・郵便業	35,669	92.83	2,753	7.17
卸売業・小売業	138,352	94.93	7,394	5.07
金融業・保険業	19,332	89.33	2,308	10.67
不動産業・物品賃貸業	9,621	94.76	532	5.24
学術研究・専門・技術サービス業	20,966	92.61	1,674	7.39
宿泊業・飲食サービス業	52,273	96.88	1,685	3.12
生活関連サービス業・娯楽業	34,669	95.79	1,525	4.21
教育・学習支援業	39,414	94.89	2,123	5.11
医療・福祉	107,020	96.81	3,527	3.19
複合サービス事業	9,248	97.73	215	2.27
サービス業（他に分類されないもの）	45,391	95.94	1,919	4.06
公務（他に分類されるものを除く）	28,559	95.19	1,442	4.81

表 5 - 4　愛知県就業構造

(単位：人，%)

全産業	3,386,935	95.33	165,849	4.67
農業・林業	71,457	99.47	379	0.53
漁　業	4,064	99.85	6	0.15
鉱業・採石業・砂利採取業	601	92.04	52	7.96
建設業	233,982	94.28	14,201	5.72
製造業	894,559	95.74	39,791	4.26
電気・ガス・熱供給・水道業	16,756	90.11	1,840	9.89
情報通信業	72,381	88.07	9,807	11.93
運輸業・郵便業	189,908	93.06	14,156	6.94
卸売業・小売業	537,408	95.18	27,231	4.82
金融業・保険業	70,819	91.65	6,449	8.35
不動産業・物品賃貸業	63,839	95.31	3,143	4.69
学術研究・専門・技術サービス業	113,138	93.62	7,712	6.38
宿泊業・飲食サービス業	194,625	97.00	6,026	3.00
生活関連サービス業・娯楽業	116,801	96.23	4,581	3.77
教育・学習支援業	147,624	95.66	6,697	4.34
医療・福祉	356,151	97.34	9,726	2.66
複合サービス事業	21,579	97.65	519	2.35
サービス業（他に分類されないもの）	196,236	95.65	8,935	4.35
公務（他に分類されるものを除く）	85,007	94.87	4,598	5.13

表 5 - 5　三重県就業構造

(単位：人，%)

全産業	785,872	96.25	30,584	3.75
農業・林業	25,217	98.71	329	1.29
漁　業	5,696	98.97	59	1.03
鉱業・採石業・砂利採取業	389	95.81	17	4.19
建設業	55,528	94.54	3,207	5.46
製造業	197,461	94.77	10,894	5.23
電気・ガス・熱供給・水道業	4,014	92.34	333	7.66
情報通信業	6,482	93.37	460	6.63
運輸業・郵便業	41,450	94.92	2,218	5.08
卸売業・小売業	116,281	96.78	3,863	3.22
金融業・保険業	16,445	94.47	963	5.53
不動産業・物品賃貸業	9,273	96.26	360	3.74
学術研究・専門・技術サービス業	17,495	95.53	818	4.47
宿泊業・飲食サービス業	44,809	97.59	1,105	2.41
生活関連サービス業・娯楽業	29,415	96.41	1,094	3.59
教育・学習支援業	36,431	97.54	917	2.46
医療・福祉	98,872	98.19	1,826	1.81
複合サービス事業	8,669	98.68	116	1.32
サービス業（他に分類されないもの）	44,859	97.04	1,370	2.96
公務（他に分類されるものを除く）	27,086	97.71	635	2.29

通勤者数）4-5列目に示している。他県からの就業者が10%以上の産業は，岐阜県では情報通信業と金融業・保険業，愛知県では情報通信業である。これら産業の事業所は都市中心部に立地していることが多く，都市中心部が持つ交通の利便性の高さが他県からの就業者の移動に寄与していると考えられる。他産業の就業者は就業している地域に居住し，他県からの通勤者割合が高くないことがわかる。

産業間取引構造

　2011年における3県の産業連関表を用いて産業間取引構造を把握する。産業連関表は，産業が財やサービスを生み出すとき，産業がどの産業から（どの産業へ）原材料を投入（産出）しているかを取引金額や量によって知ることができる。産業間取引構造を利用し，図5-2に表す象限から，地域産業がどのような特徴をもっているか区別する。x軸にある「影響力係数」とは，ある産業の財やサービスが1単位増加したとき，産業全体に及ぼす影響の大きさを測ることができる。y軸にある「感応度係数」とは，産業全体の需要が1単位増加したとき，ある産業が受ける影響の大きさを測ることができる。

　図5-3から図5-5は各県の影響力係数と感応度係数の関係を表している。3県共通して第1象限には，製造業に属している5，6，7，8，10，11，16が位置している。第3象限には1，9，21，23，26，27，30，32，33，35が位置し，サービス業が多い。地域の経済活動に影響を与えやすく受けやすい産業

図5-2　影響力係数と感応度係数の関係

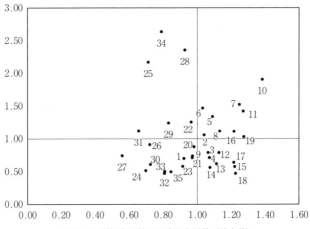

図5-3 影響力係数及び感応度係数（岐阜県）

注：1. 農林水産業，2. 鉱業，3. 飲食料品，4. 繊維製品，5. パルプ・紙・木製品，6. 化学製品，7. 石油・石炭製品，8. プラスチック・ゴム，9. 窯業・土石製品，10. 鉄鋼，11. 非鉄金属，12. 金属製品，13. はん用機械，14. 生産用機械，15. 業務用機械，16. 電子部品，17. 電気機械，18. 情報・通信機器，19. 輸送機械，20. その他の製造工業製品，21. 建設，22. 電力・ガス・熱供給，23. 水道，24. 廃棄物処理，25. 商業，26. 金融・保険，27. 不動産，28. 運輸・郵便，29. 情報通信，30. 公務，31. 教育・研究，32. 医療・福祉，33. その他の非営利団体サービス，34. 対事業所サービス，35. 対個人サービス。以下，本項において同様。

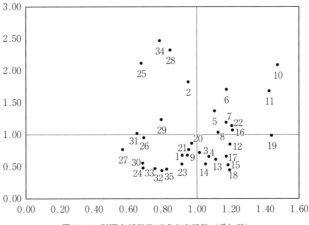

図5-4 影響力係数及び感応度係数（愛知県）

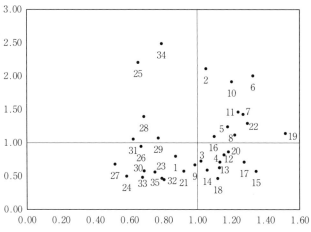

図5-5　影響力係数及び感応度係数（三重県）

表5-6　輸出額　　　　　　　　　　　　　　　　（単位：100万円）

産業	岐阜県	愛知県	三重県	東海地域	産業	岐阜県	愛知県	三重県	東海地域
1	232	1,429	1,054	2,715	19	150,565	4,448,605	349,617	4,948,787
2	413	2,573	167	3,153	20	6,144	12,362	1,305	19,811
3	1,427	6,537	2,925	10,889	21	0	0	0	0
4	3,153	42,516	214	45,883	22	201	2,070	102	2,373
5	10,892	19,167	1,803	31,862	23	70	535	0	605
6	18,245	202,264	126,078	346,587	24	24	178	0	202
7	6	33,762	72,939	106,707	25	73,420	605,745	29,124	708,289
8	17,821	196,886	59,497	274,204	26	6,456	45,688	3,344	55,488
9	33,397	78,863	30,084	142,344	27	164	1,459	87	1,710
10	4,203	331,639	554	336,396	28	21,623	444,687	37,088	503,398
11	5,093	66,637	50,321	122,051	29	1,942	13,530	1,205	16,677
12	12,470	67,114	2,908	82,492	30	0	0	0	0
13	34,163	196,520	45,662	276,345	31	648	3,918	345	4,911
14	75,299	538,370	31,604	645,273	32	2	8	1	11
15	8,355	75,579	33,435	117,369	33	166	836	86	1,088
16	126,052	232,551	945,180	1,303,783	34	9,441	52,553	4,901	66,895
17	21,095	465,891	55,930	542,916	35	5,867	22,780	2,261	30,908
18	57,434	195,931	6,473	259,838					

表5-7　輸入額

（単位：100万円）

産業	岐阜県	愛知県	三重県	東海地域	産業	岐阜県	愛知県	三重県	東海地域
1	18,244	208,319	48,007	274,570	19	37,755	368,496	73,475	479,726
2	68,276	1,484,943	814,856	2,368,075	20	24,499	158,005	23,635	206,139
3	52,479	368,773	75,358	496,610	21	0	0	0	0
4	34,975	248,375	44,186	327,536	22	14	71	11	96
5	35,090	128,239	27,544	190,873	23	15	73	13	101
6	69,997	375,854	149,406	595,257	24	3	12	3	18
7	39,396	200,992	123,251	363,639	25	14,562	78,082	10,999	103,643
8	18,585	109,978	25,825	154,388	26	13,953	61,761	10,083	85,797
9	8,756	46,691	15,527	70,974	27	23	111	19	153
10	11,587	164,684	18,034	194,305	28	20,193	239,802	30,729	290,724
11	40,939	370,023	115,886	526,848	29	7,893	44,987	7,954	60,834
12	12,017	62,921	12,481	87,419	30	0	0	0	0
13	13,138	93,924	14,007	121,069	31	1,625	10,892	1,519	14,036
14	11,292	97,634	9,844	118,770	32	50	241	0	291
15	17,118	92,878	19,819	129,815	33	840	3,773	625	5,238
16	26,756	240,533	284,052	551,341	34	18,584	96,068	16,894	131,546
17	26,410	252,951	36,330	315,691	35	14,607	70,821	12,109	97,537
18	30,942	332,857	41,413	405,212					

は製造業であり，サービス業は地域経済への影響が小さい産業であるという傾向が東海地域にみられる。

　東海地域の産業が海外とどの程度取引があるか産業連関表の輸出額（表5-6）と輸入額（表5-7）から把握する。表5-6より輸出額は，輸送機械，電子部品，商業，生産用機械，電気機械の順で取引額が多い。影響力の大きい産業として挙げられた製造業は海外との取引が多いことがわかる。表5-7より輸入では，鉱業，化学製品，電子部品，非鉄金属，飲食料品の順で取引額が多く，資源（原材料）を海外から調達している傾向が高い産業が多い。輸出額，輸入額ともに愛知県の取引額割合が大きいが，電子部品産業は輸出額輸入額ともに三重県の取引額割合が最も高い。東海地域を構成する3県は製造業を基盤とする産業構造が共通している。

3　地域産業と産業集積

産業集積の種類

　第3節では，東海地域の地域産
業について産業集積の観点から把
握していこう。産業集積とは地域
産業が特定の地域に集まっている
状態をさす。産業集積が分布して

表5-8　産業集積の種類

地域産業の集積形態	MAR	Jacobs	Porter
特　化	○	―	○
多様性	―	○	―
競　争	―	○	○

いる地域は地理的に近い地域産業の関連性が高く，成長傾向が類似しているこ
とから，近年では地理的に近接している地域産業に着目し，産業集積と地域経
済との関係について研究が進められている。1990年代以降 Glaeser *et al.*
(1992) を契機に，産業集積およびその集積形態と，地域経済の成長に寄与す
る要因との関連を検証する実証研究が蓄積されている。特に，成長に寄与する
要因として地域産業の持続的な成長を実現するイノベーションを導く知識波及
を分析する実証研究では，表5-8に示す分類に基づいて成長に寄与する知識
波及と産業集積の形態について識別，検証が行われている。では，成長に寄与
する産業集積の種類と誘発される知識波及について説明していこう。
① 　Marshall-Arrow-Romer：MAR 型
　同一業種の産業集積（産業の特化）に基づく知識波及。産業の独占的環境に
より知識が産業内で波及することで産業特有のイノベーションが誘発される。
② 　Jacobs 型
　異業種の事業所集積（産業の多様化）に基づく知識波及。異業種事業所間の
競争的生産環境により知識が産業を問わず波及することで多様なイノベーショ
ンが誘発される。
③ 　Porter 型
　同一業種の産業集積（産業の特化）に基づく知識波及。ただし，MAR 型と異
なり，同業種事業所間の競争的生産環境により知識が産業内で波及することで

産業特有のイノベーションが誘発される。

産業集積指標

　東海地域の産業集積の形態について理解するため，産業集積の特徴を表す指標を用いて説明する。ここでは基準地域を東海地域とし，東海地域に対する各県の産業集積について検討する。指標は，2016年経済センサス（活動調査）を利用し計測する。

　地域産業の特化の程度を測るため特化係数を用いる。特化係数とは，ある地域産業のシェアが基準地域のシェアに対してどれだけ大きいか，小さいかを測る指標である。特化係数が1より大きければ（小さければ），当該地域産業のシェアは基準地域よりも大きい（小さい）シェアをもち，基盤産業（非基盤産業）であることが示される。特化係数は式(5.1)から求められる。

$$特化係数_{ri} = \frac{\frac{emp_{r,i}}{\Sigma_i emp_{r,i}}}{\frac{\Sigma_r emp_{r,i}}{\Sigma_r \Sigma_i emp_{r,i}}} \tag{5.1}$$

$emp_{r,i}$：地域 r，産業 i の従業者数

r：岐阜県，愛知県，三重県

i：18産業

　表5-9は特化係数を示し，図5-6は特化係数をグラフに表している。東海地域において，岐阜県と三重県は第1次産業と第3次産業に特化している傾向がみられる。愛知県は第3次産業のうち，情報通信業や不動産業・物品賃貸業，学術研究・専門・技術サービス業に関する産業への特化度が高く，都市的機能を果たす産業のシェアが他県に比して高いことがわかる。製造業は3県ともに特化度が高い産業であることがわかる。図5-6より，産業特化の傾向は漁業と鉱業を除き岐阜県と三重県は類似している。

　地域産業の多様性を測るためハーフィンダール・ハーシュマン指数（Herfindahl-Hirschman Index：HHI）を用いる。HHIは通常，市場における企業の独占度を測る指標として利用され，指標が大きいほど独占的であり，小さい

表 5 - 9 特化係数

産 業	岐阜県	愛知県	三重県
農業・林業	1.94	0.58	1.94
漁 業	0.73	0.34	4.38
鉱業・採石業・砂利採取業	2.20	0.51	1.95
建設業	1.15	0.97	0.98
製造業	1.01	0.99	1.06
電気・ガス・熱供給・水道業	0.84	1.01	1.12
情報通信業	0.45	1.26	0.39
運輸業・郵便業	0.81	1.04	1.01
卸売業・小売業	1.01	1.01	0.94
金融業・保険業	1.13	0.96	1.02
不動産業・物品賃貸業	0.81	1.08	0.84
学術研究・専門・技術サービス業	0.81	1.10	0.72
宿泊業・飲食サービス業	1.03	0.99	1.01
生活関連サービス業・娯楽業	1.10	0.95	1.13
教育・学習支援業	0.87	1.08	0.76
医療・福祉	1.13	0.93	1.18
複合サービス事業	1.45	0.81	1.41
サービス業（他に分類されないもの）	0.86	1.05	0.90

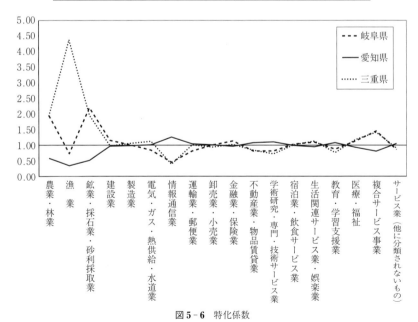

図 5 - 6 特化係数

ほど競争が実現されていることを示す。HHI を地域の産業構造に適用すると，HHI が大きい値であるほど特定の産業に偏った産業構造であり，HHI が小さい値であるほど地域の産業構造が多様であるという解釈ができる。従業者数で測る HHI は，式(5.2)から求められる。

$$HHI_r = \sum_i \left(\frac{emp_{r,i}}{\sum_i emp_{r,i}} \right)^2 \tag{5.2}$$

表5-10 多様性指数（HHI）

	岐阜県	愛知県	三重県
従業者	0.14	0.13	0.14
事業所	0.13	0.12	0.12

表5-10には，従業者数で測った HHI と式(5.2)の従業者数に各地域産業の事業所数を当てはめて測った HHI を示している。従業者数，事業所数で測った HHI は 3 県とも同レベルであるが，愛知県の従業員数 HHI は，他県に比して小さいことから特定の産業に従業員が偏ることなく，多様な産業に従業する傾向がある。

　地域産業の生産環境における競争の程度を測るため地域競争指数を用いる。地域競争指数は，ある産業について県内従業者に対する事業所数の割合が東海地域での従業者に対する事業所数の割合に対してどれだけ大きいか小さいかを測る指標である。競争指数が大きければ（小さければ），当該地域産業では，多数の事業所が存在する競争的（一部の事業所による独占的）な生産環境であることを示す。地域競争指数は式(5.3)から求められる。

$$地域競争指数_{ri} = \frac{\dfrac{est_{r,i}}{emp_{r,i}}}{\dfrac{\sum_r est_{r,i}}{\sum_r emp_{r,i}}} \tag{5.3}$$

$est_{r,i}$：地域 r，産業 i の事業所数

　表5-11に示す地域競争指数の大きさから，岐阜県，三重県，愛知県の順で地域の生産環境が競争的であることがわかる。第 1 次産業の生産環境は，岐阜県と三重県に比べて愛知県において競争的環境が整っている。第 2 次産業の生産環境は岐阜県が他県に比して競争的である。愛知県と三重県では製造業にお

表 5-11　地域競争指数

	岐阜県	愛知県	三重県
農業・林業	1.011	1.020	0.960
漁　業	1.145	1.207	0.898
鉱業・採石業・砂利採取業	1.055	1.091	0.820
建設業	1.208	0.897	1.209
製造業	1.467	0.921	0.854
電気・ガス・熱供給・水道業	1.352	0.809	1.514
情報通信業	1.718	0.892	1.721
運輸業・郵便業	1.193	0.930	1.169
卸売業・小売業	1.225	0.914	1.169
金融業・保険業	1.074	0.947	1.145
不動産業・物品賃貸業	1.317	0.918	1.157
学術研究・専門・技術サービス業	1.346	0.906	1.246
宿泊業・飲食サービス業	1.182	0.954	1.004
生活関連サービス業・娯楽業	1.150	0.959	1.000
教育・学習支援業	1.260	0.907	1.287
医療・福祉	1.058	1.004	0.923
複合サービス事業	1.138	0.875	1.179
サービス業（他に分類されないもの）	1.448	0.828	1.473

いて，生産効率の観点から規模の経済を活かした少数の大規模事業所による生産活動が行われていることがうかがえ，製造業の生産環境における競争の程度が低いことがわかる。第３次産業については，情報通信業での競争度合が岐阜県と三重県で高い。一方で，愛知県は競争的環境に欠ける産業がサービス業において多い。

4　都市政策と地域分析ツール

産業集積とイノベーション関連政策

前節までにみてきたとおり，３県の地域産業構造や産業の特化度，多様性，競争的環境から，東海地域全体で地域産業の生産活動は類似している点が多い。つまり，近接する地域間で基盤産業が同じである傾向に加えて，各産業集積の形態についても共通する部分が多いことが判明した。こうした産業集積から生じるイノベーションを生かすための政策が，行政区画による県，市町村などの

年	知的クラスター（文部科学省）	産業クラスター（経済産業省）	関連法・制度
2001	クラスター政策の開始	立ち上げ期	
2002			構造改革特区（制度）
2003			
2004			
2005			
2006	クラスター政策の発展	成長期	
2007			企業立地促進法（法律）
2008			
2009			
2010		自律的発展期	
2011		・先導的クラスター	総合特区（制度）
2012		・地域主導型クラスター	
2013			国家戦略特区（制度）
2014			地方創生（政策）
2015			
2016			
2017			
2018			
2019			
2020			

図5-7　イノベーション関連事業や制度の変遷

出所：筆者作成。

地方公共団体単位によるものだけではなく，複数の行政区画を含む地域を対象として進められるようになっている。

　図5-7は，2000年以降に実施された産業集積とイノベーションに関する政策や法律である。2000年以降，地域の強み（地域資源や基盤産業）を活かしながら地域の持続的な成長を支援する地域政策が主軸となっている。特に，地域資源と基盤産業を活かした事業所群が地理的に近接立地する環境である産業集積（産業クラスター）は，地域成長の源泉であるイノベーションを創造する場として注目されている。産業クラスターは Porter（1998）が提唱した概念であり，産業クラスターが分布する地域では，分布していない地域よりも活発なフェイス・トゥ・フェイス・コミュニケーションを通じて知識波及が生じやすくイノベーションの創造が促進されるとされている。

　日本では，これまで文部科学省が主導する知的クラスターや経済産業省が主導する産業クラスター事業が進められてきた。しかし，文部科学省の知的クラスターは，地域の研究開発を促進するために実施されてきたが2009年の事業仕分けにより廃止されている。現在，継続している産業クラスター事業は，第3

期目に入り，地域が主体となって取り組む地域主導型産業クラスターを推進することに加えて，国際競争力をもつ産業による先導的クラスターを推進している。さらに地域産業が経済活動を円滑に行えるよう，規制緩和を許容する地域を設けるために特区制度が設定されている。特区制度のうち，構造改革特区と総合特区はボトムアップ型，国家戦略特区はトップダウン型として，どちらか一方向から地域産業の活性化を促すのではなく，地域と国が相互に関わり合いながら地域経済の発展が図られている。

東海地域では，2011年から国際戦略総合特区である「アジア No. 1 航空宇宙産業クラスター形成特区」が設定されている。本特区は，2018年までに公表された総合特別区域評価・調査検討会における評価結果において，6年連続で全国に7つある国際戦略総合特区の中で最も高く評価されている。日本初の国産ジェット旅客機（三菱リージョナルジェット：MRJ）などの開発が進められていることからも，東海地域における産業クラスターがよりイノベーティブな環境となるための支援を継続していく必要がある。総合特区は，産業集積の地理的な範囲や支援の対象となる企業は決められているものの，特区内での企業間の関連については明らかにされていないことが多い。長期的な成長を促すためにはイノベーションの創出は不可欠であり，そのために企業間の知識波及が重要となる。今後，知識波及と企業間のつながりに関する情報を深化させ，成長に必要な支援を実施する体制が望まれる。

GIS の活用

地域経済を理解するためには，実際の地域産業の活動に応じた範囲を考慮しながら行政区画に捉われない地域を明らかにする重要性が高まっている。そのため，視覚的に地域経済が及ぶ地理的な範囲を捉えることが可能な地理情報システム（Geographic Information System または Science: GIS）が積極的に活用されるようになってきている。地方創生でも，情報支援の矢として RESAS（地域経済分析システム）の提供を2015年から開始している。RESAS では，多様なデータが準備され，統計データへのアクセスや利用が容易である。図 5 - 8 は

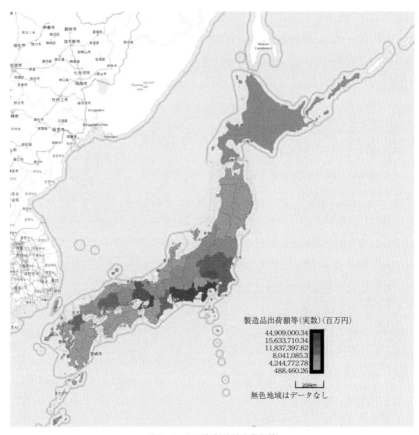

製造品出荷額等(実数)(百万円)

44,909,000.34
15,633,710.34
11,837,397.82
8,041,085.3
4,244,772.78
488,460.26

200km

無色地域はデータなし

図 5 - 8 2016年製造品出荷額等

出所:「RESAS」(内閣府)をもとに筆者編集。

2016年の製造品出荷額等のデータを，図 5 - 9 は1986年から2016年までの製造
品出荷額等のデータを利用して作図されている。RESAS を用いると図 5 - 8
のように統計データを地図上に自動的に描写することができ，さらに地図上の
データを図 5 - 9 のようなグラフにすることや統計データをダウンロードする
ことができる。政府は，RESAS をはじめとする地域経済に関する統計データ
を多数提供し，情報を入手しやすい環境を整え始めている。

　以上のように地域経済や地域の成長を理解するため，多様な各種事業や制度，

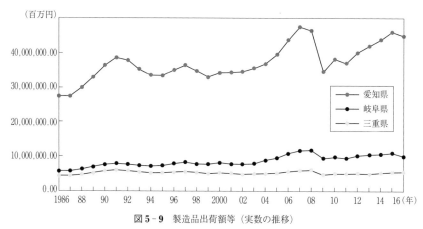

図5-9　製造品出荷額等（実数の推移）

出所：「RESAS」（内閣府）をもとに筆者編集。

統計データへのアクセスを行政が推進しているのは，地域の取り組みに対して
はこれまでの行政主導ではなく地域主導へと移行しているためであろう。地域
が成長するためには，トップダウンで実施されていた経済政策について客観的
データに基づき地域が自発的に議論していくことが望まれる。

5　今後の発展と課題

　本章では，岐阜県，愛知県，三重県からなる東海地域を対象に，地域産業構
造，地域産業の生産環境，地域に形成される産業クラスターとその支援につい
て議論した。まず，地域区分は行政機関によって異なり，経済活動に基づいて
区分すると行政区画とは異なる区分が規定された。

　つぎに，3県の産業構造が類似していることから東海地域として1つの地域
を定義することができた。東海地域では製造業が基盤産業となり，地域経済の
活動において中心的な役割を果たしていることが明らかとなった。生産環境と
して，愛知県は他県に比して競争が低いことから，従業者の多い大企業が少数
立地している傾向がうかがえた。

　地域の政策は近年，産業クラスターや関連するイノベーションを促進するた

めの事業や制度が設定され，東海地域には製造業の産業クラスターを促進する特区制度が創設されている。今後は，GISなどを活用し，産業クラスターの地理的範囲やイノベーションが生じる空間について地域が主体的に理解していくことが期待される。

　今後の課題として，制度や情報提供が整っていくなかで，地域に必要な政策をどのように決定していくかということが挙げられる。都市や地域の政策が，政府からまたは地域からの一方的ではなく，双方が議論できる環境を整える段階にあるといえるであろう。

参考文献

金本良嗣・徳岡一幸「日本の都市圏設定基準」『応用地域学研究』第7号，2002年。

経済産業省『平成17年地域間産業連関表（作成結果報告書）』2010年。

厚生労働省『平成29年国民生活基礎調査（用語の解説）』2018年。

国土交通広域連携中部会議フォローアップ会議『新まんなかビジョン（平成21年7月）』2009年。

国土交通省『自動車輸送統計年報（平成29年度分）』2018年。

総務省『消費者物価指数のしくみと見方──平成22年基準消費者物価指数──』2011年。

都市雇用圏（http://www.csis.u-tokyo.ac.jp/UEA/uea_code.htm　参照日：2019年4月1日）。

内閣府『地域の経済2018』2018年。

──────RESAS（地域経済分析システム）（https://resas.go.jp/　参照日：2019年4月1日）。

Glaeser, E. L., Kallal, H. D., Scheinkman, J. A., & Shleifer, A. (1992), "Growth in cities," *Journal of Political Economy*, 100, 6, 1126-1152.

Hidalgo, C. A., and Hausmann. R. (2009), "The building blocks of economic complexity," *Proceedings of the National Academy of Sciences* 106, 26, 10570-10575.

Porter, M. E. (1998) "Clusters and the new economics of competition," *Harvard Business Review*, 76, 6, 77-90.

── コラム⑤　東海地域製造業の多様性 ──

　図5aは，東海地域における「木・糸・水・鉄・土」を原材料に利用する産業とそのつながりを示している。図は下から上にいくにつれて，各原材料を起源とする産業の誕生から産業間のつながりや発展の過程を表している。当初は，それぞれの地域に豊富な原材料を活用した産業や技術が発展した。たとえば，土が豊富な岐阜県東濃地域には陶磁器産業が，綿が豊富な愛知県三河地域には繊維生産のための自動織機を製造する機械産業が根づいてきた。近年は，特定の原材料をもとにした産業の発展（縦のつながり）に加えて，他の産業の技術と関連し合いながら新たな産業が発展している（横のつながり）。

　これまで，東海地域は特に自動車産業をターゲットにした産業クラスター政策が実施されていたが，現在はより産業の範囲を拡大した，多様な産業から形成される産業クラスターが重視されている。これは既存の基盤産業を活かしながら異業種への産業転換や協働による地域成長を促進することが目的である。

　産業の多様性と経済成長は各国で注目されているが，産業の多様性はHidalgo *et al.*（2009）により提案された経済複雑性指標によって知ることができる。この指標は，各国の生産活動からみた産業の多様性（複雑性）の程度を表し，各国の生産できる財の「量」ではなく生産できる財の「種類」をもとに，どれだけ多様な財を生産することができるかという国の経済活動における潜在性を把握することができる。指標の高さは国の経済成長に寄与することがわかっている。日本の指標は1984年から2017年まで世界で最も高く，東海地域の産業の多様性の高さは日本経済の成長の一端を担っていると考えられる。東海地域が今後も日本の産業発展や成長を先導することが期待される。

図5a　東海地域産業の変遷
出所：「新まんなかビジョン（国土交通広域連携中部会議フォローアップ会議）」

第6章
都市の財政政策

この章で学ぶこと

　本章では都市の抱える財政問題を明らかにし，財政政策とのかかわりについて検討していく。その際に重要な点として，まず政府の役割に言及したうえで，国と地方の役割分担を整理する。次に一般的にいわれている地方の財政問題にふれた後に，名古屋のような大都市特有の問題点をとりあげる。大都市はその財政需要，財政収入の面から見ても，単なる地方の一都市とみなして議論することが困難なためである。これらの整理を通じて政策上進むべき方向性を模索する。

1　財政活動のとらえ方

政府部門のとらえ方

　現代社会における政府は，国民から税金という形で資源を強制的に徴収し，それらを財源としながら様々な公共サービスを提供している。財政とはこれらの政府が行う経済活動について，資金の流れをふまえながらとらえていく学問領域である。

　ここでいう政府とは国民経済計算（System of National Accounts：SNA）の体系の中で図6-1のように整理できる。まず広義の政府として公共部門をとらえた場合，これは一般政府と公的企業からなる。一般政府とは司法や教育，国防，治安といった基本的な公共サービスの提供を行う主体のことをいう。一方公的企業は，政府による所有あるいは支配が行われているもとで事業を行っている組織のことをいい，金融業務を行う公的金融機関と金融業務以外の業務を行う公的非金融企業がある。

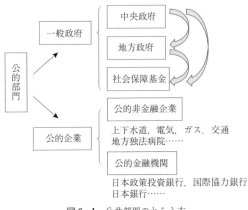

図6-1 公共部門のとらえ方

出所：筆者作成。

さらに一般政府は中央政府（国），地方政府（都道府県，市町村），社会保障基金の3部門で構成されており，中央政府と地方政府はそれぞれの行政区域における公共サービスの提供を担っている。社会保障基金は特定の行政組織を表すのではなく，年金や医療，介護などの社会保障に関する国の特別会計や地方公共団体の公営事業会計の一部などによって構成されている。

なお一般政府である中央政府，地方政府および社会保障基金の間では資金のやり取りが行われており，それらの経常移転を示したものが図6-1における矢印，また金額を表したものが表6-1である。

ここから2017年度において中央政府から地方政府に対し約28.5兆円，社会保障基金に対して約25.7兆円が，また地方政府から社会保障基金に対して約9兆円の経常移転が行われていることが確認できる。

政府に求められる役割

様々な経済活動が行われている市場は，価格という情報を使いながら効率的な資源配分を達成できるという意味においてとても重要な役割を果たしている。この市場の機能を最大限に発揮するために，政府に求められている役割として資源配分機能，所得再分配機能，経済安定化機能の3つがあげられる。

まず1つ目の資源配分機能とは市場の失敗の是正および市場機能を補強することをその狙いとしている。市場は効率的な資源配分を達成するには大変有効な特徴をもっているが，常にうまく機能するとは限らない。つまり市場の失敗がおこっているような場合である。

表 6-1　一般政府間の資金のやり取り

受　取　　　　　　　　　　　　　　　　（単位：10億円）

	中央政府	地方政府	社会保障基金	合　計
中央政府	—	28,590.4	25,759.1	54,349.5
地方政府	239.6	—	9,001.2	9,240.8
社会保障基金	100.6	152.5	—	253.0
合　計	340.2	28,742.9	34,760.3	63,843.4

（左側に縦書き「支払」）

出所：2017年度国民経済計算「一般政府の部門別勘定」（https://www.esri.cao.go.jp/sna/data/data_lisk/kakuhou/files/h30/h30_kaku_top.html）より作成。

　たとえば，企業や個人の行動が市場を経由しないで他者に対して影響を及ぼす外部性が存在するようなケースが考えられる。代表的なものとしては公害などがあげられるが，政府は罰金などを通じて企業の行動を抑制することになる。また経済主体が意思決定を行う際に必要な情報が十分にいきわたらない場合は，免許制度などの方法を利用しながら必要な情報を表に出していくことになる。これらはいずれも市場がうまく機能していないケースへの対処法である。

　2つ目の所得再分配機能とは憲法でうたわれている最低限度の生活の保障，あるいは行き過ぎた不平等の是正のために求められる役割である。市場の機能はあくまでも効率的な資源配分の達成を目指すものであり，公平性については考慮されていない。つまり，あくまでも与えられた予算の範囲のなかで無駄のない資源の利用が行われているかに関心があり，貧困や社会的弱者に対する配慮の必要性については考慮されないということである。

　このような場合に考えられる所得再分配の形態としては①高所得者から低所得者への再分配，②世代間の所得再分配，③地域間の所得再分配，④国家間の所得再分配などが考えられる。具体的には①としては生活保護や，累進課税に代表される各種税制度，②としては年金制度や医療制度，③としては地方交付税に代表される財政移転，④としては政府開発援助などがあげられる。

　3つ目の経済安定化機能とは，資本主義経済の下では不可避である景気変動によってもたらされるインフレーションや失業などの不安定性に対する政府の

働きかけである。これらは主に裁量的財政政策（フィスカル・ポリシー）と自動安定化機能（ビルト・イン・スタビライザー）に分けることができる。裁量的財政政策が公共事業などに代表される積極的な財政政策を意味しているのに対して，自動安定化機能とは，租税の仕組みを利用した景気調整機能である。景気の良し悪しによってもたらされる納税額の変化によって，税引き後である可処分所得が調整されることで，経済主体の極端な行動の変化を引き起こさないという仕組みである。

　現実に政府のとる政策の目的には，これらの役割のいずれかが組み込まれたものとなっている。

2　国と地方の財政関係

役割分担に関する基本的考え方

　先に述べた政府に求められる資源配分機能，所得再分配機能，経済安定化機能の担い手について，オーツ（W. E. Oates）は古典的な見解を示しており，基本的にはその公共サービスの便益がどの範囲に及ぶかに基づいて判断を行うことが適切であると主張している（分権化定理）。つまり所得再分配機能や経済安定化機能については国が，資源配分機能については地方公共団体が担うべきであるということになる。

　公共サービスの便益が地域に限定される場合は，どのようなサービスがその地域に必要とされているかなどに関する情報は，国よりも地方公共団体のほうがより多くもっているだろう。そのため国が全国に画一的にサービスを提供するよりも，地方公共団体に任せた方が効率的な資源配分を達成できることになる。

　経済安定化機能については一国全体のマクロ的な視点が必要になるため国が責任をもつことが望ましい。所得再分配機能については地域における様々な取り組みがある一方で，税制や年金などについては国民全体の問題であり，根本的なルールについては国が定めているものが多くみられる。これらのことから所得再分配機能についても国が主たる担い手となるべきであるといえる。

　また徴税に関わる租税原則の観点からも，国と地方公共団体の相違点が強調されており，地方税原則として整理されている。もっとも特徴的なものは応益性の原則である。これは地方で提供される公共サービスの受益に応じた税負担が必要であるという考え方である。国税の場合は国全体を念頭に置いた公共サービスであるため応能負担を原則とするが，地方税の場合は一種の会費としての性質をもっている。

　また負担分任性の原則も地方税に特有の考え方である。これは地方公共団体の提供する公共サービスについての負担については地域住民が広く分担することが重要であるとする考え方であり，住民税の均等割などはその典型であるといえる。

行政事務の役割分担

　国と地方の役割分担については地方自治法において以下のように定められている。まず国の役割については①国際社会における国家としての存立にかかわる事務，②全国的に統一して定めることが望ましい国民の諸活動若しくは地方自治に関する基本的な準則に関する事務，③全国的な規模で若しくは全国的な視点に立って行わなければならない施策及び事業の実施を担うべきであるとしている。また住民に身近な行政はできるだけ地方公共団体にゆだねるものとしている。

　これらの考え方を基礎に行政事務に関する国と地方自治体の分担を表したものが表6-2である。

　この表からは，それぞれの分野でより高次なものを，あるいは公共サービスの対象が広範囲なものを国が担っていることがわかる。これに対して上下水道，警察や消防，都市計画などのような，より生活に密接にかかわる公共サービスを地方公共団体が分担していることが明らかである。

目的別歳出からみた役割分担

　公的部門の歳出の分類方法の1つとして，行政目的に着目した目的別分類が

表6-2　国と地方との行政事務の分担

分　野		公共資本	教　育	福　祉	その他
国		高速自動車道 国道（指定区間） 一般河川	大　学 私学助成（大学）	社会保障 医師等免許 医薬品許可免許	防　衛 外　交 通　貨
地方	都道府県	国道（その他） 都道府県道 一級河川（指定区間） 二級河川 港　湾 公営住宅 市街化区域，調整区域 決定	高等学校・特殊教育学校 小・中学校教員の給与・人事 私学助成（幼～高） 公立大学（特定の県）	生活保護（町村の区域） 児童福祉 保健所	警　察 職業訓練
	市町村	都市計画等（用途地域，都市施設） 市町村道 準用河川 港　湾 公営住宅 下水道	小・中学校 幼稚園	生活保護（市の区域） 児童福祉 国民健康保険 介護保険 上水道 ごみ・し尿処理 保健所（特定の市）	戸　籍 住民基本台帳 消　防

出所：総務省ウェブサイト「地方財政関係資料」（http://www.soumu.go.jp/main_content/000544444.pdf　2019年2月7日閲覧）。

あり，その経費は議会費，総務費，民生費，衛生費，労働費，農林水産業費，商工費，土木費，消防費，警察費，教育費，災害復旧費，公債費などに分けることができる。ここで国と地方の財政支出から重複分を除いた歳出純計額について考えてみる。2016年度においてその金額は168兆3,865億円となっており，さらにこの歳出純計額を歳出主体である国と地方公共団体に分けて示したものが図6-2である。横軸に歳出項目を，縦軸に累積割合をとっている。なお2016年度時点において国が71兆523億円（全体の42.2％），地方が97兆3,342億円（同57.8％）となっている。図6-2の横軸にかかれている数字は，歳出純計額のなかに占める各項目の割合を表している。たとえば衛生費であれば歳出全体の3.7％を占めており，そのうち99％は地方が，残りの1％は国が担っていると読める。

　これらを見ると，地方公共団体は，保健所・ごみ処理などの衛生費，学校教

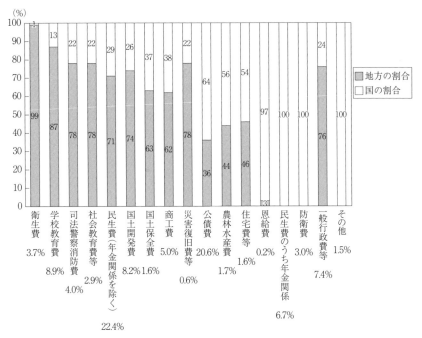

図6-2　国・地方を通じた純計歳出規模（目的別）

出所：総務省ウェブサイト「平成30年度版　地方財政白書」より作成（http://www.soumu.go.jp/main_content/000538489.pdf　2019年2月7日閲覧）。

育費，司法警察消防費，国土開発費などの分野で70％以上の歳出割合となっている。これに対して年金および防衛費の分野で国は100％の歳出割合となっていることがわかる。また総額としては民生費（年金関係を除く），公債費が際立って大きくなっている。ここでの民生費（年金関係を除く）は主に社会保障関連の施設などや生活保護の実施分が入っている。

3　地方の抱える財政問題

　ここでは地方財政が抱える構造的な問題点について考える。歳入の面からその構成要素について整理したものが表6-3である。一般的に国の財政状況に

表 6-3　歳入純計決算額の状況

区　分	決算額（億円）平成28年度	構成比（％）平成28年度	増減率（％）平成28年度
地方税	393,924	38.8	0.8
地方譲与税	23,402	2.3	△12.7
地方特例交付金	1,233	0.1	3.7
地方交付税	172,390	17.0	△0.9
小計（一般財源）	590,949	58.2	△0.3
（一般財源＋臨時財政対策債）	628,343	61.9	△1.4
国庫支出金	156,871	15.5	2.7
地方債	103,873	10.2	△2.8
うち臨時財政対策債	37,394	3.7	△15.7
その他	162,905	16.1	△2.2
合　　計	1,014,598	100.0	△0.4

出所：総務省ウェブサイト「平成30年度版　地方財政白書」より作成（http://www.soumu.go.jp/menu_seisaku/hakusyo/chihou/30data/2018data/30czb01-02.html#p010205 2019年3月6日閲覧）。

比べて現在の地方の財政状況は，基礎的財政収支や実質収支の面から見て望ましい状況にあるということが知られている。たとえば地方だけに着目すれば基礎的財政収支は黒字化している。しかしその財政基盤については，国からの財政移転に大きく依存しているため必ずしも堅固なものとはいえない。

　表6-3から歳入全体に占める地方税による収入はわずか38.8％となっている。また一般財源は58.2％，特定財源は41.8％となっている。一般財源とは地方税，地方交付税，地方譲与税などのように用途に制限のない財源であるのに対して，特定財源は決められた用途にしか使えない財源となっており，後者の比率が高いと，政策を実施するうえでの自由度が小さくなってしまう。

　さらに別の観点に立てば自主財源と依存財源という区分も可能である。依存財源とは国による財政移転を意味し，地方交付税，地方譲与税，国庫支出金，地方債などが含まれる。一方自主財源としては地方税，分担金・負担金，使用料・手数料，財産収入，寄附金などがあげられる。2016年度は自主財源が55％，依存財源が45％となっており，近年は依存財源比率が上昇傾向にある。一般に自主財源比率が安定性，自立性の指標とされることもあり，国からの財政移転

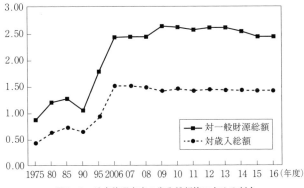

図 6 - 3　地方債現在高の歳入総額等に占める割合
注：地方債現在高は，特定資金公共事業債及び特定資金公共投資事業債を除
　　いた額である。
出所：総務省ウェブサイト「平成30年度版　地方財政白書」より作成。

への依存が，地方の財政の安定性を損なう側面もある。

　またストックの面から地方の財政状況をとらえたものが図 6 - 3 であり，こ
こでは地方債の残高の歳入規模に対する比率を表している。歳入規模は債務を
返還していく際の収入ベースを意味するため，返済に対する余裕度を表してい
ることになる。なお一般財源とは既述のように用途を限定しない財源のことを
意味している。

　ここからは1970年代には 1 を切っていた値が対一般財源総額，対歳入総額の
どちらで見ても2007年度あたりにはおよそ 3 倍の大きさになっており，その後
高止まりしていることが見てとれる。地方債残高が多く残っているということ
でそこから発生する元利払いが様々な形で財政活動を圧迫することは容易に想
像できる。

　次に税目に着目してみる。課税主体に着目しながら課税状況をまとめたもの
が表 6 - 4 である。国税は主に所得課税と消費課税に依存しており，その比率
は約95％にも及んでいる。資産課税としての相続税等の税収額はそれほど大き
なものではない。

　これに対して地方税は道府県税においては道府県民税と事業税が，また市町

表6-4 国税・地方税の主な税目及び税収配分 (2017年度決算) (単位：兆円)

		所得課税	消費課税	資産課税等	計
国		所得税 (18.9) 法人税 (12.0) 等 個人30.9% 法人23.3%	消費税 (17.5) 揮発油税 (2.4) 酒 税 (1.3) たばこ税 (0.9) 自動車重量税 (0.4) 等	相続税 (2.1) 等	
		54.2% (33.8)	40.5% (25.3)	5.4% (3.3)	(62.4)
地方	道府県	法人事業税 (4.0) 個人道府県民税 (5.3) 法人道府県民税 (0.8) 道府県税利子割 (0.1) 個人事業税 (0.2) 個人30.3% 法人25.8%	地方消費税 (4.7) 自動車税 (1.5) 軽油引取税 (0.9) 自動車取得税 (0.1) 道府県たばこ税 (0.1) 等	不動産取得税 (0.4) 等	
		56.2% (10.3)	41.3% (7.6)	2.5% (0.5)	(18.4)
	市町村	個人市町村民税 (7.5) 法人市町村民税 (2.2) 個人34.7% 法人10.3%	市町村たばこ税 (0.9) 軽自動車税 (0.2) 等	固定資産税 (9.0) 都市計画税 (1.3) 事業所税 (0.4) 等	
		45.1% (9.7)	5.3% (1.1)	49.6% (10.7)	(21.5)
		50.2% (20.0)	21.9% (8.7)	27.9% (11.1)	(39.9)
計		52.6% (53.8)	33.2% (34.0)	14.2% (14.5)	(102.3)

（再 掲）

		所得課税	消費課税	資産課税等	計
国		62.8%	74.3%	23.1%	61.0%
	道府県	19.2%	22.4%	3.2%	18.0%
	市町村	18.0%	3.3%	73.7%	21.0%
地 方		37.2%	25.7%	76.9%	39.0%
計		100.0%	100.0%	100.0%	100.0%

注：（ ）内は，平成29年度決算額。
出所：総務省ウェブサイト「国・地方の主な税目及び税収配分の概要」より作成（http://www.soumu.go.jp/main_content/000493530.pdf 2019年10月25日閲覧）。

村税においては市町村民税と固定資産税が基幹税となっている。道府県民税と市町村民税をあわせて住民税と呼び，個人に課される個人住民税と法人に課される法人住民税に分けられる。住民税には均等割が課されるがこれは所得などの大きさに関わらず課される定額の税となっており，地方自治体から受ける便益に対する住民の負担の分かち合いと考えられている。

固定資産税は土地，家屋，償却資産などの価値に応じて，その所有者を納税義務者として市町村が課す税であり，その評価は固定資産評価基準に基づいて行われる。固定資産は全国に普遍的に存在すること，その評価額は極端に大きく変動しないことから地方にとっての安定的な税収となっている。

4　名古屋市からの視点

高齢化の状況

ここでは大都市特有の問題点について考えていく。人口規模の異なる地方公共団体が直面する問題点には違いがあると思われるからである。

まず都市規模別における高齢化の影響を検証する。図6-4では2015年度を100とした時の都市規模別の65歳以上人口の推移をみている。人口予測の基礎データは国立社会保障・人口問題研究所「日本の地域別将来推計人口（平成30年推計）」であり，大都市には政令指定都市と東京都区部を含んでいる。

ここからは，2015年以降の30年間では特に人口規模が大きな都市で高齢化が顕著に進むことがわかる。ただし名古屋市は大都市のなかでは比較的その影響が小さく，他地域に比べて5ポイント強ほど低い値となっている。一方，人口規模の小さい自治体では高齢者人口は減少していく。つまり大都市においてこそ高齢者に関わる医療・介護需要などの問題が大きくクローズアップされることになる。名古屋市では人口の高齢化が緩やかにおこるため，高齢化に伴う諸問題の影響は，ほかの政令指定都市などと比べてゆっくりと，そしてマイルドに出てくることが予想される。

なお高齢化に関わる問題への対処には，行政需要を支えるための財源の確保

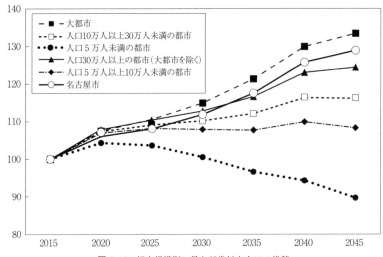

図6-4 都市規模別に見た65歳以上人口の推移

出所：平成30年版『高齢社会白書』より作成。

が不可欠になる。そのため所得課税を中心とした現行の税制の下では，高齢者は税の担い手にはなりにくいため，税目についての調整が必要になるだろう。

大都市圏についての考え方

　一般的には大都市には人口の集中がみられる。わが国でも三大都市圏への人口流入，あるいは東京の一極集中という形でその現象が現れている。しかしながら過密な都市生活のなかでは人口集中に伴う様々な都市問題もおこってくる。たとえばごみ問題，犯罪の増加，交通渋滞，居住環境の悪化，公共サービスの質の低下などが代表的なものである。居住している地域でこのような問題が発生し，なおかつ円滑な解決がみられないとき，人々は回避行動として郊外へと居住地を移していく。このような行動は隣接する自治体を巻き込んだ大都市圏の拡大へとつながっていく。

　このように大都市圏が拡大していくと人々の働く場所と居住する場所が異なるケースが出てくる。昼間は通学や通勤のため常住している地域とは異なる地

表6-5　都市規模別の指標

	昼間人口比率	財政力指数	経常収支比率
名古屋市	1.128	0.990	0.975
政令指定都市	1.020	0.863	0.948
人口50万人以上	0.971	0.854	0.893
人口30～50万人以下	0.972	0.833	0.900
人口3～10万人以下	0.946	0.612	0.888
3万人以下	0.964	0.351	0.841

出所：国勢調査（2015），市町村別決算状況調（2015）より作成。

域に移動し，夜間に戻ってくるという郊外型の生活パターンがしばしばみられ，昼間人口と夜間人口の乖離が生じてくる可能性がある。

このような場合，郊外に住んでいる人は所得に関わる税については郊外で納めることになる一方，昼間は都市部へ出ることでそこの公共サービスを享受する。そのため受益と負担の関係が切れた状況になっている。本来地方税に関しては応益性の原則を重視する立場に立っていることから矛盾が発生している。

表6-5はいくつかの指標について都市規模別，および名古屋市の数字との対比をみたものである。昼間人口比率とは昼間人口と夜間人口の比率をとったもので1を超えると昼間人口のほうが多いことを意味する。名古屋市の昼間人口は1.128と他の政令指定都市に比べて10％以上大きな値となっている。このことは昼間に流入する人口が多いことを示唆しており，受益と負担の乖離の問題が顕著となっていることがわかる。これに対して関東圏の政令指定都市は昼間人口の受け入れと同時に，首都圏への人口の流出もみられるため1に近い数字となっている可能性がある。

また財政力指数は地方公共団体の財政力を示す指数で，基準財政収入額を基準財政需要額で除して得た数値の過去3年間の平均値となっている。人口規模が大きいところほど財政力指数が大きくなっているが，とりわけ名古屋市が大きな値となっていることがわかる。経年で見ても名古屋市は常に1に近い値をとっており自主財源比率が高く財政力が強いと解釈できる。なおこの指標は地方交付税の交付と密接にかかわっており，この値が1を超える自治体は地方交

付税を受けない。

　経常収支比率は人件費などの義務的経費が一般財源に占める比率で，財政構造の弾力性を表しており，低い値ほど弾力性があると判断される。名古屋市は投資的経費が小さくなる一方で，公債費の水準が高止まりしていることなどから経常収支比率は高めとなっている。

　今後も大都市圏の重要性が高まっていくことが予想されるなか，従来の夜間人口のみに基づく受益と負担についての考え方を少し拡大し，昼間人口も考慮した財政制度の設計も検討する必要が出てくるだろう。たとえば都市の中心部において通勤者の所得に何らかの負担を求めることや，都市中心部における雇用主の負担も考えられる。

　先にも見た大都市における年齢構成の変化は，人口が減少しなくても減収をもたらす可能性を示唆しており，行政需要と財政収入のアンバランスが問題となるだろう。行政需要の増加を何らかの方法でファイナンスする道筋をたてることは安定した都市運営の観点からは不可欠である。

参考文献

総務省『地方財政白書』平成30年版。

内閣府『高齢社会白書』平成30年版。

橋本徹・山本栄一・林宜嗣・中井英雄・高林喜久生『基本財政学第4版』有斐閣，
　　2002年。

推薦図書

植田和弘・諸富徹『テキストブック　現代財政学』有斐閣，2016年。

＊数式等を極力使用しないで，財政制度の議論とともに政策の背後にある財政思想についても丁寧に議論を行った良書である。

───── コラム⑥　足による投票 ─────

　日本では，近年地方分権を志向した財政の考え方の流れが存在する。これは地方に対する国の関与を小さくし，各自治体において地域住民の選好を反映させる政策をとることが効率化につながると同時に，財政活動の監視もスムーズにいくなどの利点に着目したものである。

　このような場合，各自治体は独自の政策を掲げるため，結果として多様な自治体が存在する状況が生まれる。仮に住民が自由に居住地を選択することができるとすれば，人々はそれぞれの地域での政策を見比べて，自らが望む政策を実現している地域に移り住むことになるだろう。たとえば子育て世帯であれば，子ども医療費が無料の自治体を好ましいと考える，あるいは保育所の質や量が充実しており入所する確率が高くなるような自治体を選択することなどが考えられる。ティブー（Tiebout, C.）はこのように自らにとって望ましい自治体を求めて移動する行動を，「足による投票」と呼んだ。人々が自らの意思で自治体間を移動することが可能なときは，自治体は政策の実施にあたってはもはや独占者ではなくなる。

　このような「足による投票」は一般的には自治体間における望ましい競争を誘発すると考えられている。人々はより良い公共サービスを，より安価に（低い税負担で）提供してくれる自治体に魅力を感じる。そのため住民を確保できなければ過疎化等の問題に直面してしまう各自治体は，公共サービスの質の向上とコスト削減を進める誘因を持つことになる。また結果として住民の選好が均質化するためにより効率的な公共サービスの供給が可能となる。図書館が欲しいと思っている住民が集まる地域では，実際に図書館が整備され，ニーズのない体育館をあえて作ることはしないだろう。結果として公共財の整備にかかる費用を削減することができる。人々が支払ってもよいと考える税と享受するサービスを選択することで，あたかも市場における財の需給のバランスから競争的に決定される価格に直面するのと似た結果を導くことが可能となる。

　ただし住民を獲得するための過度な自治体間競争がおこると，地域間の格差の拡大によって地域の階層化をもたらす，あるいは競争に勝つための過剰な支出が行われ財政状態を危うくするなどの弊害がおこる可能性がある点には注意する必要がある。

第7章
都市の公民連携

この章で学ぶこと

本章では公民連携について概観する。公民連携は官民連携ともいわれる。ま
ず公民連携の制度的な面について説明したうえで，名古屋市における公民連携
について紹介する。そこでは，PFIと指定管理者制度について取り上げる。
つぎに公民連携の研究を取り上げる。理論的な研究と実証的な研究が行われて
いるが，ここでは実証分析について紹介する。データを用いて，PFIがどの
ような自治体で推進されているのか，PPPを推進するための要因は何か，
VFMでみた費用削減効果の要因は何か，などが確かめられていることを説明
する。そして最後に，公民連携の課題について言及する。

1　公民連携とは

PPPの手法

近年，公民連携（Public Private Partnership, PPP）が推進されている。この背
景には，国や多くの地方自治体が厳しい財政状況下に置かれているため，公共
施設・インフラの更新が進まず，老朽化していることがあげられる。また，今
後人口減少が加速していき，さらに財政的に厳しい状況になると予想され，公
共施設・インフラの更新が進まないだけではなく，更新そのものができなく
なってしまう可能性もある。そうなれば，これまでのように公共サービスを提
供することは難しくなる。

このような背景により，国は公民連携を推進しようとしている。内閣府が
2018年に公表した「経済財政運営と改革の基本方針2018」には，「地方公共団
体等がPPP／PFIに取り組みやすい方策を講ずる」と書かれている。

PPPとPFI（Private Finance Initiative）という用語が出てきたが，これらは

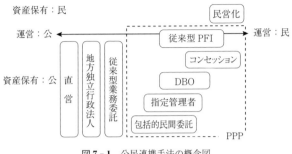

図7-1　公民連携手法の概念図

出所：筆者作成。

同じものではない。丹生谷・福田によれば「『PFI』と『PPP』という用語は，往々にして定義なく使用され，両者の関係も曖昧なまま論じられることも多い」（丹生谷・福田 2018：1）のだが，本章では PFI は PPP に含まれるものとして考える。そして，PFI 法に基づく制度のなかでコンセッション方式を除いたものを以下では従来型 PFI とする。したがって，PPP のなかに，従来型 PFI，コンセッション，それら以外の公民連携の方式（指定管理者制度など）がある。

　図7-1は公民連携の方式を直営から民営化までのなかで位置づけたものを示している。図には運営が公よりか民よりかを示した横線が描かれているが，この線よりも下にあれば，施設を所有しているのが国や地方自治体であるもの，上にあるのは施設を所有しているのが民間であるものを示している。PFI が横線上，つまり民と官の間にあるのは，後述するように一部の方式では資産の所有権が移るのは事業の終了したときであり，事業期間中は民間事業者が所有しているためである。横軸は左に行くほど公の要素が，右に行くほど民の要素が強くなることを示している。

PFI

　国は1999年に「民間資金等の活用による公共施設等の整備等の促進に関する法律」（PFI 法）を制定した。PFI とは，内閣府によれば「公共施設等の建設，

維持管理，運営等を民間の資金，経営能力及び技術的能力を活用して行う新しい手法」であると定義している。PFI法は何度か改正が行われ，2011年には公共施設等運営権（コンセッション）が導入された。PFIの変遷については，佐藤ほか編（2019）の第2章などを参照してほしい。

　従来の公共事業では，公共施設等の設計，建設，維持管理・運営のようなそれぞれの業務ごとに民間に発注を行っている。その際には，発注側が細かい仕様を決める仕様発注をしている。特に維持管理・運営については民間と単年度契約で行っている。一方，PFIはそれぞれの業務ごとではなく，一括して民間事業者に発注を行う。発注側が求める性能のみを示す性能発注であり，維持管理・運営については10年から30年の長期契約を民間と行っている。また，PFIの場合，資金調達も民間事業者が行うことになる。これにより民間事業者の創意工夫を引き出し，効率的な事業を実施しようとするのである。

　従来型PFIの事業方式としては，BTO方式，BOT方式，BOO方式，RO方式などがある。BTO方式とは，民間事業者が施設を建設（Build）し，施設が完成したときに公へ所有権を移転（Transfer）し，民間事業者が運営（Operate）する方式である。BOT方式とは，民間事業者が施設を建設（Build）し，運営（Operate）し，事業終了時に所有権を公へ移転（Transfer）する方式である。BOO方式とは，民間事業者が施設を建設（Build）し，所有（Own）し，運営（Operate）し，事業終了時に所有権を公へ移転しない方式である。RO方式とは民間事業者が既存の施設を改修（Rihabilitate）して，管理・運営（Operate）する方式である。

　また，従来型PFIの事業類型として，サービス購入型，独立採算型，ミックス型がある。サービス購入型とは，民間事業者が利用者にサービスを提供する対価を国や地方公共団体から受け取り，費用を回収する事業方式である。この方式は収益が見込めないような事業で採用されるものである。独立採算型とは，民間事業者が利用者にサービスを提供する対価を利用者が支払う料金のみで費用を回収する事業方式である。これは費用を賄うことができるほど収益が見込める事業で採用される。ミックス型（ジョイントベンチャー型）とは，民間

事業者が利用者にサービスを提供する対価を国や地方公共団体と利用者から受け取り，費用を回収する事業方式である。サービス購入型と独立採算型を合わせたものである。

　コンセッション方式とは，PFI法の第2条第6項に規定する公共施設等運営事業のことである。施設の所有権は国や地方自治体がもったまま，運営権を民間事業者が得て，施設利用者から料金を徴収し，その料金収入で施設の運営を行うものである。

　PFI事業を実施するかどうかの検討基準として，VFM（Value For Money）の有無がある。内閣府の「VFM（Value For Money）に関するガイドライン」によればVFMとは「一般に，『支払に対して最も価値の高いサービスを供給する』という考え方である」とされている。

　VFMの算定は次の2つのものを比較して行なわれる。国や地方自治体が自ら事業を実施するとした場合，その事業期間全体の公的財政負担の見込額を現在価値にしたものであるPSC（Public Sector Comparator）を算定する。また，PFI事業として民間企業が実施するとした場合，事業期間全体を通じた公的財政負担の見込額を現在価値にしたものであるPFI事業のLCC（Life Cycle Cost）を算定する。あるPFI事業について算定したPSCからLCCを引いたものがプラスであればそのPFI事業にVFMがあることを示しているし，マイナスであればそのPFI事業にVFMがないことを示している。通常，VFMは（PSC − PFI事業のLCC）／PSC×100としてパーセントで表す。

PFI以外のPPP

　PPPには，従来型PFIとコンセッション以外の方式もある。包括的民間委託，指定管理者制度，DBOなどである。

　包括的民間委託とは，複数の業務や施設を民間事業者に包括的に委託するものである。複数年契約，性能発注方式で行われる場合が多い。

　指定管理者制度とは，公の施設の管理運営を民間事業者などに代行させる方法である。2003年9月の地方自治法の改正により導入された。指定管理者が公

の施設を管理して得る収入は，地方公共団体が支払う指定管理料と施設の利用者が支払う利用料金である。利用料金については，指定管理者が利用者から徴収し，地方公共団体へ納入される場合と，利用料金制が採られ，指定管理者の直接の収入となる場合がある。

　DBO とは民間事業者が施設を設計（Design）し，建設（Build）し，運営（Operate）する方式である。公共が施設を所有し，資金調達も公共が行うため，PFI には分類されない。しかし，PFI に準じた方法として捉えられている。

　前述した VFM については，これらの方法について採用するか，しないかを決定する際にも使用することができる。

2　名古屋市における公民連携

名古屋市の PFI

　名古屋市では PFI 導入を推進していくため，2003年１月に「公的関与のあり方に関する点検指針」が策定されている。また，PFI 導入を促進するための実務的な手引きである「名古屋市 PFI ガイドライン」が取りまとめられている。改訂が重ねられて2019年４月には第８版が公表されている。この「はじめに」において「本市の財政状況が依然として厳しい状況にある中で，PFIは効率的な行政運営のための有力な手法の１つとして，本市においても各分野で大いに活用されることが期待されます」と述べられている。「名古屋市 PFIガイドライン」は名古屋市のホームページよりダウンロードが可能である。

　図７-２には，「名古屋市 PFI ガイドライン」の23ページにある PFI 事業の事務手続きの流れを示した。この流れ図を見るとどのように PFI が進んでいくのかがわかる。

　また，「名古屋市 PPP/PFI 手法導入優先的検討指針」「名古屋市上下水道局PPP/PFI 手法導入優先的検討指針」が定められている。それらでは対象事業を定義し，そして「事業費の総額が10億円以上の公共施設整備事業（建設，製造又は改修を含むものに限る。）」「単年度の事業費が１億円以上の公共施設整備事

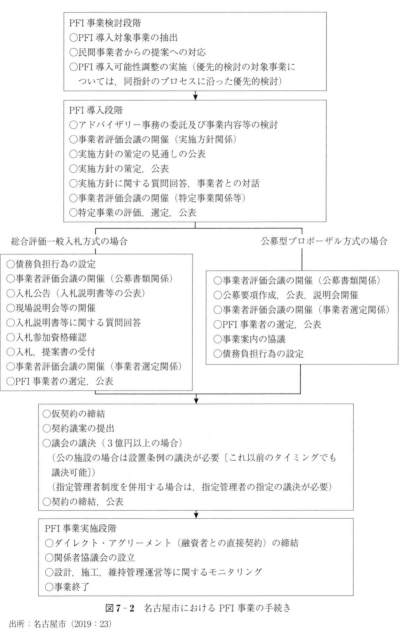

PFI事業検討段階
○PFI導入対象事業の抽出
○民間事業者からの提案への対応
○PFI導入可能性調整の実施（優先的検討の対象事業に
　ついては，同指針のプロセスに沿った優先的検討）

PFI導入段階
○アドバイザリー事務の委託及び事業内容等の検討
○事業者評価会議の開催（実施方針関係）
○実施方針の策定の見通しの公表
○実施方針の策定，公表
○実施方針に関する質問回答，事業者との対話
○事業者評価会議の開催（特定事業関係等）
○特定事業の評価，選定，公表

総合評価一般入札方式の場合

○債務負担行為の設定
○事業者評価会議の開催（公募書類関係）
○入札公告（入札説明書等の公表）
○現場説明会等の開催
○入札説明書等に関する質問回答
○入札参加資格確認
○入札，提案書の受付
○事業者評価会議の開催（事業者選定関係）
○PFI事業者の選定，公表

公募型プロポーザル方式の場合

○事業者評価会議の開催（公募書類関係）
○公募要項作成，公表，説明会開催
○事業者評価会議の開催（事業者選定関係）
○PFI事業者の選定，公表
○事業案内の協議
○債務負担行為の設定

○仮契約の締結
○契約議案の提出
○議会の議決（3億円以上の場合）
　（公の施設の場合は設置条例の議決が必要〔これ以前のタイミングでも
　議決可能〕）
　（指定管理者制度を併用する場合は，指定管理者の指定の議決が必要）
○契約の締結，公表

PFI事業実施段階
○ダイレクト・アグリーメント（融資者との直接契約）の締結
○関係者協議会の設立
○設計，施工，維持管理運営等に関するモニタリング
○事業終了

図7-2　名古屋市におけるPFI事業の手続き

出所：名古屋市（2019：23）

業（運営等のみを行うものに限る。）」（「名古屋市 PPP/PFI 手法導入優先的検討指針」
2ページ）のいずれかの基準を満たす公共施設整備事業を優先的に検討すると
している。

　次に名古屋市の PFI の事例として名古屋市国際展示場第 1 展示館を取り上
げる。名古屋市国際展示場は名古屋市港区金城ふ頭にあり，1973年から1993年
にかけて整備されてきた。名古屋市国際展示場第 1 展示館については，開館か
ら40年以上経過し，施設の老朽化が進んだ。そのため，2015年度に第 1 展示館
の移転改築の基本計画が策定された。

　2017年 6 月 9 日に「名古屋市国際展示場新第 1 展示館整備事業に関する実施
方針」が公表された。その事業目的は，「第 1 展示館の整備を行ない，産業貿
易の振興及び国際経済交流の促進並びに市民福祉の向上に資する」としている。
事業範囲は，新施設を設計・建設すること，現第 1 展示館を解体・撤去するこ
と，および新施設の維持管理等を行うことである。事業方式としては BTO 方
式，事業類型としてはサービス購入型が想定され，事業期間は2019年 4 月から
22年間（設計・建設期間が 3 年 3 カ月，維持管理期間が20年）とされた。2018年 2
月26日に特定事業として選定・公表された。そこでは市が直営実施する場合の
財政負担額と PFI 事業により実施する場合の市の財政負担額が比較され，
「PFI 事業により実施する場合は，事業期間中の市の財政負担が，約 9 ％削減
することが見込まれる」との評価結果が出され，定性的な評価と合わせて
PFI 事業で実施することが適当であるとされた。その後，総合評価一般競争
入札が行われ，2018年12月11日に落札者が決定された。2019年 1 月23日に特別
目的会社と仮契約，2019年 3 月 6 日に正式に事業契約が締結された。2019年 1
月22日に審査総評が公表され，そのなかで「豊富な実績を有する各構成員の経
験に基づいた具体的な検討がなされており，PFI 事業ならではの応募者独自
のノウハウ，工夫に基づいた提案であり，利便性が高く魅力ある新第 1 展示館
の整備や効果的かつ効率的な国際展示場全体の維持管理，周辺環境に配慮した
現第 1 展示館の解体・撤去が期待される優れた提案であった」と評価されてい
る。

表7-1　指定管理者制度の導入局

局	施設数	主な施設名
防災危機管理局	1	名古屋市港防災センター
総務局	1	名古屋市男女平等参画推進センター
市民経済局	7	名古屋市山田地区会館など
観光文化交流局	32	名古屋国際センター，名古屋国際会議場など
健康福祉局	35	休養温泉ホーム松ケ島，鯱城学園，障害者スポーツセンターなど
子ども青少年局	21	にじが丘荘，千種児童館，とだがわこどもランドなど
住宅都市局	3	久屋駐車場，大須駐車場，古沢公園駐車場
緑政土木局	83	稲永公園野鳥観察館，東谷山フルーツパーク，東山公園展望塔など
教育委員会	56	女性会館，千種生涯学習センター，瑞穂運動場，中村図書館など
病院局	1	緑市民病院

出所：名古屋市のホームページから筆者作成。

名古屋市の指定管理者制度

　2019年4月1日現在，名古屋市では578施設で指定管理者制度を導入している。表7-1は指定管理者を公募により選定しているものをまとめたものである。このほかに条例の規定上，指定管理者を非公募で選定している施設がある。これは238のコミュニティセンター，36の市営住宅，市民御岳休暇村，栄バスターミナルなどの337施設である。指定管理者制度導入施設のうち，PFI制度により管理者を選定している名古屋市守山スポーツセンターもある。表7-1のように，様々な施設において指定管理者制度が取り入れられていることがわかる。

　指定管理者の選定が行われたときは，選定委員会開催日時，選定委員会委員，候補者及び次点候補者として選定された団体，申請団体，審議の経過，申請団体別得点内訳が市のホームページで公表される。

　また，指定管理者が運営している各施設について毎年，点検評価が実施され，名古屋市のホームページで公表されている。点検評価は年度評価シートと施設の現状シートがある。市のホームページによれば，年度評価シートでは「指定管理者名，主な業務内容，指定管理期間などの基本情報，施設の平等利用などの基本事項に関する評価はじめ，施設の維持管理やサービス，経費などの各評

価項目と評価結果」および「評価結果をもとに，総合的な見地から，所管局としてのコメント等」を掲載している。施設の現状シートでは，「各施設の概要と指定管理に係る本市の収支状況」「非公募で指定管理者を指定している場合，3 年から 5 年以外の指定期間を設定している場合はその理由」「管理運営実績について，各施設ごとに設定した指標とその結果を過去数年分」を掲載している。

　名古屋市に特有の問題ではないが，指定管理者制度の実践面の問題については宮脇ほか（2019）を参照されたい。

3　公民連携の実証分析

　この節では，PPP／PFI についての実証分析を紹介する。ここで紹介するものはわが国を対象としているもののみである。わが国において実証分析はそれほど多く行われているわけではない。

　前野・下野（2006）では，PFI 事業をどのような自治体が行っているかを分析している。2004年度末現在で実施方針が公表された事業を対象として分析している。その結果，政令市，中核市，特例市であると PFI 事業を実施する傾向が高いこと，人口規模の大きな市が PFI の実施傾向が高いこと，人口規模が10万人以上であれば財政力指数が高いほどPFI事業実施の傾向が高くなることが示されている。

　山内ほか（2009）は，PFI ではなく PPP がどのような自治体で推進されているのかについて分析している。データとして2004年度の市を用いている。また，彼らは委託比率が高まることが PPP を推進していると見なしている。分析の結果，財政状態の悪い自治体ほど委託比率が低いことを示している。これについて，彼らは中央政府が非効率な地方政府を事後的に救済せざるをえないため，それがわかっている地方政府は費用を削減するインセンティブがないと解釈している。また，近隣の自治体が委託を行っていると，委託を行うことが示された。さらに，透明性のある効率的な運営を行っている自治体で委託比率

が高いこと，市長の就任回数が多いほど委託比率は低いこと，民間出身である市長の自治体では委託比率が高いことを示している。

　下野・前野（2010）では，PFI における経費削減効果の決定要因について分析を行っている。2004年度末までに事業実施が公表され，2005年度末までに入札・契約が行われた VFM の数値が揃っているものについて計量分析を行っている。発注者側の想定する計画時 VFM と受注者側の想定する契約時 VFM の 2 種類の VFM を扱っている。契約時 VFM が一般的にいわれる PFI 事業の VFM のことである。計画時 VFM，契約時 VFM をそれぞれ PSC で除したものを計画時 VFM 比率，契約時 VFM 比率と呼び，被説明変数としている。推定結果によれば，計画時 VFM 比率は事業期間が長くなると大きくなることが示されている。これについて彼らは「発注者は建設費の圧縮ではなく，管理・運営部分の効率化を期待していると解釈できる」（下野・前野 2010：59）としている。また，契約時 VFM 比率については，建設費の割合が高い事業，入札の応募者数が多い事業で高くなっていた。VFM 比率を大きくする要因は建設費の圧縮と競争条件であることが示されている。競争原理の結果により VFM が大きくなっているのである。

　原田（2014）では，入札の経済理論分析から得られた示唆について PFI 事業のデータを用いて確認を行っている。彼は2011年までに実施方針が公表されたデータを用いて分析している。契約時 VFM から計画時 VFM を引いたものを競争の効果，情報の非対称性，不確実性，入札制度が説明すると想定している。分析の結果，入札に参加する企業数が多いと VFM の変化が大きくなることを示している。

　要藤ほか（2016）では，理論的な研究の成果が日本の PFI 事業において確認されるかを検証している。2014年度末までに実施方針が公表された PFI 事業を対象として分析を行っている。サービス系事業（浄水場や下水道など）では BOT 方式を採用した方が BTO 方式に比べて VFM は大きくなること，箱物系事業（庁舎など）では BTO 方式を採用した方が BOT 方式を採用したときと比べて VFM は大きくなることを示している。

4 今後の課題

PPP の課題，特に PFI の課題について最後に指摘しておきたい。

PPP／PFI を推進していこうとする立場からは，PFI の実施件数に地域的な大きなばらつきが存在する点があげられ

表7−2 東海地方の PFI 実施方針公表件数

都道府県	公表件数
愛知県	55
岐阜県	5
三重県	7
静岡県	24
全 国	608

注：2019年 3 月31日現在。
出所：内閣府民間資金等活用事業推進室「PFI の現状」（令和元年 9 月）より筆者作成。

るだろう。東海地区に限って PFI 実施方針公表件数をみると，表 7−2 に示したようにばらつきがある。全国では608件であるので，1 都道府県あたりにすると12.9件ほどになる。愛知県と静岡県は全国平均を超えているが，岐阜県と三重県は実施件数が少ない。前野・下野（2006）では人口規模の大きな市でPFI を実施する傾向にあったが，2019年についても当てはまっている。彼らはこの理由として PFI を実施するための知識をもった職員の不足を指摘している。

一方で，たとえば岸本ほか（2018）のように PPP／PFI の推進に疑問をもつ人もいる。現在の日本で行われようとしている PPP／PFI の積極的な導入という方針に対して警鐘を鳴らしている。特にコンセッションの導入を進めようとしている水道事業については，民間事業者に任せることに対して不安を抱く人も多いだろう。また，フランスのパリ市の水道のようにコンセッションから直営に戻した例もある。

今後，現状の公共サービスをすべて直営で行うことは難しく，民間の力を取り入れる必要性はますます高まるであろう。理論の安易な適用には問題があるが，理論と現実との乖離がどのような要因により起こるのかなどを検討することによって，民間の力をわれわれの社会をより良いものとするように引き出していかなければならない。

参考文献

岸本聡子・三雲崇正・辻谷貴文・橋本淳司『安易な民営化のつけはどこに――先進国に広がる再公営化の動き』イマジン出版，2018年。

佐藤正謙・岡谷茂樹・村上祐亮・福島隆則編『インフラ投資：PPP/PFI/コンセッションの制度と契約・実務』日経BP社，2019年。

下野恵子・前野貴生「PFI事業における経費削減効果の要因分析――計画時VFMと契約時VFMの比較」『会計検査研究』第42号，2010年。

名古屋市「名古屋市PFIガイドライン　第8版」2019年。

丹生谷美穂・福田健一郎編『コンセッション・従来型・新手法を網羅したPPP/PFI実践の手引き』中央経済社，2018年。

原田峻平「PFI入札過程におけるVFM変化要因分析」山内弘隆編『運輸・交通インフラと民間活力――PPP/PFIのファイナンスとガバナンス』慶應義塾大学出版会，2014年。

前野貴生・下野恵子「市レベルでのPFIの分析――PFIの実施と財政」『国際地域経済研究』第7号，2006年。

宮脇淳・井口寛司・若生幸也『指定管理者制度――問題解決ハンドブック』東洋経済新報社，2019年。

山内直人・鈴木亘・栂永佳甫・堀田聡子・岩田憲治・石田祐・奥山尚子「パブリック・プライベート・パートナーシップの経済分析」『RIETI Policy Discussion Paper Series 09』2009年。

要藤正任・溝端泰和・林田雄介「PFI事業におけるVFMと事業方式に関する実証分析――日本のPFI事業のデータを用いて」『経済分析』第192号，2016年。

推薦図書

丹生谷美穂・福田健一郎編『コンセッション・従来型・新手法を網羅したPPP/PFI実践の手引き』中央経済社，2018年。

＊PPP／PFIの実務的な面を理解するためによい本である。また，様々な分野についてのPPP／PFIが取り上げられている。

山内弘隆編『運輸・交通インフラと民間活力――PPP／PFIのファイナンスとガバナンス』慶應義塾大学出版会，2016年。

＊PPP/PFIについて経済理論によるとりまとめがされているため，理論的な側面を知るのによい。また，交通分野ではあるが，世界の事例も取り上げられている。

── コラム⑦　PCS と PFI-LCC の現在価値 ──

　VFM を計算するときには，PSC と PFI 事業の LCC の算定が必要である。PFI 事業は 1 年で終わることはなく，ある程度の期間続くことが想定される。PSC と PFI 事業の LCC も事業を行う主体は異なるが，どちらも事業期間全体の公的財政負担の見込額を集計したものである。ただし，それぞれの年の見込額を現在価値に直してから集計する必要がある。このコラムでは，現在価値について説明する。

　現在の10,000円と 2 年後の10,000円が同じ価値かと質問されたら何と答えるだろうか。おそらく違うと答えるであろう。それは 2 年の間に利子を生み出すことがわかっているからである。たとえば，利子率を 5 ％とし，複利であるとすると，現在の10,000円は 1 年後には$10,000 \times (1 + 0.05) = 10,500$円になり，2 年後には$10,000 \times (1 + 0.05) \times (1 + 0.05) = 11,025$円になる。これが現在の10,000円の 2 年後の将来価値である。

　これを反対に考え，2 年後の11,025円を年率 5 ％で割り引くと現在の10,000円となるのである。式で表せば，$10,500 \diagup (1 + 0.05)^2$（$= 10,000$円）となる。これを 2 年後の11,025円の現在価値は10,000円であるといい，0.05のことを割引率という。

　以上は 2 年後の10,000円の話であったが，PFI 事業を考えた場合，公的財政負担の見込み額として 1 年目の額，2 年目の額，3 年目の額，……，PFI 事業終了年における額が想定される。それぞれの年で価値が異なるため，単純に加えることはできない。それぞれの年の金額を現在価値に直してから加える必要がある。

　例として，公的財政負担の見込額として翌年度から年間10億円を 5 年にわって支払う場合を考えよう。割引率を 4 ％とすれば，公的財政負担の見込額の現在価値は，

$$\frac{10}{1 + 0.04} + \frac{10}{(1 + 0.04)^2} + \frac{10}{(1 + 0.04)^3} + \frac{10}{(1 + 0.04)^4} + \frac{10}{(1 + 0.04)^5} = 44.5億円$$

と計算される。このように PSC と PFI 事業の LCC を現在価値にするのである。このように現在価値として求められた PSC と PFI 事業の LCC の差をとり，その差がプラスであればこの PFI 事業に VFM があることを示しているのである。

　第3節では，実証分析の結果を紹介した。たとえば，原田（2014：316）には表6aのような結果が掲載されている。契約時のVFM（％）と計画時のVFM（％）と差（被説明変数と呼ばれる）を表の左側に示してある変数（説明変数と呼ばれる）で説明している。

　この表で大切なのは係数の符号，大きさ，有意性である。係数の符号については，ある説明変数の係数の符号が正であれば，その説明変数が増加すると被説明変数も増加することを表している。負であれば反対である。係数の大きさについては，説明変数が1単位増加するとその係数分だけ被説明変数が変化することを示している。係数の有意性については，係数が統計学的に0と異なるかを検定した結果が示されている。表6aの場合，係数にアスタリスクが付いているものがあるが，それらは0と異なることが言えたものである。0と異ならなければ，説明変数としての意味をなさない。これはt値の欄にある数値で判断している。詳しくは統計学や計量経済学の教科書を見てほしい。

表6a　原田（2014）の結果（一部省略）

	最小二乗法	
	係数	t 値
定数項	0.0711	1.5883
2社ダミー	0.0873***	4.3227
3社ダミー	0.1031***	5.1141
4社ダミー	0.1218***	5.4602
5社ダミー	0.1675***	6.9475
6社以上ダミー	0.1572***	7.0916
事業期間	0.0009	0.6284
所有形態（BTO＝1）	0.0084	0.4916
庁舎等ダミー	−0.0091	−0.5209
公共施設ダミー	0.0254	1.2519
その他ダミー	0.0412*	1.9729
入札方式（総合評価一般競争入札＝1）	0.0061	0.3369
得点方式（加算方式＝1）	−0.1027***	−3.7366
価格要素配点（30点から50点＝1）	0.0412**	2.1581
価格要素配点（50点以上＝1）	0.0538***	2.7839
実施主体（国＝1）	−0.0233	−0.8116
タイムトレンド	−0.0051*	−1.6569

　***：1％有意　**：5％有意　*：10％有意

第8章
都市の社会資本再整備

この章で学ぶこと

　人口減少や少子高齢化の進展は，都市の持続可能性に大きな影響をもたらす。高齢者人口の増加で社会保障関係費が増加する一方，生産年齢人口の減少などが税収の減少をもたらし，今後は都市においても財政運営の厳しさが増長されていく。こうした状況が予測される一方で，今日では高度成長期に整備した社会資本（公共建築物，公共インフラ）が老朽化し，一斉に更新時期を迎えている。そこで，本章では都市の社会資本再整備に焦点を当てる。国の動向を確認しつつ，地方自治体のおかれた状況と対応をみたうえで今後の課題について考えてみたい。

1　人口減少社会における社会資本

人口減少社会

　人口の自然減少は，おもに少子化から始まるといわれる。それゆえに，様々な少子化対策が取られるものの，わが国全体でみると年間出生数は2016年に，1899年の統計開始以来，初めて100万人を割っている。たしかに保育園や幼稚園は，女性の社会進出や働き方改革の潮流のなかで需要が増加しているが，他方で少子化の影響ゆえに公立の小・中・高等学校の廃校も発生している。文部科学省の調査によれば，2002年度から2017年度に発生した全国の廃校数は7,583校にも及ぶ（文部科学省ホームページ「廃校施設の有効活用」http://www.mext.go.jp/a_menu/shotou/zyosei/yoyuu.htm 2019年4月閲覧）。

　内訳は，小学校が5,005校，中学校が1,484校，高等学校が1,094校である。

　廃校発生数を都道府県別でみてみると，面積が広く過疎化の進む北海道が一番多く760校で，1割を占めている。次に多いのは人口が増加している東京都

の303校で，これは，離島や山間部の過疎化に加え，都心における都市化の進展など局地的な人口動態の影響と考えられている。

2015年度版『厚生労働白書』は，「人口減少社会を考える——希望の実現と安心して暮らせる社会をめざして」を特集のテーマとし，人口減少・高齢化の問題を取り上げている。この白書は，国立社会保障・人口問題研究所の「日本の将来推計人口」（2012年1月推計）を用いて分析を行っている。日本の総人口は，すでに2008年の1億2,808万人をピークに減少しており，今後，出生数の減少と死亡数の増加により長期的な減少過程に入り，これが加速していく。出生中位・死亡中位推計では，2048年には9,913万人と1億人を割り込む。

少子化が続く人口減少社会では，平均寿命の延びと相まって高齢化率は上昇する。今後20〜30年で人口減少と高齢化が急速に進む。

ここで問題なのは，人口減少の克服に向けて，様々な取り組みを進め，ある程度少子化に歯止めがかけられたとしても，生産年齢人口が増加するには時間を要するという点である。

この白書では，地域別の人口減少についても分析を行っている。人口減少は地域別，段階別に進むことに着目しており，地域別の人口減少の状況を，次の3段階に分けて捉えることができるとしている。すなわち，若年人口は減少するが，高齢者人口は増加する「第1段階」，若年人口の減少が加速化するとともに，高齢者人口が維持から微減へと転じる「第2段階」，若年人口の減少が一層加速化し，高齢者人口も減少していく「第3段階」となる。

わが国の農山漁村部ではすでに，第3段階に入っているところもあり，実際に限界集落が点在している。都市部に関しては，徐々に第1段階に入っていくことになる。

ともあれ，都市部より農山漁村部で，人口減少が進んでいるのは事実である。地域がどの段階にあるかによって，地方自治体のおかれた状況が異なるのであり，直面する課題に違いが生じることとなる。このことが，人口減少社会への地方自治体の対応を，複雑で難しいものにしている。

社会資本の老朽化と需要の変化

本章でいう「社会資本」とは，学校や住宅をはじめとする公共建築物，道路や橋，水道・下水道などの公共インフラをさす。こうした社会資本に関しては，戦後の急激な経済発展と人口の増加に対応して整備されてきたという特徴がある。地域の発展時期の違いが，整備時期の違いをもたらしている。もっとも，都市部では高度成長期に整備された社会資本が圧倒的に多く，これらは，ここ20年くらいで更新時期を迎える。そのため，大半の都市では，財政負担が一時に集中することになる。また，1970年代からの経済の低迷期に，景気対策として国の交付金や起債の発行により，多くの公共事業が実施されている。時間の経過とともに更新が必要となる日が順次迫ってくる。近年，地方自治体は，財政状況の厳しい見通しから，新規に公共施設を整備することに慎重になってきているが，現有の社会資本のもつ機能を維持するだけでも多額の維持管理費が必要となる。

一方，人口減少・高齢化は，社会資本に対する需要の変化をもたらす。高齢者の増加とともに，医療・介護・福祉施設の需要が増していくが，若年層向けの公共施設のなかには，利用者が減少するものが出てくる。利用が減少すると，1件あたりの社会資本の維持管理コストが増加することになる。同時に利用者の減少は，サービスの縮小や利用料の負担増を求めざるをえない状況を招く。水道・下水道などに関しては，生活するうえで不可欠な社会資本であるが，場合によっては利用料金が上昇する懸念がある。この場合，需要に合わせてうまく効率化できるかが鍵となる。公共交通も同様で，利用者の減少から運行本数の減少を余儀なくされる。利便性の悪化が，さらに利用者の減少につながり，路線の廃止という結果を招く悪循環に陥る。

いずれにしても，地方自治体はコスト縮減に向けてさらなる努力を求められることになるが，それでも人口減少社会では，維持管理が困難となる可能性は高い。20〜30年後の需要を見越して，今から何を残し，何を更新するのかを考えていく必要がある。

財政への影響

このように，都市の社会資本の維持更新には多大な費用を要するが，それにもまして人口減少・高齢化は地方自治体の財政に影響を及ぼす。高齢者の人口増加は医療，福祉，介護など社会保障にかかる経費の増加をもたらし，生産年齢人口の減少は総所得の減少につながる。また，人口減少は，消費と生産の減少をもたらし，経済の縮小要因となる。人口の地域的偏在は，地価の下落要因となる。こうした動向は地方自治体の税収減につながり，地方自治体の財政を圧迫する。結果として，今のままの公共サービスの提供が可能かという問題に直面することになる。

これまでの地方自治体の財政は，社会保障関係費などの増大のために歳出の拡大を続けてきたが，これは労働力人口の増加と経済成長による増収によって何とか支えられてきた。

ここで，近年の地方財政計画の歳出（総務省資料）の推移についてみると，全体としては，抑制傾向にあるが，高齢化の進行などにより社会保障関係費（一般行政経費に計上）が1989年に12兆円の規模だったものが2017年には，37兆円と約3倍に増加する一方で，投資的経費は，21兆円の規模だったものが11兆円と約2分の1に減少している。

地方自治体は，バブル崩壊後の経済の低迷から，行政評価などの手法により，これまでも定員削減や行財政改革に取り組んできた。ただし，人口減少社会では，これだけで十分とはならない。限られた予算のなかで，増加する社会保障関係費に対応する一方で，社会資本にどれだけ配分するのか，地方自治体の予算編成はこれまで以上に厳しいものとなる。

2　社会資本整備をめぐる動向

国の動向

厳しい財政状況が続くなかで，今後，人口減少・高齢化社会を迎えることから，早急に社会資本の全体の状況を把握し，長期的な視点をもって，更新・統

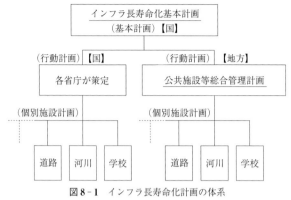

図8-1 インフラ長寿命化計画の体系
出所:総務省 (2014)。

廃合・長寿命化などを計画的に行う必要がある。そこで総務省は2013年11月に「インフラ長寿命化基本計画」を策定した。翌年の2014年4月に,この基本計画に基づき,各地方自治体において,国の動きと歩調を合わせ,公共施設等総合管理計画の策定に取り組むよう,総務大臣通知が出された。合わせて,「公共施設等総合管理計画の策定にあたっての指針」が総務省から示された。インフラ長寿命化計画の体系は図8-1のとおりである。

国の基本計画に示された基本的な考え方と総務省から示された指針に沿って,地方自治体の公共施設等総合管理計画が策定されることとなった。また,2020年頃までに個別施設ごとの長寿命化計画である個別施設計画を策定することが求められた。

個別施設計画については,各府省庁が行動計画及びこれに基づく個別施設計画の策定及び公表を地方公共団体等に要請することとしており,支援のためのマニュアル・ガイドライン等の策定が進められ,公表されている。

基本計画には,基本的な考え方として,以下の3項目が示されている。すなわち,「1.インフラ機能の確実かつ効率的な確保」「2.中長期的な視点に立ったコスト管理」「3.多様な施策・主体との連携」である。1では「安全の確保と必要な機能の発揮」「中長期的なトータルコストの縮減や予算の平準化によるインフラ投資の持続可能性の確保」「廃止・撤去を含む必要性自体の

再検討，社会経済情勢の変化に応じた質的向上や機能転換，用途変更や複合化・集約化」，2では「メンテナンスサイクルの継続と発展のための産業の創出・拡大」，3では「防災・減災対策等との連携，国と地方公共団体，都道府県と市町村，官と民，地域社会等の相互連携の強化」が主な内容である。

　また，必要施策の方向性のなかで，予算管理として，人口減少・高齢化の進展などの社会情勢の変化などに鑑み，必要に応じて受益と負担のあり方などについても再考し，必要な取り組みを推進することで投資の持続可能性を確保する，との指摘も見られる。

　公共施設等総合管理計画策定指針には，記載すべき事項が列挙されており，さらに計画策定にあたって，次の留意事項が示されている。すなわち，「行政サービス水準等の検討」「公共施設等の実態把握及び総合管理計画の策定・見直し」「議会や住民との情報共有」「数値目標の設定」「PPP/PFIの活用」「市区町村を超えた広域的な検討」「合併団体等の取り組み」の7つであり，これらの事項について検討することが適当である，と指摘している。

　さらに，その他の留意事項として，地方公会計との関係が掲げられており，固定資産台帳等の利用について言及している。

　その後，2014年4月に固定資産台帳の整備と複式簿記の導入を前提とした財務書類の作成に関する統一的な基準が示された。2015年1月には，固定資産台帳の整備手順と財務書類の活用方法などが示された「統一的な基準による地方公会計マニュアル」がまとめられ，総務大臣から通知されている。これにより，やむをえない理由がある場合でもおおむね5年間，すなわち2020年3月末までに地方自治体で統一的な基準による財務書類等の作成がなされることとなった。通知では，特に，「公共施設等の老朽化対策にも活用可能である」としている。総務省は，「固定資産台帳の情報をもとに，公共施設等の維持管理・修繕・更新等に係る中長期的な経費の見込みを算出すること等により，公共施設等総合管理計画や個別施設計画を充実・精緻化する」と言明し，「予算の要求や査定において，施設類型毎の経年状況等を比較・分析し，公共施設の老朽化対策等についてメリハリのある予算編成を行う」としている。

名古屋市の取り組み

2014年4月の総務大臣通知に基づき，各地方公共団体において，公共施設等総合管理計画の策定に取り組むこととなった。総務省の調査によれば，2019年9月30日現在，99.8％が策定済みである。

例として，名古屋市の取り組みを紹介する。名古屋市は戦後の復興が目覚ましく，経済の発展と人口増加に対応するため，公共土木施設は昭和30年代から，市設建築物は昭和40年代から60年代に，市営住宅と学校を中心に集中的に整備された（図8-2，図8-3）。

バブル崩壊後の景気の低迷期に危機感をもち，行財政改革に取り組んだ地方自治体は多い。行財政改革の取り組みは，バブル経済が崩壊し，右肩上がりの時代が終焉し，地方自治体の税収入の減少が顕著になった頃から始まった。行財政改革に有効な手法として行政評価が取り入れられた。

1996年に三重県で事務事業評価が導入されて行政評価は全国に広まり，行政評価による事務・事業の見直し，組織の簡素効率化，職員定数の削減が各地で行われてきた。多くの地方自治体は，小中学校の統廃合，公所の再編，指定管理者制度・PFIの導入といった官民連携などによる経費の節減，余剰地の売

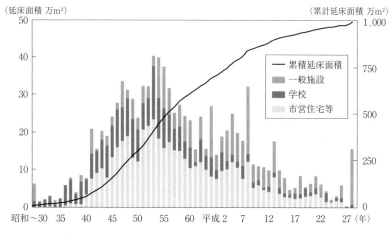

図8-2　名古屋市における市設建設物の建築年度別の延べ床面積

出所：名古屋市提供資料による。

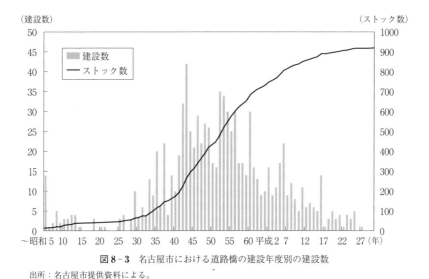

図 8-3 名古屋市における道路橋の建設年度別の建設数

出所：名古屋市提供資料による。

却，資産の民間への貸付などによる収入確保に取り組んできた。

行政評価からアセットマネジメントへ

名古屋市の公共施設等総合管理計画の体系は，図8-4のとおりである。

名古屋市の公共施設等総合管理計画の体系を見ると，この計画の策定に取り組む旨の総務大臣通知が出される2014年4月以前に，基本方針に位置づけられる「名古屋市アセットマネジメント基本方針」が策定されている。この方針は，行政評価の取り組みが進められるなかで策定されてきた。ここでは，アセットマネジメントにいたる以前の名古屋市の行財政改革における，社会資本整備にかかる取り組みを見てみよう。

名古屋市の行政評価の取り組みは，2001年から始まっている。施策に対する有効性・達成度・効率性などの観点から事業を点検・評価するもので，点検・評価の結果に基づき，事業の改善・見直し・整理合理化や事業の廃止を行い，行政資源（財源・人員）の有効活用を図ることを目的としている。施設の管理運営については，表8-1のように評価が分類された。

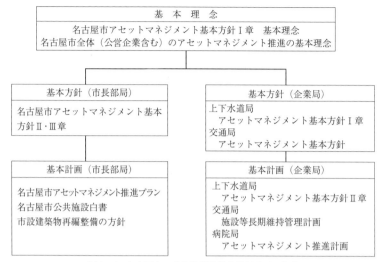

図8-4　名古屋市の公共施設等総合管理計画の体系
出所：名古屋市提供資料による。

表8-1　名古屋市の施設の管理運営に関する行政評価

総合評価	説　明
A	現状どおりに管理運営をすることが適当
B	運営改善の検討
C	施設のあり方の見直しの検討
D	統廃合，民営化の検討

出所：名古屋市ホームページ「平成20年度までの行政評価の概要」より
　　　（http://www.city.nagoya.jp/shisei/category/50-5-4-0-0-0-0-0-0-
　　　0.html，2019年4月閲覧）。

　2003年3月には，事務事業の点検・検証・見直しを進める際の指針として
「公的関与のあり方に関する点検指針」（2015年3月に改定）が策定され，市の関
与の必要性や実施主体の妥当性など，基本的事項を整理し，行政評価の実施，
定員管理，公の施設の運営，予算審査などに活用されている。

　この点検指針では，以下の3つの基本的考え方に基づき，公的関与のあり方
を点検・検証することとしている。すなわち「民間でできることは民間に委ね
ることを基本に，行政と民間との役割分担の観点から，市の関与は必要最小限

とする」「市の関与が必要な場合であっても，費用対効果や効率性の観点から，サービス提供の実施主体については民間活力を積極的に導入する」「特定の利用者に限ってサービスを提供するような場合は，負担の公平の観点から，利用者に適正な費用負担を求める」の３つである。

　行財政改革の取り組みを進めるなかで，公共施設の老朽化が一斉に進み，従来どおりの維持管理・更新の手法では，一時期に大きな財政負担が見込まれたことから，将来の状況に対応するため，アセットマネジメントの考え方を導入することとした。検討を重ねたうえで，2009年３月に「名古屋市アセットマネジメント基本方針」（市設建築物編・公共土木施設編）を策定・公表した。これが，体系図（図8-4）にあるように，公共施設等総合管理計画の基本理念・基本方針となっている。

　「名古屋市アセットマネジメント基本方針」では，アセットマネジメントの基本理念，導入の背景，マネジメントを進める基本的な視点を整理するとともに，施設の長寿命化や保有資産の適正な活用などの取り組みにより，財政負担の抑制と平準化を図ることとしている。

　その後，財政局財政部にアセットマネジメント推進室を設置し，全庁的組織で検討を重ね，基本方針に掲げた取り組みを推進するための今後10年間の施設の維持管理・更新に関する基本的な事項を2012年３月に取りまとめた。これが，体系図（図8-4）にある「名古屋市アセットマネジメント推進プラン」である。

　今後，人口減少・高齢化が進むなかで，社会資本が一斉に更新時期を迎えるということで，地方自治体は対応を迫られている。地方自治体の財政の厳しさは，いま始まったわけではない。地方自治体にとっては，景気の低迷から始まった行財政改革の延長線上に，社会資本の再整備の問題が横たわる。社会資本の質と量の最適化をどう図っていくのかは，先に紹介した2015年度版の厚生労働白書が指摘する，人口減少の３段階の，どの段階にあるのかによって，地方自治体の取るべき対応が異なってくる。地方自治体には，これまで取り組んできた改革をさらに進めていくとともに，新たな改革に積極的に取り組むことが求められる。

3　将来にむけた社会資本再整備

　今後，地方自治体の社会資本再整備の問題は，人口減少が進む農山漁村部から都市部に徐々に広がっていくことが想定される。ここまでみてきた人口減少・高齢化に伴う公共サービスに対する需要の変化，社会資本の老朽化，財政の持続可能性という3つの課題に対応するには，社会資本の質と量の両面における最適化を図る必要がある。

　まず，公共サービスの提供をこれまで通りに続けていくかどうかを再考する必要がある。公共サービスの提供について，現状を把握したうえでの検討が必要である。例として公営のプールがあげられる。今日では，スイミングスクールの室内プールや民間のトレーニングジムに併設された室内プールなど民営のプールが増加し，かつては多くみられた市営・町営プールは大半が廃止された。維持・管理費用がかさむという事情から民間のプールを借りることで，小中学校のプールでさえ廃止する地方自治体がある。もちろん更新経費，維持管理経費の削減だけでなく，専門のインストラクターの指導で生徒たちの上達も期待できる。

　廃止した施設は別施設への転用，施設の複合化・再配置での有効活用を図るが，活用しない建築物・余剰地は民間への売却，貸与などで更新費用の確保に充てるのが望ましい。当然，都市部であるかどうかで収入に大きな違いが生じるが，民間が土地や施設を活用することで，地方自治体は固定資産税等の増収を見込むことができる。

　前に述べたように，国においても，地方自治体に公共施設等総合管理計画の策定指針を示すとともに，個別施設計画策定のマニュアルやガイドラインなどを提供している。また，いわゆる骨太の方針「経済財政運営と改革の基本方針2018——少子高齢化の克服による持続的な成長経路の実現」のなかでも，社会資本整備等について，ライフサイクルコストの低減，集約化・複合化，PPP/PFIの推進，コンパクト・プラス・ネットワークの推進，統廃合，受益

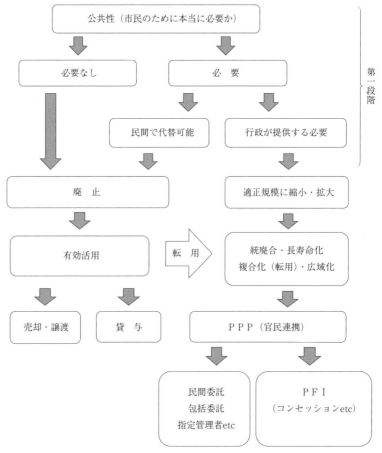

公共性（市民のために本当に必要か）

必要なし　　　　　必　要

民間で代替可能　　行政が提供する必要

廃　止　　　　　適正規模に縮小・拡大

有効活用　　転　用　　統廃合・長寿命化
複合化（転用）・広域化

売却・譲渡　　貸　与　　ＰＰＰ（官民連携）

民間委託
包括委託
指定管理者etc

ＰＦＩ
（コンセッションetc）

図8-5　社会資本再整備の検討プロセス

出所：筆者作成。

者負担に基づく財源対策，広域連携，固定資産台帳等の資産管理向上への活用，という対応策が列挙されている。

　これらを参考に，現有の社会資本を再整備するにあたっての，地方自治体の対応策の検討のプロセスについてまとめると，図8-5のとおりである。検討にあたっては，「財政面での制約があるなかで，何を廃止し，何をどのように残し活用するのか」が前提である。

表8-2　検討の方向性と主な視点

検討の方向性	主な視点
行政による公共サービスの提供が必要であるか	人口減少，人口構造の変化によって意義の薄れた，または利用者が減少した公共サービスではないか。
民間によるサービスで代替可能であるか	行政が公共サービスを提供しなければならないか。民間で提供可能であれば，コスト，サービスの面でどちらが優れているか。
民間の施設を利用できないか	民間施設の借り上げ，コスト削減が可能であるか，サービスが向上できるか。
規模は適正か	需要の変化に対応してダウンサイジングする必要がないか。
統廃合	機能の重複を検証，機能の統合も考える。
長寿命化	応急保全，予防保全で対応できるか，どの施設を優先するか。
複合化	建築物，空きスペース，跡地の利活用，公共施設の再配置が可能か。
広域化	行政区域内にとどまらず，近隣自治体との連携が可能か。
官民連携（PPP）	委託をはじめ指定管理者，PFI など，どの官民連携がコスト削減とサービス向上に適しているか。

出所：筆者作成。

　まず，第1段階として，市民のために本当に必要か，民間による代替が可能かどうかを検討する。次に，検討の結果，行政が提供する必要のある公共サービスについては，再整備にあたり，今後の需要見込みを立てたうえで，維持管理経費および更新経費の削減，平準化を図りながら，社会資本をどのように維持していくかの検討をする。それぞれの段階における検討の方向性と主な視点は表8-2のとおりである。

　もちろん検討プロセスはあくまで単純化しており，プロセスだけを追うと，簡単に見えてしまうかもしれない。進めるにあたっては，利用状況・効果・効率性など様々な客観的なデータに基づく検討が必要で，どのプロセスにおいても市民の理解が欠かせない。したがって，実際に1つ1つの社会資本の再整備を検討していくには，時間を要することを前提にしなければならない。

4　課題と展望

市民との情報共有

　社会資本の再整備は，地方自治体としても全庁的に取り組む必要があり，職員が所管する社会資本の維持管理ばかりを考えていたのでは，今の状況は何も改善されない。個別の施設計画は，あくまでも公共施設等総合管理計画の下に策定されている位置づけにあり，各地方自治体が置かれた状況から判断して，社会資本全体の最適化を目指して再整備に取り組む必要がある。

　市民の財産である社会資本の廃止や統廃合などに取り組むには，いうまでもなく市民の理解が不可欠である。公共施設等総合管理計画に記載すべき事項にあげられているように，議会や住民との情報共有が重要である。もちろん市民のあいだには「現状維持」「総論賛成，各論反対」など様々な考えの者がいるだろう。こうしたなかで市民のコンセンサスを得るには，維持管理コストとその見通し，利用状況など社会資本にかかる，行政のもつすべての情報を開示し，同じ情報を共有して議論する姿勢が必要である。

　また，財源不足を理由にして，真に必要な社会資本の維持管理を放置することがないように努めるのはいうまでもないが，場合によっては，利用料など利用者負担の見直しの議論も避けては通れない。市民が議論に参加し，行政とともに社会資本の再整備の在り方を考えてもらうには，正確な情報を市民に提供する必要がある。

行政評価の活用

　上記のとおり，これまでも多くの地方自治体が行政評価を導入し，事務事業の改善・見直し・整理合理化や事業の廃止を行うことで，行政資源（財源・人員）の有効活用を図ってきた。もちろん，行政評価には，この他にも職員の意識改革やアカウンタビリティの向上という目的もある。

　社会資本の再整備にあたっては，職員の意識改革と，住民の理解が不可欠で

あり，行政評価がめざす方向性と共通する。行政評価に取り組んできた地方自治体では，これまで多くの施設が事業評価の対象となってきたはずである。社会資本の再整備の問題は，先に整理したいくつかの視点が必要であるが，行政評価の手法を用いることで，社会資本そのものの評価が可能であり，結果を公表することで，市民への説明の手段ともなる。総務省自治行政局の2017年の調査によると，2016年10月現在，全地方自治体の行政評価の導入状況は61.4%である。町村は，38.9%と低いが，町村を除けば，85.7%となる。

　公共施設等総合管理計画の推進には，行政評価が有効な手法と考えられる。ただし，事務事業評価では，1件ごとの評価であり，社会資本再整備の視点からすると，施策評価，政策評価まで実施しないと結論が出ないものもある。行政評価の改善に取り組むことが必要である。

総合計画への反映

　2011年5月，地方自治法が改正され，基本構想の策定義務が廃止されたが，その後も総合計画の策定は多くの地方自治体で続けられている。

　総合計画には，議会の議決，市民意見の聴取などの形で市民意見が反映される。人口減少社会においては，地方自治体は難しい舵取りを迫られる。財政状況が厳しさを増すなかで，総合計画に耳触りの良いことばかりを並べたてるわけにはいかない。自治体の将来像にかかる社会資本の再整備といった事項については，総合計画に明記すべきである。

　社会資本の再整備は，将来のまちづくりの基本となる社会資本の全体を把握し，長期的視点に立って，財政と需要の変化を予測し，庁内横断の組織を作り動かしていくことで，その方針をしっかりと立てていく必要がある。人口減少と人口構造の変化に対応して，社会資本の最適化にどういう姿勢で臨むのか，公共施設等総合管理計画をどのように実現していくのか，その都市の将来像を示す総合計画にしっかりと反映し，市民に説明していかなければならない。

中長期の財政見通しの公表

　人口は，一定の条件の下で，このままの状況が続けば，という前提で比較的正確に推計できるとされている。一方，財政の見通しは，景気の動向に大きく左右され，市民ニーズの変化もあり，予測が難しい。また，地方自治体によっては，国の地方交付税や国庫補助金の占める割合が大きいという財政の構造から，中長期の財政見通しを立てることが容易でないところがある。それでも，人口推計だけを示し，「最近の厳しい財政状況が今後も続くと想定される」というだけで市民の理解を得ることはできるのであろうか。十分な情報を得ることができない市民が，社会資本の再整備の問題を理解し判断することは困難であろう。

　地方自治体が，一定の条件の下に立てた中長期の財政見通しを公表し，情報共有することは，市民とともに社会資本の再整備の在り方を考えるうえで欠かせないことである。

職員の意識改革と首長のリーダーシップ

　地方自治体の使命は「住民福祉の増進」である。社会資本の再整備の取り組みは，人口減少・人口構造の変化が進行するなかで，限られた財源を効果的に配分し，多様な住民のニーズに応え，住民福祉の増進をいかに成し遂げるかということである。

　地方自治体は，社会資本の再整備を進めるにあたり，市民の合意形成を図りながら，あれかこれかの取捨選択をしなければならない。社会資本の再整備は，行政組織全体で情報共有し，組織横断的に議論をし，判断していかなければならない。そのためには，ここまで見てきたように，まずは職員一人一人の意識改革が必要である。職員は自身が担当する部門だけでなく，幅広い視野をもって，市民にとって何が必要か，どういう維持管理が効果的か，地方自治体全体を俯瞰し将来の都市の姿を描き，いま何をなすべきか，的確な判断をしていかなければならない。この局面においては，職員の意識改革と組織を変革する首長の強いリーダーシップが求められる。

　これからの時代における社会資本の再整備にあたっては，市域を超えて，「広域で最適化」を図る，という取り組みも選択肢の1つとなってくるだろう。当然のことながら，広域化を進めるには，首長の強いリーダーシップが求められる。2015年2月，経済同友会の地方分権・道州制委員会から「知事・市町村長は"地域経営者"となれ」という意見書が出された。人口減少・高齢化社会を背景に地方自治体の直面する課題を整理したうえで，出された意見書である。このなかでは，「その自治体の長である首長（都道府県知事，市区町村長）は，厳しい現実から目をそむけることなく将来を見据え，住民に自らのビジョンと実現に向けた計画を示し，自ら先頭に立って実行に取り組む『地域経営者』となる必要がある」と首長の強いリーダーシップを求めている。

　首長の強いリーダーシップのもと，人口減少と官民連携の進展で，将来の業務が減少することを想定し，民間ビルを借り上げ，庁舎をもたない選択をした地方自治体がある。社会資本の再整備に多額の予算が必要だが，市民の関心がいまだ薄いという首長の危機感から，市民を巻き込んだ議論をするセミナーなどの開催に積極的な自治体がある。

　2040年から2050年にかけて，社会資本の再整備がピークを迎える。市民との合意形成には時間を要するのであり，残された時間は決して多くはない。首長の長期的視点に立った判断と強いリーダーシップの下，地方自治体は，市民に将来の都市の姿を示し，市民との合意形成を図りながら，社会資本の再整備を着実に進めていかなければならない。

参考文献

インフラ老朽化対策の推進に関する関係省庁連絡会議『インフラ長寿命化基本計画』2013年。

経済同友会『知事・市町村長は"地域経営者"となれ』（地方分権・道州制委員会意見書）2015年。

厚生労働省『厚生労働白書（平成27年版）』2015年。

小松幸夫・堤洋樹・池澤龍三『公共施設マネジメントのススメ』建築資料研究社，2017年。

自治体戦略2040構想研究会『自治体戦略2040構想研究会　第1次報告』2018年。

―――『自治体戦略2040構想研究会　第2次報告』2018年。

総務省『公共施設等総合管理計画の策定にあたっての指針』2014年。

―――『地方公共団体における行政評価の取組状況等に関する調査結果』2017年。

内閣府『経済財政運営と改革の基本方針2018――少子高齢化の克服による持続的な成長戦略の実現』（閣議決定資料）2018年。

中山徹『人口減少と公共施設の展望』自治体研究社，2017年。

名古屋市『公的関与のあり方に関する点検指針』2003年（2015年改定）。

―――『名古屋市アセットマネジメント基本方針』2009年。

―――『名古屋市アセットマネジメント推進プラン』2012年（2016年，2017年一部改定）。

―――『市設建築物再編整備の方針』2015年。

根本祐二・藤木秀明「公共施設等総合管理計画のための標準モデルの制作とモデル事例」『ファイナンシャルレビュー』（財務省財務総合政策研究所）第124号，2015年。

南学編著『成功する公共施設マネジメント』学陽書房，2016年。

森裕之『公共施設の再編を問う』自治体研究社，2016年。

諸冨徹『人口減少時代の都市』中央公論新社，2018年。

文部科学省『平成30年度廃校施設等活用状況実態調査の結果』2019年。

山本康友「公共施設の再編と活用」『ガバナンス』第172号，2015年。

── コラム⑨　「学校に泊まろう」──

　内閣府大臣官房政府広報室が運営するポータルサイト「政府広報オンライン」に、「廃校 Re 活用」というページがある。少子化などによる就学人口の減少で、本来の使命を終える学校が増えてきている。多くの廃校が第2の歴史を刻み始めているとの記述がある。「誰もがちょっと憧れる『学校に泊まる』という体験。」といった紹介が続く。

　泊まるだけでなく、美術館や水族館に利用されている学校もある。教室が、カフェやレストランになったり、体験学習室になったり、企業に貸してオフィスとして使われている廃校もある。運営は、個人であったり、指定管理者であったり地域住民であったりする。

　名古屋市でも、都心部の急激な都市化によって少子化が進み、クラス替えのできない小規模校が増加しており、学校の統廃合が行われている。名古屋駅から徒歩10分足らずの高層ビルに囲まれた旧那古野小学校は、統廃合に伴い2016年末で閉校となった。跡地利用のアイデアが公募され、民間事業者による事業提案でリノベーション型活用が決まった。リニア中央新幹線の開業を見据えて、2019年10月、シェアオフィスやコワーキングスペースなどを備えた「なごのキャンパス」に生まれ変わった。

　学校という地域住民の思い出がいっぱい詰まった公共施設を、ただ、時間とともに朽ちるのを待つのではなく、知恵を絞って有効活用している。このことは、地域住民のアイデンティティともいえる、思い出の地、思い出の建物、思い出の教室を残そうという思いのあらわれである。

　文部科学省の調査では、2018年5月現在で、表のように、施設が現存する廃校の約75％が何らかの形で活用されている。地域住民の思いが、公共施設の有効活用となり、地域の活性化にも一役買っている。ここには多くの事例がある、アイデアが詰まっている。学ぶべきことが多い。

2002年度から2017年度に発生した廃校の数			7,583校
	施設が現存している廃校の数		6,580校
		活用されているもの	4,905校
		活用されていないもの	1,675校

第9章

「都市再生」の社会学
―――開発主義のなかを生きる―――

─── **この章で学ぶこと** ───

　近年，東京・名古屋・大阪のビッグプロジェクトやメガイベントが，大規模再開発を連鎖させている。この背後には，高度経済成長期のケインズ主義的な国土の「均等発展」という建前から，2000年代以降の「選択と集中」を志向する新自由主義的な都市開発（「都市再生」政策）への転換がある。本章では，この「都市再生」政策をめぐる政策論争を見ていく。都市を「再生」するにあたって，「経済効率性」を追求するのか，それとも「公平性」を担保するのかが論点となる。そして，第3の道としての「稼ぐまちづくり」（草の根の新自由主義）を展望する。

1　「開発主義」とは何か

東京・名古屋・大阪の巨大プロジェクト

　2021年の「第2次・東京オリンピック」開催にむけ，東京都心・臨海部では大規模開発プロジェクトが続いている。2025年には，大阪臨海部で「第2次・大阪万博」が開催される。2018年，IR 実施法案が国会で可決され，統合型リゾート（IR）を起爆剤に，大阪市夢洲地区の開発が進んでいる。そして，2027年，東京―名古屋間を40分で結ぶリニア中央新幹線が開通する。さらに，2037年には，東京―名古屋―大阪が67分で結ばれる。これらの巨大プロジェクトやメガイベントは，その事業を超え，関連する大規模開発を連鎖させていく。

「開発主義」という社会統合

　都市社会学者の町村敬志は，こう述べる。

開発主義とは，国家を単位としつつ，成長志向という目的のため，政府による市場介入を容認する政治経済的なシステムとして理解される

（町村 2018）

　だが，開発主義システムが作動するためには，政治経済的な機構が整備されるだけでは十分ではない。そこには，この機構と遭遇する無数の人々が存在する。人々がこの開発というシステムを受容し，支えていく動機づけのプロセスが併存していない限り，開発は広がりをもたない。開発主義が大きな影響力をもつためには，それが政治経済的なレジームであっただけでなく，人々の「心性」としても存在したことを意味している（町村 2018）。

　私たちは，開発に経済成長の「夢」を見て，意識するしないにかかわらず，開発に期待し，参入し，動員され，翻弄されていく。都市の成長物語は，開発を正当化するシンボルと結びつき，経済的グローバル化に対応した「地域活性化」に向けて幅広い市民が動員されていく。こうして，開発によって社会は統合されていく。だが，そこでは「競争」「成長」「危機」といった認識枠組を疑いながら，「誰が利益を得て，誰が不利益を被るか」という視点が欠かせない（町村・西澤 2001）。

2　「都市再生」政策と「リニア・インパクト」

名古屋「第四の変革」

　大都市・名古屋には，4つの変革がある。第1の変革は，江戸時代の名古屋城下町の成立。第2の変革は，明治から戦前の産業基盤の形成。第3の変革は，「100m道路」に象徴される戦災復興と東海道新幹線開通である（名古屋市住宅都市局リニア関連・名駅周辺開発推進課 2018）。そして，2000年前後から「第4の変革」が起きている。

　1999年に JR 東海による「JR セントラルタワーズ」竣工を嚆矢に，2006年にはトヨタ自動車・毎日新聞社・東和不動産による「ミッドランドスクエア」

が誕生する。続いて，2015年，三
菱地所による「大名古屋ビルヂン
グ」と日本郵便による「JP タ
ワー名古屋」，2017年の JR 東海
による「JR ゲートタワー」など，
次々と超高層ビルが竣工された
（図9-1）。この再開発ラッシュの
背後には，いかなる都市政策があ
るのだろうか。結論からいえば，

図9-1　名古屋駅周辺の高層ビル群
出所：中日新聞（2015年10月15日）。

「都市再生」政策および，「リニア・インパクト」を見据えた再開発である。

「国土の均衡ある発展」という建前

　高度経済成長期の日本の国土開発の中心的役割を果たしたのは，全国総合開
発計画である。そこには，「国土の均衡ある発展」を目指す，「地域間格差是
正」という建前があった。この国土開発方針を，中澤は，国内すべての空間に
投資し平等に発展させる「空間ケインズ主義」として位置づけている（中澤
2012）。ケインズ主義的政策の１つの柱として，景気を刺激するために，政府
が公共事業によって大規模雇用を生み出すことがある。「空間ケインズ主義」
とは，これを空間論的に捉え直したものである。

　特定の政策部門に関心と知識があり，政策の立案と実施に強い影響力をもつ
議員を「族議員」と呼ぶ。自民党の族議員は，自分の地域が国土開発から「も
れる」ことを避けたい。そのため，彼らは「格差是正」のためにも，地元に開
発を誘致しようとする。「公共事業のための国の手厚い補助金を期待して，県
や政治家は，指定を受けようと血眼になった」。族議員の活動を支えているの
は，「農村の次男坊や三男坊が働けるように，農業県を工業県にするのだ」と
いう地元住民・政治家の強い思いであった（朝日新聞 2013年10月26日）。

　①こうした族議員は，地元財界に公共事業を誘導し，「票」と「政治資金」
を得る。一方，法案や予算の審議で，官僚組織に恩を売る。②官僚組織は，族

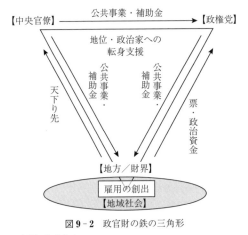

図9-2 政官財の鉄の三角形
出所：筆者作成。

議員の力を利用し，関連業界に恩を売ることによって「天下り先」を確保する。③地方財界・業界団体は，公共事業の仕事を受注したり，予算を確保したりするために，族議員に票と政治資金を与え，官僚の「天下り」を受け入れる（畑山・平井編2004）。このような「政官財の鉄の三角形」（図9-2）が，高度成長期の国土開発を推し進めた。

「選択と集中」の容認

　このような国土開発が可能だったのは，日本の高度経済成長があったが故である。大量生産と生産性向上に連動した賃金の上昇とケインズ主義政策によって可能になる大量消費という好循環が，閉じた国民経済において可能であった。

　しかし，1970年代，日本はオイルショック不況に陥る。国内市場が飽和し，情報通信技術が進展し，新興工業国が成長してくると，国民経済の基礎は掘り崩された。「重厚長大」の製造業が経済的基盤であった先進国の都市は，失業率が増加し，財政が悪化するなど脱産業化に起因する社会問題によって，深刻な都市危機に陥る（金澤 2013）。

　1980年代に入ると，政府は新自由主義的政策へとシフトする。新自由主義（ネオリベラリズム）とは，政府による個人や市場への介入は最低限とし，公的な規制や社会サービスの提供の撤廃・縮小を求める政治経済思想である（仁平2017）。それは，①国家による福祉・公共サービスの縮小（小さな政府，民営化），②大幅な規制緩和，③市場主義の重視を特徴とする。

　実際，1980年代の中曽根内閣は，都市開発に民間資金・手法を積極的に導入

した。国鉄（日本国有鉄道）や電電公社（日本電信電話公社）を民営化したのもその一環だ。中曽根政権の中心戦略は，規制緩和による都市空間の高度利用にあった。いわゆる「アーバンルネッサンス」政策である。

バブル崩壊と「都市再生」政策

「アーバンルネッサンス」政策は，バブル経済を誘発したが，1991年にバブルが崩壊すると，金融機関は大量の不良債権（企業の経営悪化や倒産により，回収困難になった銀行の貸付金）を抱え込んだ。多くの企業が倒産し，銀行が破綻し，「失われた10年」という平成不況へと突入していく。不良債権となったビルを解消するには，地価を上げなければならない。政府は，民間資金・手法の活用へと再び向かうことになる。

それが，2000年代の新自由主義的政策，すなわち「都市再生」政策である。バブル崩壊から10年，2001年4月小泉内閣が成立し，自民党の小泉純一郎首相は国会で「自民党をぶっ壊す！」と言い放った。これは，高度成長期に自民党政権が創り出した「政官財の鉄の三角形」の解体を宣言するものであった。道路公団や郵政の民営化に象徴されるように，「大きな政府」から「小さな政府」への転換を図ろうとしたものである。

民間資本の活用による「都市再生」政策は，「不良債権処理」の切り札とされた。2001年，「都市再生本部」が設置される。2002年，民間開発業者からの提案をふまえ，「都市再生緊急整備地域」を指定していった。それは，「都市開発事業などにより，緊急かつ重点的に市街地整備を推進し，都市再生の拠点となるべく地域」である。この地域では，建物の容積率（ボリューム）規制が緩和され，民間企業は税制緩和などの金融支援を受けられる。

図9-3のように，「都市再生緊急整備地域」は，太平洋ベルトに集中している。2002年7月には，都市再生緊急整備地域（東京・大阪）が指定された。東京では，六本木，東京駅周辺，渋谷，新宿，東京湾沿岸などで，次々と容積率規制が緩和され，超高層ビル・マンションが林立していった。

2002年10月には，都市再生緊急整備地域が拡大される（札幌市，仙台市，千葉

都市再生緊急整備地域（53地域8,592ha：うち特定都市再生緊急整備地域13地域4,011ha）

図9-3　主な「都市再生緊急整備地域」の分布

出所：内閣府地方創生推進事務局（2018）。

市，横浜市，川崎市，名古屋市，京都府，京都市，兵庫県，神戸市，高松市，北九州市，福岡市）。名古屋市では，名古屋駅・広小路・栄を取り囲う二核一軸が指定される。これによって，名駅・栄・伏見地区などで超高層ビル・マンションが次々と建設されている（図9-4）。

大都市「成長エンジン」への集中

　このように，「建前」だとしても国土の「均等発展」を目指した「全国総合開発計画」の時代から，「選択と集中」（不均等発展）を是とする「都市再生」の時代へ向かったのである。グローバル化した経済のもとで，世界経済と結びついた「大都市」は，新たな「経済成長のエンジン」とみなされる。政府は公共事業を通じた「中央から地方へ」の富の再分配から手を引き，国家が国土を均すために介入せず，市場に任せる。大都市の一部を「特区」に指定し，様々な規制を緩和し，資本を呼び寄せる。こうして，ヒト・モノ・カネの都心への

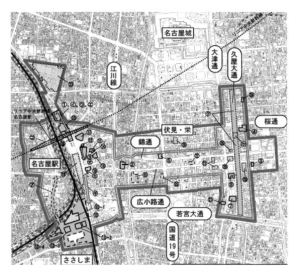

図9-4　名古屋駅周辺・伏見・栄地域プロジェクト図
出所：内閣府（2017）。

集中が加速している（丸山 2015）。

　「都市再生」政策，「コンパクトシティ」政策，「構造改革特区」，「国家戦略特区」など，いずれもこの「選択と集中」を体現した政策だといえる。そこでは，国家方針として大都市への集中は否定されない。新自由主義的な新たな開発主義のかたちが現れている。

3　「名駅ビッグバン」とは何だったのか

栄の発展と名古屋駅周辺の急成長

　このようなナショナルレベルの動向が，名古屋にどのようなインパクトを与えたのだろうか。1999年12月，名古屋駅前に超高層ツインビル「JR セントラルタワーズ」が誕生した。この1つのビルは，名古屋駅前はもとより名古屋という都市をも大きく変えるきっかけとなった（江口 2006）。

　江戸時代のはじめに「名古屋」という都市が誕生した400年前から，「栄」は

ずっとその中心だった。明治から大正にかけて，金融機関や繊維商社などが集積した。いとう呉服店（松坂屋），十一屋（丸栄），中村呉服店（三越名古屋店），愛知県庁・名古屋市役所がその象徴である。戦後，さらに商業施設やオフィスが集積した。戦後復興の象徴であるテレビ塔，100ｍ道路（久屋大通と若宮大通）も整備され，名古屋の中心地・栄の地位は揺るぎないものになった（江口2006）。

　一方，名古屋駅周辺は，田畑で囲まれ，アシが茂る湿地帯だった。1886年，笹島交差点に「笹島ステンショ」（旧名古屋駅）が置かれた。1937年，国鉄名古屋駅が現在の場所へ移転される。1938年に近鉄，1941年に名鉄が乗り入れる。1954年名鉄百貨店，1955年豊田ビル，1956年毎日ビル，1957年地下鉄と地下街開業と名古屋駅は名古屋の玄関口へと発展していく。しかし，栄の発展には遠く及ばなかった。

　しかし，1999年，名古屋駅に外部資本連合が進出する。1987年に国鉄が民営化され，特殊な収益構造を持った鉄道会社であるJR東海が誕生した。この地元色の薄いJR東海，非地元資本である高島屋の外部資本連合が，JRセントラルタワーズを建設した。JR東海は，名古屋に本社を置くが地元企業とみられず，キーテナントの高島屋はまったくのよそ者だった。名古屋人にとって，タワーズは名駅に"できる"のではなく，外から突然"やってくる"という感覚であったという（江口2006）。

　名古屋市内の百貨店といえば，「4Ｍ」と呼ばれる松坂屋・三越・名鉄百貨店・丸栄だった。名古屋の百貨店関係者は，半世紀近く続いた「4Ｍ」秩序が崩壊する恐怖を感じた。タワーズの成功を境に，保守的で閉鎖的とみられていた名古屋への外部資本の進出が加速した。こうして「名駅ビッグバン」がスタートした（江口2006）。このように，国鉄民営化で生まれたJR東海のタワーズ開発に，「都市再生」政策が結合したのが，2000年代以降の名古屋駅周辺の再開発である。

「五摂家」の揺らぎと栄の地盤沈下

名古屋市に本拠地を置く中部圏財界の名門企業は「五摂家」と呼ばれる。旧伊藤財閥系企業の東海銀行・松坂屋，インフラ企業の名古屋鉄道・中部電力・東邦ガスが，中部経済連合会や名古屋商工会議所などを独占していた。しかし，1990年代より，東海銀行の消滅（2002年に三和銀行と合併，のち三菱UFJ銀行）。松坂屋は，2007年に大丸と経営統合された。名古屋鉄道は，赤字線区を随時廃線にしている。現在，「五摂家」としてのまとまりはなくなりつつある（江口 2010）。

江口は，本社・本店の所在地を，JR セントラルタワーズが開業する10年前と比較している。1989年，名駅に本社があったのは名鉄と JR 東海のみだった。だがその後，栄の東海銀行と松坂屋の本社・本店が，合併で東京移転する。トヨタも，在名拠点を栄から名駅のミッドランドにオフィス移転する。7 社のうち3 社の本社が名駅にある。栄に本社を置くのは，中部電力のみとなった。今後も，栄・伏見・丸の内から，名駅へのオフィス移転が進む可能性があるとしている（江口 2010）。

「リニア・インパクト」による再加熱

さらに，2027年のリニア中央新幹線開業が，名古屋駅周辺の再開発を加速させている。2027年，東京―名古屋間を40分で，2037年，東京―大阪間を67分で結ぶ。このリニア中央新幹線を活用し，国土交通省や財界は「スーパー・メガリージョン」構想という国土開発方針を打ち出している（奥野・黒田 2017）。国土交通省に設置された検討会は，「リニア中央新幹線の開通を契機として，三大都市圏が1つの巨大経済圏として一体化し，国内，海外のヒトの流れを活発化させる」と宣言する。「高速交通ネットワークを通じて全国の個性を結びつけ，各地でイノベーションを起こし，価値創造を図」る。「そこで生まれる付加価値のある産業が，新たな対流を生み出し，国内，海外からさらに多くのヒト・モノ・カネ・情報を集める」。「こうした多様な対流と価値創造による"正のスパイラル"を生み出していくことで，望まれる将来の姿の実現を目指すものとする」（スーパー・メガリージョン構想検討会 2018）。この構想では，東京・

名古屋・大阪を連結させた巨大な大都市圏の創出が目指される。それは，まさに「選択と集中」によって，大都市の「経済成長のエンジン」を生み出そうとする試みである。

ストロー現象による名古屋の危機

だが一方では，東京と名古屋を40分で繋ぐリニア開通によって，名古屋から東京へのヒト・モノ・カネ・シゴトの流出も危惧されている。いわゆる「ストロー現象」である。それは，規模の大きな都市と小さな都市の間が鉄道などで行き来が便利になった時，規模の小さな都市が大きな都市に（観光客，ビジネス客，買い物，レジャー，さまざまな情報，文化的刺激といった）人・金・モノ・情報などを奪われるという現象である（江口 2015）。

江口によれば，①「名古屋の人が東京へ行く用事は多いが，東京の人が名古屋へ行く用事は少ない」，②「名古屋から東京へのリニア通勤なんて増えるはずがない」，③「名古屋はモノづくりが盛んというが名古屋自身にモノづくり集積は乏しい（名古屋の主力産業は商業やサービス業）」。それゆえ，「東京へストローされやすい」という（江口 2015）。こうして，「名古屋は東京へのストローを前提に都市戦略を考えるべき」だという主張がなされる。

東京への対抗

このような危機感のなかで，「五摂家」「4M」の一角をになう名古屋鉄道も，名古屋駅で大型再開発を仕掛けようとしている（図9-5）。名鉄，近鉄グループホールディングス，三井不動産，日本生命の4社が，「都市再生特区」を用いて，太閤通りをまたぐ南

図9-5 名鉄名古屋駅地区再開発全体計画
出所：名古屋鉄道（2017）。

北400mのビルを一体開発する。2022年に工事が着手され，リニア開通の2027年に駅機能を整備するとしている（東洋経済オンライン2017.4.4）。

4 経済効率性か，公平性か

このような2000年代以降の新自由主義的な「都市再生」政策をめぐっては，議論がある。それは，①「経済再生（成長）」の点から擁護するものと，②「格差拡大」「下層排除」「生活破壊」の観点から批判するものである。ここでは，都市社会学者・上野淳子の論考（2006）をもとに整理していく。

経済再生の手段としての「都市」

経済学者の八田達夫は，「大都市は密集していればしているほど，その付加価値生産の機能が高まる」「都市再生にあたっては，都心の土地の高度利用を図る必要がある」という。人口集積は，①フェイス・トゥ・フェイスのコンタクトを容易にし，②交通機関を充実させ，③清掃業や法律・会計事務所など対事業所サービス業（オフィスサポート業）を充実させる（八田 2002）。

また，「都市再生」政策の素案作りに関わってきた経済学者・山崎福寿は，これまでの都市計画は，都心の高度利用を阻んできたとして，その「根拠のなさ」を批判する。すなわち，都市計画を提唱する人々は，こうした市場メカニズムではうまく解決できない問題が多く存在することを指摘する。たとえば，市場制度の下での自由な開発は，きれいな町並みや景観，日照を奪ってしまうという問題が指摘される」。しかし，「都市計画の目的は，『理想的な都市』を造ることであることは疑いようのないことだが，専門家の間では，どのような都市が理想的なのかについて意見がくい違っていることが多い」。「市場経済のもとでは，理想的な街や，望ましい都市というのは，誤解を恐れずに言えば，地価を最大にするような都市である」というのである（山崎 2003）。このように，推進派は，政策的に空間の高度利用を促がし，経済効率性を高め，地価上昇をはかる「都市再生」と推し進めようとする。

格差拡大・生活破壊への批判

　一方で，このような「都市再生」政策を批判する向きも強い。第1に，そもそも，民間再開発を活発化すれば，オフィス・住宅の供給過剰になるという懸念がある（大西 2002）。第2に，「都市空間の再配分を市場に任せてしまう」ことは，「都市の将来を，より強い者の論理に従属させるということ」と主張する論者もいる（矢作 2002；福川・矢作・岡部 2005）。このような都市空間の高級化によって，貧富の格差が拡大し，弱者や下層が排除される現象を「ジェントリフィケーション」と呼ぶ（第13章参照）。

　第3に，これと関連して，「都市再生」政策は，政官財による都市の「私物化」であると批判する声も根強い。そこでは，国家や資本による乱開発に生活が脅かされず，市民によって都市計画がコントロールされる安心感・安定性が必要なのだと主張される（五十嵐・小川 2003）。このように，「開発規制」は，都市住民の「生活」を守るために必要だ，というのが「都市再生」政策への批判的な論者の主張である。

　さらに，町村敬志は，「都市再生」政策そのものの「ビジョン」の欠落を指摘する。「『都市再生』の現実の目的が，『経済再生の実現』，とりわけ『不良債権問題の解消』にあることを，この『（都市再生基本）方針』はもはや隠そうともしていない」。「本来ならば，地域と住民の多様性を踏まえ，『生活の質』の向上を目標として進められるべき都市再生の政策が，今また，短期的な経済対策の一部としてのみ提出されようとしている」。「都市を『目的』ではなく『手段』としてしか発想しない政策から地価高騰が引き起こされ，それがバブル経済の発生とその破綻へと連なっていく。そして，破綻が残した負の遺産ともいえる不良債権問題を解決するという目的で，再び都市が『手段』として利用される。こうした矛盾について，現在の『都市再生』は触れようとしない。まさしく歴史は繰り返されようとしている」（町村 2002）。

　「ビジョンなき都市再生」政策は，バブル経済とその崩壊の再来を招きかねないというのである。このように，「都市再生」政策の肯定派は，経済のパイを拡大させるために，民間の都市開発を促進し，「選択と集中」をすべきだと

「経済効率性」を重視する。一方，否定派は「都市開発が生活を破壊する」「格差が拡大する」として批判し，「公平性」を重視する。そこでは，「私権」を抑制するものとして，開発を規制する向きが強い。

第3の道としての「稼ぐまちづくり」

このような論争があるなかで，上野淳子は都市計画・政策決定過程に市民参加を促すことで「経済」と「生活」のバランスをはかる方向性にも触れていた（上野 2006）。しかし，そこでは明確な方向性は示されていなかった。「経済効率性」と「公平性」（公共性）に折り合いをつける方向性は何か。その1つとして，「稼ぐまちづくり」がある。

たとえば，木下斉（2015）は，これまで行政主導で行われてきた「まちづくり」に対して，「まちづくりはビジネスである」と捉える。民間（市民的起業家）が主導して「まちから『利益』を生み出そう！」と主張する。

「稼ぐまちづくり」の第1の特徴は，清水義次（2014）などリノベーションスクールの実践家たちがいうように「行政からの補助金に頼らない」ということである。補助金に依存しすぎると，「収益性がない事業」をしやすくなるからだ。第2に，「公民連携」の重要性を主張する（第7章）。すなわち，「民間は，パブリック・マインドをもって，自主自立するまちづくり事業を行い，適正な利益を上げ，利益が積み上がったら，街に再投資していく」ことを求める。一方，「行政は，民間の主体的な参加を促し，その活動を支援し，公共全体をコーディネートする」（清水 2014, 2017；林編 2018）というものである。

新自由主義（ネオリベラリズム）は，国家・自治体による公共サービスを縮小に向かわせる潮流であった。清水義次や木下斉らが主導する「稼ぐまちづくり」とは，こうした新自由主義を批判するのではなく，新自由主義政策（国家介入）を逆手に取り，地域社会が生き延びる術を見出そうとしている。その意味で，この潮流を「草の根の新自由主義」（林 2019）と名づけたい。この潮流は，ローカルな民間資本の事業によって，都市の公平性と経済効率性の双方を追求する「第3の道」だといえる。

名古屋駅のリニア中央新幹線開業まで，10年を切った。この10年で名古屋の企業構成も地域社会構成も大きく変わるだろう。「都市再生」や「地域開発」が地域社会に与える影響は一様ではない。経済成長を求めるにしても，様々な地域や社会層ごとに「誰が利益を得て，誰が不利益を被るか」を慎重に見極める必要がある。

『地域開発の構想と現実』（福武編 1965）以来，地域社会学の開発研究が強調してきたのは，次の点だ。①政策が進められる国・市・地域社会それぞれのレベルでの政策執行過程，②地域の社会構成や社会関係，③その政策に対する社会層の意志や価値観の検証である（林 2016，2019）。これらを明らかにし，問題点を解決していくことが，都市政策研究の課題である。

参考文献

朝日新聞　2013年10月26日。

五十嵐敬喜・小川明雄『都市再生を問う』岩波書店，2003年。

上野淳子「『都市再生』論議と都市開発の公共性──都市開発の社会学的分析に向けて」『上智大学社会学論集』30，2006年。

江口忍「変貌する名古屋駅前Ⅲ──"名駅ビッグバン"は名古屋をどう変えるか」『Report』111，共立総合研究所，2006年。

────「変貌する名古屋駅前Ⅳ──止まらない『名駅ビッグバン』，栄の復興・再生はできるのか」『Report』135，共立総合研究所，2010年。

────「リニア・インパクトは名古屋を変えるか」社会調査実習林班『名古屋市中心市街地の開発政策と「駅西」商業地区の変動』名古屋市立大学人文社会学部，2015年。

大西隆「都市再生法では都市は再生しない？」『都市問題研究』54(6)，2002年。

奥野信宏・黒田昌義『リニア新世紀──名古屋の挑戦』ディスカヴァー・トゥエンティワン，2017年。

金澤良太「都市間競争とイデオロギーとしての創造都市──グローカル化と企業家的都市の台頭」『年報社会学論集』26，2013年。

木下斉『稼ぐまちが地方を変える──誰も言わなかった10の鉄則』NHK出版，2015年。

清水義次『リノベーションまちづくり──不動産事業でまちを再生する方法』学芸出版社，2014年。

————「リノベーションまちづくりの展望と課題」別所良美・林浩一郎編『名古屋駅西におけるリノベーションまちづくりの可能性』名古屋市立大学人間文化研究所，2017年。

スーパー・メガリージョン構想検討会『人口減少社会にうちかつスーパー・メガリージョンの形成に向けて——時間と場所からの解放による新たな価値創造』国土交通省，2018年。

中日新聞　2015年10月15日。

東洋経済　2017年4月4日。

内閣府地方創生推進事務局「名古屋駅周辺・伏見・栄地域（プロジェクト図）」2017年。

————「都市再生緊急整備地域及び特定都市再生緊急整備地域の一覧」2018年。

中澤秀雄「地方と中央——『均衡ある発展』という建前の崩壊」小熊英二編『平成史』河出書房新社，2012年。

名古屋市住宅都市局リニア関連・名駅周辺開発推進課「リニア駅周辺のまちづくりの方向性」林浩一郎編『リニア駅上部空間をめぐるパークマネジメント戦略』名古屋市立大学人文社会学部，2018年。

名古屋鉄道「名鉄名古屋駅地区再開発全体計画」2017年。

仁平典宏「政治変容——新自由主義と市民社会」坂本治也編『市民社会論』法律文化社，2017年。

畑山敏夫・平井一臣編『実践の政治学』法律文化社，2004年。

八田達夫「都心集中の便益と費用」『都市問題』93(3)，2002年。

林浩一郎「『リニア・インパクト』を見据えた都市戦略——名古屋駅西側の再編をめぐる『まちづくり体制』の構築」『計画行政と中部』29，2016年。

————「『リニア・インパクト』を見据えた稼ぐまちづくり運動の行方——名古屋駅西側の再編をめぐるエリアリノベーション戦略」『東海社会学会年報』11，2019年。

————編『リニア駅上部空間をめぐるパークマネジメント戦略——名古屋駅西におけるエリアリノベーションの可能性』名古屋市立大学人文社会学部，2018年。

福川裕一・矢作弘・岡部明子『持続可能な都市』岩波書店，2005年。

福武直編『地域開発の構想と現実ⅠⅡⅢ』東京大学出版会，1965年。

別所良美・林浩一郎編『名古屋駅西におけるリノベーションまちづくりの可能性——「現代の家守」と持続可能な都市と地域社会を考える』名古屋市立大学人間文化研究所，2017年。

町村敬志「ビジョンなき『都市再生』の行方——バブル期の経験から何を学ぶか」『東京』229，2002年。

———「新しい『開発』の心性とは何か——『ポスト開発』時代の都市・農村関係と日本の経験」『学術の動向』23（2），2018年。

———・西沢晃彦『都市の社会学——社会がかたちをあらわすとき』有斐閣，2001年。

丸山真央「ネオリベラリズムの時代における東京の都市リストラクチュアリング研究に向けて」『日本都市社会学会年報』28，2010年。

———「大都市問題の変容——『都心問題』を中心に」『都市問題』106（11），2015年。

矢作弘「グランドデザインなき『都市再生』」『都市問題』93（3），2002年。

山崎福寿「都市政策の失敗と都市再生」『都市計画』52（5），2003年。

推薦図書

中澤秀雄「地方と中央——『均衡ある発展』という建前の崩壊」小熊英二編『平成史』河出書房新社，2012年。

＊日本の国土開発は，表向きには，国内のすべての空間に投資し平等に発展させる政策である「空間ケインズ主義」を標榜していたが，「平成」という時代において，それが建前としても崩壊したとする論考。

江口忍「変貌する名古屋駅前Ⅲ——"名駅ビッグバン"は名古屋をどう変えるか」『Report』111，共立総合研究所，2006年。

＊名古屋駅周辺の劇的な再開発状況をいち早く論じたもの。名駅の台頭と栄の地盤沈下を実証的に指摘している。しかし，Park-PFI による「久屋大通公園」再生や都市再生特別特区の指定による再開発などがあり，栄の巻き返しにも注目したい。

木下斉『稼ぐまちが地方を変える——誰も言わなかった10の鉄則』NHK 出版，2015年。

＊近年，大きな潮流となっている「稼ぐまちづくり」を提唱した書籍。人口減少社会では，行政からの補助金に依存した「官主導のまちづくり」ではなく，まちづくり会社が地域で稼ぐ「民間主導のまちづくり」が必要であることを著者の事業経験から論じたもの。

第 10 章
都市の環境政策

— この章で学ぶこと —

　第4章でみた2015年公表の「持続可能な開発目標」(SDGs) は，環境政策課題が経済と社会を含む現代のグローバルな共通課題であることを示している。しかし都市の環境政策はなお全体の1つの課題と位置づけられる場合が多い。本章では，環境と社会と経済との調和としての持続可能性について，原理に立ち返って考察することで，都市の環境政策が政策全体の中核に位置づけられ，また当該都市の境を越えた生命圏単位で立案され，圏内のほかの自治体と協働して推進されるべきものであることを，名古屋市を事例として明らかにする。

1　都市の環境政策の位置づけの変化

　2015年の国連による「持続可能な開発目標」(SDGs，第4章参照) の公表によって，国際社会は「持続可能性」という課題を共有することになった。都市政策においても「持続可能性」が重要なキーワードとなっている。日本は2018年から内閣府が，SDGs 達成に優れた取り組みを行う自治体を「SDGs 未来都市」として選定することになり，名古屋市も2019年に選ばれた。そのため名古屋市は『名古屋市 SDGs 未来都市計画』を，同年の『名古屋市総合計画2023』と内容的に関係づけて策定した。この動向が意味するのは，都市の環境政策が，従来のように，大気や水質の保全，緑地面積の増加といった部分的な政策にとどまらず，SDGs の17目標すべてに関わるような持続可能な都市政策全体のなかで中核的な政策となることである。

　ところが，経済と社会と環境とを調和させ，「誰一人取り残さない持続可能なまち」を実現することは容易なことではなく，これまで SDGs 未来都市と

して認定された全国60自治体の計画も，それぞれ優良政策を含みながらも，試行錯誤的な試みに過ぎなかったといわざるをえない。とりわけ，持続可能な社会の前提となる資源の循環的利用および再生可能エネルギーへの転換を実現することは，個別自治体の権限と能力を超えるものだった。

　そこで本章では，都市の環境政策を，持続可能な都市を実現するための政策として展開するために，「持続可能性とは何か？」という原理論に立ち返って考察し，新たな環境政策の方向性を示す。

2　持続可能性の原理論

「持続可能な開発」概念の由来

　「持続可能な開発・発展」（sustainable development）という用語が国際的に定義されたのは，1987年の「国連 開発と環境に関する世界委員会」（ブルントラント委員会）の報告書『地球の未来を守るために Our Common Future』においてであった。それによると「持続可能な開発とは，将来の世代が自らの欲求を充足する能力を損なうことなく，今日の世代の欲求を満たすこと」（WCED 1989：28）と定義されている。この定義は，持続可能性が1つの倫理的要請であることを含意している。すなわち，われわれがすべての人間に自らの欲求を充足する平等な権利を認めるなら，その充足の前提となる自然の豊かさは，将来世代を含め，すべての人間のために保全されていなければならない。いい換えれば，自然の豊かさは人類の共有物であり，先進国の特定の人間や今日世代がそれを独占的に利用・消耗し，低開発国の人々や，将来世代の人々にとって利用不可能にすることは許されない，という要請である。倫理的要請としての持続可能性は，平等に与えられている人権から導き出されているが，この推論が成立するのは，自然の豊かさの有限性が承認されている場合のみである。もし自然の豊かさが「無限」であれば，ある世代の特定の人間が自然の豊かさをどれだけ個人的に消費しても問題は起こらない。「無限」の豊かさから「有限」の豊かさの消費量を差し引いても，「無限」の豊かさが残っているからで

ある。

　しかし，20世紀の人類が，無限の経済成長幻想を追い求めて資源を消耗し廃棄物を出し続けた結果，大気汚染，土壌汚染，海洋汚染をはじめ地球温暖化による海面上昇や異常気象，絶滅種や絶滅危惧種の増大といった事態を惹き起こした。いまや多くの人々が自然の豊かさの「有限性」を実感し，危機感を抱いている。レイチェル・カーソンの『沈黙の春』(1962) や D.H. ミドーズらの『成長の限界』(1972) が警告したことを，いまや実感として世界の人々が共有している。

　こうして，人権の平等という倫理的要請は，自然の豊かさの有限性という事実を人類が危機感を受け止めたことによって，「持続可能性」という倫理的要請となったのである。

自然資本の価値を隠蔽する労働価値説

　ところで，現在の私たちは，一方で，自然資源の枯渇や，大気汚染，気候変動による自然災害の激甚化を目の当たりにして，「自然の豊かさの有限性」を実感し，自然を共有物とだと再認識しはじめているのだが，他方で，日常的な生産と消費という経済活動のなかでは「自然が有限な共有物」であることを忘れてしまっている。この意識の分裂が，持続可能性という倫理的要請に対応してわれわれが十分な行動に立ち上がれない深い理由であろう。

　この意識の分裂の理由を，経済学の視点から説明したのがハーマン・デイリーである。彼はその理由を，「資本」を「人工資本」と「自然資本」に区分した上で，通常の経済的思考が「自然資本」の存在を無視していることに求めている。

　デイリーによれば（デイリー 2005：特に第3章），通常の経済学は以下のように考えている。すなわち，生産と消費からなる経済過程は労働価値という基準によって計量され，国の豊かさは国内で生産された商品価格総計（GDP）によって計られてきた。「生産」とは，原料となる物質に資本と労働によって有益な構造を付け加えることであり，産み出された有益な構造が「価値」と呼ば

れる。そして価値を付加された物質（＝生産物）の有益な構造を使用し，消滅させることが「消費」と呼ばれる。こう考える場合，価値とは資本と労働との関数となり，生産と消費からなる経済過程は，物質に付加した価値（有益な構造）を再び消滅させる過程となる。つまり，経済過程は生産によって物質に付け加えた価値を消費によって消滅させるだけであり，プラスマイナスゼロの閉じたシステムということになる。

　生産と消費の経済過程全体がプラスマイナスゼロの閉じたシステムだとすれば，生産や消費がどれだけ増大し，経済規模が拡大しても，両者が均衡してプラマイゼロとなるだけで，何の問題も起こらない。短期的な生産過剰や消費過剰が起こりうるとしても，いずれは均衡する。だとすれば，生産と消費の規模は原理的に無限に増大可能である。無限の経済成長が可能だという結論になる。

　このように通常の経済学が無限の経済成長を可能だと主張できるのは，製品（＝商品）の価値が，資本と労働の投入によって人間が創造した価値だと考えられる場合である。しかしデイリーはここに重大な欺瞞があると指摘する。

　たしかに，労働によって付加された製品の価値を人間が創造した価値だと考えることは妥当だろうし，それを投入した労働量に対応して計量することも理にかなっている。しかし「資本」の場合はどうか？　資本は，一般に原材料と機械などの生産設備から構成され，原材料の価値と生産設備の価値の合計と考えられる。生産設備とは，道具や機械そして工場施設等でありそれ自身が製品であるから，それらを生産するために使われた労働量を基礎とした価値で計ることは可能だろう。しかし，原材料の価値は人間が創り出したものか？　原材料とは，穀物，肉，魚，様々な鉱石，石炭，石油などだが，これらの価値は，通常の経済学では，これらを栽培ないし採集し，運搬して次の生産の原材料として準備する労働量によって計られている。資本を構成するすべては製品（＝商品）であり，その価値は労働量に基づくもの（＝人工資本）と考えられている。この考えはスミスやリカードの古典派経済学の労働価値説であるが，これがその後の通常の経済学にも引き継がれているとデイリーは考えている。こうして，

　　　　「資本の価値」＋「労働の価値」＝「製品の価値」

とは，

　「資本の価値（労働の価値A）」＋「労働の価値B」＝「製品の価値」

あるいは，

　　「人工資本の価値」＋「労働の価値」＝「製品の価値」

ということになる。

　労働価値説に従い，資本を人工資本としてのみ捉え，結果的に製品の価値をすべて労働の価値に還元している点に，通常の経済学の欺瞞があると，デイリーは批判する。彼によれば，生産物が物質としてもつ有益な構造（価値）は，労働が付け加えた価値だけではない。たしかに，原油を採掘し，タンカーで運び，精製してガソリンとして給油できる製品とするには多くの労働が付加されている。しかし原油を創ったのは人間労働ではない。漁師が釣った鰹がスーパーで刺身パックとして販売されるまでには多くの人間労働が付け加わっているが，鰹そのものを人間が創ったわけではない。人間が消費する生産物の有益な構造（価値）の多くの部分は，自然が恵みとして与えたもの，「自然資本」が創った価値なのである。

　これは自明なことである。しかし，生産物を商品として交換し，その際の交換価値の基準を投下労働量とする市場システムにおいて，人々は資本を人工資本とのみ捉え，自然資本が創る価値を無視してしまう。資本の重要な部分が自然の恵みであるという自明な事実を忘却しているところに，先に述べた意識の分裂が生じる。

自然資本からみた生産と消費

　そこでデイリーは，通常の経済学の労働価値説によって忘却させられている「自然資本の価値」を明らかにしようとする。そのために用いられるのが「エントロピー」概念である。経済学へのエントロピー概念の導入はニコラス・ジョージェスク゠レーゲンによって行われ，デイリーも彼に依拠している（ジョージェスク゠レーゲン　1993）。

　物理学のエントロピー概念を厳密に理解するのは難しいので，本章ではエン

トロピーを，さしあたり無秩序度を表現する概念と理解しておく。たとえば，熱湯が入ったコップに氷を入れて，しばらく放置すると，氷が溶けて全体がぬるま湯になる。このありふれた現象をエントロピー概念によって表現すると，熱湯と氷が分離されている秩序立った状態（低い無秩序状態＝低エントロピー状態）から，両者が混じって平均化したぬるま湯となった高い無秩序状態（高エントロピー状態）へと変化したということになる。ぬるま湯が自然に熱湯と氷に分離することはない。これがエントロピー増大の法則（熱力学の第2法則）である。当たり前の現象である。汚染水を，きれいな川や海に流すと川や海は汚くなる（汚染物質が拡散して無秩序状態が高まった）。木を燃やすと二酸化炭素が大気中に拡散して，大気の二酸化炭素濃度は上昇する。外部からの作用が加わらなければ，汚れた水がきれいな水になったり，大気中から二酸化炭素が分離して炭素の塊になったりすることはない。

　ところが，「自然には，そんなことは起こらない」というのは事実に反する。太陽光によって海水が熱せられ，水の分子だけが水蒸気として上昇し，雲となり，雨となって再び真水が降り注ぐ。また植物は，太陽光エネルギーを使って水と空気中の二酸化炭素から炭水化物を作り出す光合成を行い，大気中に分散している二酸化炭素を固定している。自然は，きれいな水を分離し，二酸化炭素を固定して，エントロピーを低下させている。デイリーは「価値」を物質の有益な構造と考えるが，低エントロピー状態の物質こそ有益な構造，つまり「価値」である。太陽光をエネルギー源として，大気圏の複雑な自然生態系の営み，すなわち「自然資本」が創り出す低エントロピー状態の物質が大量に存在し，その一部を人間は自然の恵みとして利用し，労働によってさらに価値を付加し（生産し），消費している。デイリーは次のように述べる。

　　〔生産や消費の結果，〕廃棄物となった物質・エネルギーは原料とは質的に異なっている。有機体の代謝とまったく同様に，低エントロピーの物質・エネルギーが入ってきて，高エントロピーの物質・エネルギーが出て行く。取り返しのつかないことだが，われわれは，〔人間労働という〕再整列によっ

て付加した価値だけでなく，もともと自然によって授けられた既存の整列も
使い尽くしている。同様に，さらに〔再び〕整列を行う強力な能力——これ
も自然が提供する——も使い尽くしている。

（デイリー　2005：95）

　外部からいかなる物質・エネルギーも入ってこない完全な閉鎖系では，エン
トロピーは増大するだけである。しかし，個々の生命体や地球生態系は，外部
から物質・エネルギーを取り込み，それを使って，内部の低エントロピー状態
を維持し，高エントロピー物質・エネルギーを外部に排出する開放系である。
同様に，人間社会の経済活動も，自然が与える低エントロピーの物質・エネル
ギーを資本（原材料）として利用し，低エントロピーの有益な物質（生産物）を
作り出し，同時に高エントロピーの物質を廃棄物として経済活動の外部に出し
ている。消費は人間身体の低エントロピー状態を維持することであり，生産は
生産物の低エントロピー状態を作り出すことだが，いずれも自然環境という外
部に高エントロピーの物質・エネルギーを廃棄している行為としては同じであ
る。

　このように考えると，生産と消費の過程は，生産した価値を消費によってな
くしてしまうプラマイゼロの過程ではなくなる。生産と消費という経済過程は，
あらゆる段階で高エントロピーの物質・エネルギーを廃棄物として産み出して
いて，生産量と消費量が増大すれば，つまり経済が成長すれば，経済過程が取
り入れる「自然の恵み」と，それが排出する「廃棄物」が増大し続ける。

成長の限界と自然資本の能力限界

　人間の経済過程とは，「自然の恵み」のインプットと「廃棄物」のアウト
プットの全体である。この全体を「スループット」と呼び，デイリーは彼の主
要命題を次のように表現している。

　経済過程が持続するための必要条件は，「経済のスループット（原料の投入

に始まり，次いで原料の財への転換がおこなわれ，最後に廃棄物という産出に終わる
フロー）が生態系の再生力と吸収力の範囲内に収まっていることだ。」

（デイリー　2005：37）。

　そしてこのスループットというフローを生み出しているのが自然資本（生態
系というストック）なのである。「自然資本とは，天然資源のフローを生み出
すストックのことだ」（同：115）。地球生態系（＝自然資本）が有限であり，し
たがってそれが産み出すスループット（＝自然の恵み）も有限なので，人間の
経済過程の規模には限界があり，無限の経済成長はありえない。

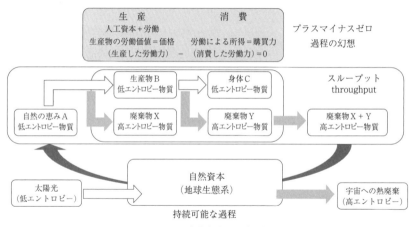

図10-1　自然資本と経済過程

出所：筆者作成。

　以上のことを図解したのが図10-1である。この図で「スループット」とは，
自然資本が産み出し，人間の経済過程が利用できる原料としての「自然の恵
み」と「廃棄物を処理するサービス」を合わせたものである。煩雑さを避ける
ために，「スループット」を「自然の恵み」と同義として使う場合も，それに
は「廃棄物を処理するサービス」も含まれる。これら2つは，自然資本の「再
生力と吸収力」（同：36）の結果であり，1つの流れ（フロー）として「スルー
プット」と呼ばれる。

3 持続可能な都市の条件：オーバーシュート率＝1

持続可能性とは，人間の経済活動を自然の豊かさの限界内に留めるという要請であったが，デイリーはこの限界を自然資本（ストック）が毎年産み出す自然の恵みのフロー（スループット）量であることを明らかにした。彼は，これを起点として新しい環境マクロ経済学を構築しようとしている（同：第3，6，7章参照）が，ここでは立ち入らない。本章では，デイリーの議論をふまえ，持続可能な都市の環境政策を構想するための指針を「エコロジカル・フットプリント」に求めることにする。

エコロジカル・フットプリント

「エコロジカル・フットプリント」（EF：ecological footprint，生態学から見た〔人間活動の〕足跡，以下，EF と略記）とは，人間の経済活動がその限界内に留まるべき自然資本の能力を定量化し，それを可視化する概念である。これを考案した M. ワケナゲルと W. リースの『エコロジカル・フットプリント』(2004) や WWF（世界自然保護基金）の EF 年次報告を参照しながら，EF について理解し，持続可能な都市の条件を明確にする。

まず，EF という考えの独創的な点は，自然資本の能力を土地面積に換算することにある。自然資本の能力（再生力と吸収力）とは，人間の経済活動の前提となる原材料を毎年持続的に再生して提供し，捨てられる廃棄物を吸収・浄化する能力であるが，これは実に多様である。エントロピー論は，自然の豊かさをエントロピーという単一の物理量に変換するものであり，原理論としては優れているが，現実的な計量手段としては非直感的で煩雑でもあり，利用困難と思われる。これに対して EF は，自然資本の能力を土地面積という直感的に理解可能な単一基準に換算する点で優れて実践的である。これは一種の比喩的思考である。

まず，自然資本を樽に満ちた水に喩えてみる。樽の水は，太陽光エネルギー

という追加の水の力を得て対流し，樽からあふれ出て側面を流れ落ちる。この流れ落ちる水が自然の恵みとしてすべての生命を維持している。この比喩において，樽の側面を流れる水量を計ることは困難だが，水が流れている樽の側面の面積を計ることはできると仮定しよう。すると，EF 論とは，樽の側面を流れる水量（つまり利用可能な自然資本のフローの量）を，樽の側面の面積に換算するという発想で成り立っている。この面積こそ，自然資本のうち人間に利用可能な自然の恵みであり，経済過程で利用可能なスループット量の面積換算量となる。EF 論では，自然資本を「バイオキャパシティ・生物生産力（収容力）」（BC）と呼び，それが産み出しうる利用可能なスループット量を面積に換算して「バイオキャパシティ面積」（BC 面積）と呼ぶ。この BC 面積の分だけ人間が利用している限り，人間は自然資本の限界内で持続可能に生きていることになる。他方，人間が生産と消費において実際に利用した自然資源と廃棄物の量は，統計資料に基づき計算可能である。この実際に人間が利用したスループットの量を樽の一定の面積（土地の面積）に対応づけた（換算した）ものが「エコロジカル・フットプリント面積」（EF 面積）である。

　そこで EF 論は，バイオキャパシティを面積に変換し，人間が消費した自然資源（スループット）量もまた面積に変換する手続きを，つまり BC 面積と EF 面積の計算手続きを次のように提案している。

ＢＣ面積の計算

　まず土地を，「①耕作地 Cropland，②牧草地 Grazing Land，③森林地 Forest，④漁場 Fishing Grounds，⑤建造物地 Built-up Area，⑥エネルギー地 Energy Land」の 6 種類に分類する。ある地域や国のバイオキャパシティ面積を求めるには，まず 6 種類の土地の各面積合計を調べる。しかし，これを単に合計しただけでは単純な空間面積合計に過ぎない。そこで，たとえば栄養価の高い穀物を産する耕作地面積には係数2.1を，栄養価の低い草を産む牧草地には係数0.5を掛けるといったように，「等価ファクター equivalence factor」を乗じて，バイオキャパシティという豊かさが反映されるようにする。

さらに世界の他の地域との生産性格差を考慮に入れるために，「収量ファクター yield factor」を乗じる。つまり

種類別バイオキャパシティ面積＝実面積×等価ファクター×収量ファクター

となる。

　この計算を 6 種類について合計すると，特定の地域や国の「バイオキャパシティ面積」が計算できることになる。この面積が物理的な空間面積とは異なる点には注意が必要である。係数の多くは 1 以上なので，バイオキャパシティ面積は通常，実面積よりも多くなる一種の仮想面積となる。この仮想面積は「グローバルヘクタール gha」という単位で表される。この計算の詳細は，前掲書（ワケナゲル他 2004：265-269）を参照されたい。

ＥＦ面積の計算

　次に，人間が毎年使用する自然資源（スループット）の量を面積に換算して EF 面積を出す方法を説明する。自然から得られる 1 次資源の量も，6 種類の土地に対応するように分類してそれぞれの合計量を出す。①〜④に関しては，特定地域で 1 年間に利用される穀物量，家畜の飼料となる牧草量，木材量，漁獲量を統計資料から計算し，それぞれの単位土地面積当たりの平均収量データを利用して土地面積に換算する。⑤建造物地には，住宅，工場，道路，その他社会インフラ施設の占有面積をそのまま利用する。⑥の「エネルギー地」に対応するのは，当該地域でのエネルギー消費量が必要とする面積となるが，この対応づけが一番問題である。人間が利用するエネルギー量を土地面積に換算することができるのか。いろいろな議論の末に，エネルギー利用の際に化石燃料などを燃焼させて出る二酸化炭素を光合成によって固定するために必要な森林や泥炭地や海洋の面積が変換面積と決められた。この変換率は，地球平均の一定の比率とされている。これらを合計したものが EF 面積（gha）となる。

ＥＦを計算することの意義

以上が BC 面積と EF 面積の計算手続きの概要である。たしかにこの計算手続きは厳密なものではない。数値は概算であり，変換係数も推測値以上のものではない。しかし EF 論の目的は，厳密な計量や換算ではなく，人間の経済過程（生産と消費）が自然資本の能力限界を超えているか否かを可視化し，それによって人々を行動に促すことである。政策決定には重要である。

ところで，たとえ概算であるとしても，統計資料を調べ上げて実際に計算することは，個人にとってかなりの難事業である。しかし「グローバル・フットプリント・ネットワーク Global Footprint Network」（以下，「GF ネットワーク」と略記）という WWF（世界自然保護基金）と協力している団体がすでに計算している（参照：http://data.footprintnetwork.org）。

それによると，2014年時点のデータとしては，人類全体の EF 面積（gha）は地球1.7個分に相当している。つまり地球生態系（自然資本）のバイオキャパシティの1.7倍もの自然の恵みを消費しており，オーバーシュート（過剰消費）状態になっている。自然資本のバイオキャパシティが毎年産み出した利子分としての自然の恵みを超えて自然資源を利用しているということは，元金（ストック）としての自然資本を食いつぶし，生態系を破壊していることを意味する。自然資本を樽に満ちた水に喩えた比喩を続ければ，人間は樽からあふれ出る水だけでなく，樽のなかの水までくみ出して使い果たしている。オーバーシュート状態はすでに1970年から始まっていると計算されているので，自然資本そのものが減少しており，持続不可能状態になっている。

この GF ネットワークは国別のデータも公表しており，しかも１人当たりの EF 面積も示されている。世界全体，日本，アメリカ，ドイツに関して簡潔にまとめたものが表10-1である。

ここでオーバーシュート率（EF/BC）として示したのは，当該地域の人間がその時点での生活を維持するのに使う EF 面積（gha）が，利用可能な自然資本量を表す BC 面積（gha）の何倍になるかを表すためである。EF を計算するとは，それによってオーバーシュート率を引き出し，人間の経済活動がいかに

表 10 - 1　各国のオーバーシュート率

	世界全体		日　本		アメリカ		ドイツ	
実際の土地面積(ha)	510億		0.37億		9億6000万		0.35億	
年	1961	2014	1961	2014	1961	2014	1961	2014
Biocapacity(gha)	96億	122億	0.9億	0.7億	9.4億	11.5億	1億	1.4億
Ecological Footprint(gha)	70億	206億	2.8億	6億	15億	26.7億	3億	4億
EF gha per person(gha)	2.29	2.94	3.01	4.74	8.05	8.37	4.27	5.05
オーバーシュート率(EF/BC)	0.73	1.69	0.96	2.82	2.58	4.97	1.37	3

出所：Global Footprint Network（https://api.footprintnetwork.org/v1/data/5001/all/BCpc,EFCpc）の
データから筆者作成。

自然資本を浪費して持続不可能な状態になっているかを比率によって分かりや
すくすることである。なお，実際の土地面積（ha）と BC 面積（gha）とは単純
な比例関係にはないので注意が必要である。とにかく2014年には，人類全体が
約1.7個分の地球を消費している時に，日本人は国土の2.8倍の面積相当の自然
資源量を消費しているという危機的状況にあることが示されている（日本やド
イツに比べ，アメリカはもっとひどい状況だが）。

4　ＥＦ論に基づく名古屋市の都市環境政策

「人類は自然の恵みを過剰消費している」というのと，「人類は1.7個分の地
球を消費している」というのでは，人々の行動決定に与えるインパクトがまる
で違う。「最近無駄遣いが多い」というのと，「貯金が100万円あるが，借金が
170万円もある」との違い以上であろう。エコロジカル・フットプリント
（EF）のインパクトは都市政策にとっては決定的なものであり，少なくともそ
うであるべきだ。

ワケナゲルも，前掲書で（ワケナゲルほか 2004：34以下），EF の説明を始め
るのに「都市」についてこう問うている。人口の集中する都市は経済や文明の
繁栄の象徴であるが，その繁栄はそれが占める土地だけで存続しているのか？
たとえば，ガラスの半球体カプセルで都市を覆ってしまえば，2・3日の内に

住民は飢え，窒息するに違いない。都市が建設されている土地だけで都市が存続できなことは明白だが，問題は「この都市に住む人々の日々のさまざまな社会・経済活動を維持するために，生態系の面積がどれだけ必要か」（同：37）ということである。

　この問いから引き出される結論は，「持続可能な都市として存続するためには，そのエコロジカル・フットプリントに相当する面積の土地を必要とする」というものである。以下では，名古屋市の場合で考えてみよう。

名古屋市のオーバーシュート率

　表10-1で示したGFネットワークの2014年データによれば，日本人1人当たりのEFは4.74 gha（グローバル・ヘクタール）である。名古屋市の人口を約230万人とすると，面積1,090万 gha が EF 面積となる。ところで名古屋市域の BC 面積を知る必要があるが，ここでは簡略化のため（乱暴ではあるが），日本全体の実面積と BC 面積との換算率を使用することにする。日本の実際の国土面積0.37億 ha が2014年では BC 面積0.70億 gha へと換算されている。この変換率を用いると，名古屋市の実際の市域面積326 km^2 は，BC 面積6.17万 gha（326 km^2 × (0.7/0.37) = 617 km^2）となる。オーバーシュート率（EF/BC）は176倍である。大都市名古屋のオーバーシュート率はすさまじい。愛知・岐阜・三重の3県の土地面積の合計でもやっと2万 km^2 で，BC 面積へ変換しても378万 gha（2万 km^2 × (0.7/0.37) = 3.78万 km^2）に過ぎない。名古屋の市域面積を中部3県の面積合計に広げたとしても，オーバーシュート率は2.8倍（1,090万gha ÷ 378万gha）で，1には程遠い。しかもこの想定は，名古屋市民を除いた3県の住民を除外している。

名古屋市の環境政策のあるべき基本方針

　そこで名古屋市が，持続可能な都市という目標を放棄しないのであれば，その環境政策の基本方針として次の2つの方針を採用しなければならない。

　方針1：都市とそれを支える自然資本を共生圏として明確化する。

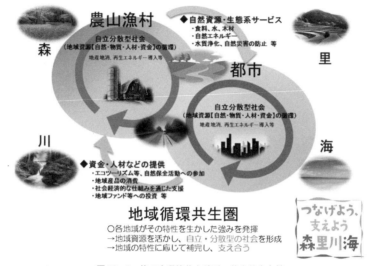

図 10 - 2　第 5 次環境基本計画の基本的方向性

出所：環境省「第 5 次環境基本計画の概要（2018 年 4 月）」（https://www.env.go.jp/press/files/jp/108981.pdf）。

　都市は，それを取り巻く地域の自然資本に依存しており，それを保全するべきであり，そうすることによって都市を維持させるためのスループットを持続的に確保できるという共生関係にある。

　この方針が最も基本的であり，周辺の自然環境の保護に対する都市住民の責任の根拠となる。実は，このような方針をすでに日本政府も提案している。

　2018 年 4 月に閣議決定された第 5 次環境基本計画（2018-2022）の中心理念は「地域循環共生圏」というものである（図 10 - 2）。「つなげよう，支えよう，森里川海」を標語とするこの「地域循環共生圏」構想は，単に都市域内部の環境活動の推進ではなく，山林から漁場までの地域の自然資本全体のなかに都市生活を位置づけ，自然資本による資源・生態系サービスに対する都市の責務として自然環境の維持活動を求めている。

　方針 2：地域循環共生圏での資源効率性を高め，自然資本を増強する。

　さて，方針 1 に従い，都市が属する地域循環共生圏を明確化し，その全自治体・市民と協働してオーバーシュート率（EF/BC）＝ 1 を目指す自然資本利用

の効率化策を具体的に実施すること，これが第2の環境政策の方針となる。

名古屋市の場合，その地域循環共生圏は中部3県域とほぼ重なる伊勢・三河湾流域圏全体となろう（これに関してはコラム⑩「中部 ESD 拠点の『流域圏 ESD モデル』」を参照）。それゆえ名古屋市の環境政策の目標は，流域圏全体において EF/BC = 1 を目指すこととなる。計算を簡単にするために，この流域圏の面積が愛知・岐阜・三重の面積合計と同じ，つまり2万km^{2}だとしておく。この BC 面積換算値は378万 gha である。人口も3県の人口合計，約1,116万人とする。この人口の EF 面積は，1,116万人×4.74gha／1人と計算して，約5,290万 gha となる。すると現状では EF/BC = 5,290万gha／378万gha = 14であるものを，流域圏の全自治体との協働によって EF/BC = 1 にすることが，名古屋市の環境政策の目標枠組みとなる。名古屋市域内の EF 面積を低下させる努力だけでなく，豊田市，四日市市，岐阜市，岡崎市など，流域圏の他の中小都市と連携して環境政策を立案し，実施すべきだということになる。

流域圏 EF/BC = 1 を達成するための効率性戦略

名古屋市の環境政策の基本方針が，①流域圏全体を自らの課題と位置づけ，②流域圏の EF/BC = 1 達成を目指す，というものだとすれば，それはどのような方法によって可能なのか。

14倍のオーバーシュートを1にするのは困難ではあるが，決して不可能ではない。すでに解決策の方向性は示され，具体的な提案が多く出されている。それは一般に効率性戦略と呼ばれるもので，自然資源を利用する効率性を上げることで，人間が受け取れる1人当たりのサービスや幸福を維持したままで，大幅に自然資源消費量を減少させるというものである。

効率性戦略の原理をすでにハーマン・デイリーが示していた。資源消費量に比例する「成長 growth」ではなく，資源利用の効率性を高めることによって人間的な豊かさの享受・幸福・福祉を増加させる「発展・開発 development」が可能であると彼は強調していた。このことをデイリーは1つの等式によって表現している（デイリー 2005：100）。

$$\frac{サービス}{スループット} = \frac{サービス}{ストック} \times \frac{ストック}{スループット}$$

　人間の幸福は消費やその他のサービスの量に依存し，このサービスはわれわれが利用する自然資源（自然の恵み＝スループット≒EF）に依存するが，この比率は固定的ではない。等式の右側の2つの分数の項は消費される商品・サービス財の生産効率（消費財生産効率）と自然資源から生産財（ストック）（先に「人工資本」と呼んだもの）を生産するための生産効率（生産財生産効率）のことである。サービス＝福祉量，スループット＝自然資源量と読み替えて，自然資源量を右辺に移し，等式を書き直すと次のようになる。

福祉量＝消費財生産効率×生産財生産効率×自然資源量

　2つの効率性を高めることによって，利用する自然資源量を減少させても，福祉量は減少せず，増加させることすら可能である。本章では，さらにもう1つ別の効率性，「充足効率」と呼びうるものを付け加えたい。

　たとえば，自動車の普及は個人の移動の自由を拡大し，生活の福祉量を増大させてきたが，移動の自由という福祉量は必ずしも自動車という消費財の個人所有を条件とするわけではない。都市での公共交通機関の充実やさらにはカーシェアリングやレンタルで買い物や行楽に行くことが，IT 技術の発達によって，より低コストかつ簡単になり，それを望む人々が増加している。このような「所有からシェアへ」の生活・消費スタイルへの転換は，消費財の社会的な総量が減少しても，人々の福祉量が維持ないし増大する可能性を示している。消費財の単位量に対する福祉量の比率を，ここでは充足効率と呼ぶことにする。すると効率性戦略の等式は次のようになる。

福祉量＝充足効率×消費財生産効率×生産財生産効率×自然資源量

流域圏のオーバーシュート率（EF/BC）を現在の14倍から１倍に減少させるという一見不可能な課題も，この効率性戦略の等式を参照すれば，それほど困難ではないことがわかる。たとえば，充足効率を２倍，消費財生産効率を３倍，生産財生産効率を３倍にすれば，全体で18倍の効率性で自然資源を利用することになり，18分の１の自然資源量で現在と同じ福祉量が得られることになる。名古屋市を含む中部流域圏の EF/BC は１倍以下になりうるということである。

　自然資源利用の効率性を18倍も高めるなど希望的観測にすぎないと考えられるかもしれないが，生産効率性を高める研究はすでに1990年代半ばから盛んに行われてきた。ドイツのブッパータール研究所やアメリカのロッキーマウンテン研究所の研究者たちの成果がよく知られている。ブッパータール研究所の書籍タイトルには「ファクター10」「エコ効率革命」「ファクター４」「ファクター５」という言葉が使われ，資源・エネルギー効率倍数「ファクター」という用語が世界に広がった。ロッキーマウンテン研究所のホーケンやロビンスの『自然資本の経済』は，自然資本の利用効率性を高める技術革新が経済の在り方を変える様々な動向を紹介している。

　「持続可能性」というスローガンは，SDGs の流布によって，誰もが安易に使う言葉になっている。そのため，SDGs 文書のなかでも使用されている，誤解を招きやすい「持続可能な経済成長」という言葉が，従来の自然資源浪費型の経済成長モデルにとらわれたまま，語られることがある。だからこそ，本章が示したように，持続可能性の原理論に立ち返り，都市の環境政策を，１つの都市だけでは実現できないオーバーシュート率1を，広域生命圏のほかの自治体との協働政策として立案し，地域循環共生圏での自然資本利用効率を高める具体策を，行政，企業，NPO，市民が考え出し，実施するものとしなければならない。

参考文献

井上恭介『里海資本論——日本社会は「共生の原理」で動く』KADOKAWA，2015年。

シュミット＝ブレーク，フリードリヒ（佐々木建訳）『ファクター10　エコ効率革命を実現する』シュプリンガー・フェアラーク東京，1997年。

ジョージェスク＝レーゲン，ニコラス（高橋正立他訳）『エントロピー法則と経済過程』みすず書房，1993年。

デイリー，ハーマン・E.（新田功・蔵本忍・蔵森正之訳）『持続可能な発展の経済学』みすず書房，2005年。

名古屋市『名古屋市総合計画2023——世界に冠たる「NAGOYA」へ』2019年（http://www.city.nagoya.jp/somu/page/0000121814.html）。

————『名古屋市 SDGs 未来都市計画』2019年（http://www.city.nagoya.jp/somu/page/0000119688.html）。

ホーケン，ポール／ロビンス，エイモリ B.／ロビンス，L. ハンター（佐和隆光監訳・小幡すぎ子訳）『自然資本の経済——「成長の限界」を突破する新産業革命』日本経済出版社，2001年。

藻谷浩介／NHK 広島取材班『里山資本主義——日本経済は「安心の原理」で動く』KADOKAWA，2013年。

ロビンス，エイモリー B.／ロッキーマウンテン研究所（山藤泰訳）『新しい火の創造－エネルギーの不安から世界を解放するビジネスの力』ダイヤモンド社，2012年。

ワイツゼッカー，エルンスト／ハーグローブス，カールソン／スミス，マイケル／デーシャ，シェリル／スタシノポウロス，ピーター（林良嗣監修・吉村晧一代表訳）『ファクター 5：エネルギー効率の 5 倍向上をめざすイノベーションと経済的方策（ローマクラブ・レポート）』明石書店，2014年。

ワイツゼッカー，エルンスト／ロビンス，エイモリー／ロビンス，ハンター（佐々木健訳）『ファクター 4　豊かさを 2 倍に，資源消費を半分に』省エネルギーセンター，1998年。

ワケナゲル，マティース／リース，ウィリアム（池田真里訳・和田喜彦監訳）『エコロジカル・フットプリント——地球環境持続のための実践プランニング・ツール』合同出版，2004年。

Global Footprint Network　https://www.footprintnetwork.org/

UN（United Nations）「我々の世界を変革する：持続可能な開発のための 2030 アジェンダ」2015 年（英語：https://sustainabledevelopment.un.org/post2015/transforming ourworld/publication，外務省訳：https://www.mofa.go.jp/mofaj/files/000101402.pdf）。

WCED（World Commission on Environment and Development 環境と開発に関する世界委員会）（大来佐武郎監修／環境庁国際環境問題研究会訳）『地球の未来を守るために』福武書店，1989年。

WWF（世界自然保護基金）「生きている地球レポート」（https://www.worldwildlife.org/）が隔年で公表されている。

WWF ジャパン　https://www.wwf.or.jp/

推薦図書

デイリー，ハーマン・E.（新田功・蔵本忍・蔵森正之訳）『持続可能な発展の経済学』みすず書房，2005年。

＊持続可能性を理論的に明確にした今や古典的な名著。「（経済）成長」と「発展」との区別の重要性を指摘しており，SDGs のなかでも「持続可能な経済成長」という混乱した用語使用が見られるなか，あらためて読むべき本である。

リフキン，ジェレミー（柴田裕之訳）『第三次産業革命』インターシフト，2012年。

＊特に「持続可能性」を前面に出しているわけではないが，インターネットと再生可能エネルギーへの転換が結合しつつある現代において，従来の資本主義が根本的に変化し，持続可能な資本主義が出現する可能性を示している。

── コラム⑩　中部 ESD 拠点の「流域圏 ESD モデル」──

　「中部 ESD 拠点 RCE Chubu」とは，「持続可能な開発のための教育の10年」（DESD，2005〜2014年）を推進するための世界的ネットワークに属する中部地方の地域拠点である。RCE とは「持続可能な開発のための教育に関する地域の拠点（Regional Centre of Expertise on ESD）の略称である。中部 ESD 拠点は2007年に国連大学の認定を受けて以来，伊勢湾と三河湾に注ぎ込む河川の流域全体を「伊勢・三河湾流域圏」と呼び，これを活動対象地域として（愛知・岐阜・三重の３県とほぼ一致），持続可能な開発・発展を担う人材を育成するためのネットワークづくりを行なっている（参照，http://chubu-esd.net/）。

出所：中部 ESD 拠点の HP の資料から筆者作成。

　特に，「ESD の10年」の最終年会議として，2014年11月に名古屋市で開催された「ESD ユネスコ世界会議あいち・なごや2014年」の１つのセッションにおいて，中部 ESD 拠点は「流域圏 ESD モデル」を発表した。このモデルは，「生命地域（Bioregion）としての流域圏」という概念を強調し，県や市区町村の行政単位の垣根を越えて各自治体や企業や市民団体が協働し，「伊勢・三河湾流域圏」という生命地域の自然資本を保全しつつ活用する持続可能な流域圏を形成することを目標としている。その際，この流域圏で蓄積されてきた伝統知に注目し，この伝統知を受け継いだ中部の企業の「ものづくり」が，自然資本の効率的活用を新たな次元で促進し，オーバーシュート問題を克服する産業・社会構造への転換を展望している。大都市や工業生産拠点を含む流域圏での持続可能な社会を展望する「流域圏 ESD モデル」が世界各地の生命地域へと広がり，各地の自然資本の特殊性に適合した形で実践されることによってはじめて，持続可能なグローバル社会が生まれることになろう。

第11章
女性に対する育児と就業の両立支援

── この章で学ぶこと ──

　本章では，女性に対する就業支援，特に，子育てをしている女性に対する育児と就業の両立支援を取り上げる。両立支援は多岐に渡るが，なかでも育児休業制度と保育サービスについて現状と課題を概観する。加えて，これらの施策に子育て中の女性の就業を促進する効果が実際にあるのかについて，計量経済学を用いた分析をおこない政策効果を検証する。

　本章では，女性に対する就業支援，特に，子育てをしている女性に対する育児と就業の両立支援に焦点を当て，これらの政策の意義を検討する。現行の政府においては，一億総活躍社会の実現という目標のもと，女性の就業支援に力を入れている。この背景として，少子化の進展による将来の労働力不足が予測されるなか，期待される労働力として女性の労働に注目が集まっているということがある。

　また，少子化そのものの背景として，女性が出産・育児の際に就業を継続するのが難しいという社会状況があり，育児と就業の両立を可能にすることにより，出生率を上昇させ，同時に，女性の労働力率も上昇させたいという意図がある。近年，女性の教育の機会が増え，それとともに，女性の就業機会も増加している。特に男女雇用機会均等法が施行された1986年以降，女性の社会進出はいまだ課題は多いものの大きな進展をみせている。男女雇用機会均等法以前と比較すれば，女性もより幅広い職業を選択することが可能となり，より高い賃金を得る機会も増えている。この結果，子育てをするために離職をした場合に喪失する賃金が高く，すなわち，離職の機会費用が高くなるということが起きている。

　仮に子育てをしながら就業することが実現しやすい社会であるならば，子ど

もを選ぶか仕事を選ぶかという選択に直面しなくてもよいが，実現が難しい社会では育児か仕事を選択することになる。この結果，子どもをもたない，あるいは，希望よりも少ない子ども数を選択するということになり，これが少子化につながっている。したがって，子育て中に離職をしなくてもよい支援，すなわち，子育てと就業の両立支援が有効に機能していれば，少子化と労働力不足の両方を解消することが可能となる。

　育児と就業を両立するための支援は多岐にわたり，すべてを取り上げることは難しい。そのなかでも，本章では中核的な支援である，育児休業制度と保育サービスについて取り上げ，これらの支援の概要と課題をまとめるとともに，これらの充実が実際に子育て中の女性の就業を促進する効果があるのかを検証する。

1　育児休業の現状と課題

産前産後休業の概要

　本節では子育てをしている女性に対する育児と就業の両立支援のうち，育児休業制度について概観する。まず，育児休業制度は子どもが生まれた後からスタートする支援で，子どもが生まれる直前と直後の支援として産前産後休業がある。女性の場合，育児休業は産前産後休業が終了してから開始される。産前産後休業はいわゆる産休といわれるもので，労働基準法における母性保護規定の１つである（第65条第１項，第２項）。産前は当該労働者が請求した場合に就業させてはならない期間で，労働者は請求すれば出産予定日の６週間前（多胎妊娠の場合は14週間前）から取得できる。産後については出産の翌日から８週間は就業することができない。８週間のうち最初の６週間は強制的な休業期間であるが，６週間を過ぎた後は当該労働者が請求し，医師が仕事に復帰することに支障がないと認めた場合は就業することができる。事業主は，産前産後休業期間中とその後の30日間は当該労働者を解雇してはならないという解雇制限がある。解雇制限については，男女雇用機会均等法においても，「事業主は，そ

の雇用する女性労働者が妊娠したこと，出産したこと，労働基準法（昭和22年法律第49号）第65条第１項の規定による休業を請求し，又は同項若しくは同条第２項の規定による休業をしたことその他の妊娠又は出産に関する事由であつて厚生労働省令で定めるものを理由として，当該女性労働者に対して解雇その他不利益な取扱いをしてはならない」（男女雇用機会均等法第９条第３項）との定めがある。

　産前産後休業中の所得保障については，労働基準法には休業中の賃金支払いを義務づけておらず，雇用先の就業規則などによるため，企業によって異なる。所得保障については健康保険の被保険者で要件を満たす場合は，健康保険から出産手当金が支払われる。出産手当金の支給額は原則休業１日につき標準報酬日額の３分の２が支払われる。国民健康保険では任意給付となっている。また，休業中に給料が３分の２以上支払われている場合は，支給されない。出産手当金は出産日以前42日（多胎妊娠の場合は，98日）から出産日後56日までの範囲で１日あたり標準報酬日額の３分の２相当となっている。また，出産一時金という制度があり，公的な医療保険の被保険者が出産した場合，医療保険から42万円が支給される。医療保険の被扶養者が出産した場合は，家族出産育児一時金として出産育児一時金と同じ額が支給される。

　社会保険料については，2014年４月から健康保険と厚生年金保険の保険料が，被保険者分及び事業主分の両方とも免除されている。2019年４月からは国民年金の第１号被保険者についても出産予定日又は出産日が属する月の前月から４カ月間（多胎妊娠の場合は，出産予定日又は出産日が属する月の３カ月前から６カ月間）の国民年金保険料が免除される。

育児休業制度の概要

　育児休業は産前産後休業終了後から子どもが１歳（場合によって，１歳６カ月から２歳）まで子どもを育てている労働者が取得できる休業である。表11－1は育児・介護休業法の変遷をまとめたものである。育児休業は1992年に育児休業法が施行され，常用雇用者が30人を超える事業所において子どもが１歳にな

表 11-1　育児・介護休業法の変遷

1992年	育児休業法施行（30人以下事業所適用外）
	子が1歳未満（所定労働時間の短縮）
1995年	改正育児休業法施行（全事業所適用）
	社会保険料の労働者負担分免除
	育児休業給付休業前賃金の25%（育児休業基本給付金20%＋職場復帰給付金5%）
1999年	育児・介護休業法施行
	深夜業の制限（小学校の入学まで）
2000年	厚生年金保険料の事業主負担分免除
2001年	健康保険料の事業主負担分免除
	育児休業給付休業前賃金の40%（育児休業基本給付金30%＋職場復帰給付金10%）
2002年	改正育児・介護休業法施行
	子が3歳未満（所定労働時間の短縮）選択的措置義務
	努力義務年5日（小学校就学前の看護休暇）
	時間外労働時間の制限（小学校の入学まで）
2005年	期間雇用者に適用
	保育所に入れない場合は1歳6カ月まで
2007年	10月から育児休業給付休業前賃金の50%（育児休業基本給付金30%＋職場復帰給付金20%）
2010年	育児休業給付休業前賃金の50%（全額休業中）
	パパママ育休プラス（父母ともに休業する場合は1年2カ月）
	子が3歳未満（所定労働時間の短縮）単独措置義務
	子が3歳未満（所定労働時間の制限）
2014年	育児休業給付休業前賃金67%（180日目まで67%，181日目から50%）

出所：坂本・森田（2018：18）。

るまで休業できる制度として始まった。1995年の育児休業法の改正で事業所規模による適用除外が撤廃され，すべての事業所で育児休業が義務化されるようになった。1999年から介護休業も含む育児・介護休業法となり，介護を理由とした休業も認められるようになった。

　育児休業の休業期間は，当初は子どもが1歳になるまでであった。2005年から，認可保育所の待機児童問題が社会問題となっていたことを背景に，保育所入所できないなどの理由がある場合，子どもが1歳6カ月まで休業期間を延長できることとなった。また，2010年からは男性労働者の育児休業取得を促進するため，母親と父親の両方が育児休業を取得する場合は休業期間を1年2カ月まで延長することが可能となった（パパ・ママ育休制度）。さらに，2017年10月から1歳6カ月以後も保育所に入れないなどの場合には，育児休業期間を最長

２歳まで再延長できることとなった。

　育児・介護休業法には子どもが１歳になるまでの休業のほかに，短時間勤務制度，子の看護休暇制度，法定時間外労働の制限，深夜業の制限といった復帰後の子育てと就業の両立を支援するための制度も盛り込まれている。短時間勤務制度は３歳までの子を養育する労働者について，短時間勤務制度（１日６時間）を設けることを事業主の義務とするものである。子の看護休暇制度は小学校就学前までの子を養育する労働者は，小学校就学前までの子が１人であれば年に５日まで，２人以上であれば年に10日まで，１日単位で休暇を取得でき病気やけがをした子の看護を行うためや，子に予防接種または健康診断を受けさせるために利用できる制度である。

　法定時間外労働の制限は，小学校就学前までの子を養育する従業員が申し出た場合には，事業主は１カ月24時間，１年150時間を超える時間外労働をさせてはいけないとするもの，深夜業の制限は小学校就学前までの子を養育する従業員が申し出た場合には，事業主が，その従業員を深夜（午後10時から午前５時まで）において労働させてはならないとするものである。

　また，就業場所の変更によって子育てが困難になる従業員がいるときは当該従業員の子育ての状況に配慮しなければならないとする転勤に対する配慮や，育児休業の制度の申出や取得を理由として，解雇などの不利益な取扱いをしてはいけないといった不利益取扱いの禁止も定めている。

　その他に，育児・介護休業法は事業主の努力義務として，小学校就学前までの子を養育する従業員について，①フレックスタイム制度，②時差出勤の制度，③事業所内保育施設の設置・運営その他これに準ずる便宜の供与，のいずれかの措置を講ずるよう努めなければならないとしている。育児休業制度などの個別周知，育児目的休暇制度も努力義務とされている。

休業中の所得保障

　休業中の所得保障については，育児・介護休業法は賃金の支払いを義務づけておらず，企業ごとに定めている就業規則などによる。その代わり，雇用保険

から給付金が支給される。これは1995年４月から育児休業給付金として支給が開始された。給付金は当初，育児休業取得前の賃金の20％が育児休業基本給付金として育児休業中に，５％が育児休業者職場復帰給付金として職場復帰後に給付されるという形をとっていた。2001年１月からは育児休業給付の給付額が引き上げられ，基本給付金は休業前賃金の30％に職場復帰給付金は10％になった。2007年10月から基本給付金が30％，職場復帰給付金が20％に増額された。

　2010年４月から職場復帰給付金が廃止され，育児休業給付金50％が育児休業期間中に全額支給されることとなった。2010年６月からはパパ・ママ育休制度の創設に伴い，同一の子について配偶者が休業をする場合については，子が「１歳２カ月」に達する日まで最長１年間支給されることとなった。2014年４月から給付水準が引き上げられ，育児休業を開始してから180日目までは，休業開始前の賃金の67％となった。2017年10月からは保育所が見つからないなどの事情があって育児休業を継続する場合，育児休業給付金の支給期間が２歳まで延長されることとなった。

　社会保険料の負担については，1995年から育児休業中の月収に対する厚生年金保険料と健康保険料の労働者負担分が免除となった。2000年からは社会保険料の事業主負担も免除となっている。2000年４月から賞与に対する厚生年金保険料の労働者負担分と月収と賞与に対する厚生年金保険料の事業主負担が免除に，2001年１月から賞与に対する健康保険料の労働者負担分と月収と賞与に対する健康保険料の事業主負担分が免除となった。

育児休業制度の課題

　このように法施行後，何回かの改定を経て発展してきた育児休業制度であるが，いくつかの課題がある。まず，第１に取得率の問題である。図11‐1は女性と男性の育児休業取得率の推移である。女性については近年取得率が上昇し，「平成29年度雇用均等基本調査」（厚生労働省）では83.2％である。しかし，育児休業取得率は分母が出産した女性となっており，出産前に企業を退職した女性は含まれない。育児休業取得率は出産時点で就業を続けることを選択した女

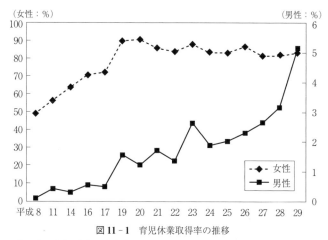

（女性：%）　　　　　　　　　　　　　　　　　　　　　　　　（男性：%）

図 11-1　育児休業取得率の推移

注：1）　平成23年度の［ ］内の割合は，岩手県，宮城県および福島県を除く全
　　　　国の結果。
　　2）　育児休業取得率＝出産者のうち，調査時点までに育児休業を開始した
　　　　者（開始予定の申出をしている者を含む）の数／調査前年度1年間（※）
　　　　の出産者（男性の場合は配偶者が出産した者）の数
　　3）　平成23年度以降調査においては，調査前々年10月1日から翌年9月30
　　　　日までの1年間。
出所：厚生労働省『「平成29年度雇用均等基本調査」の結果概要』（https://
　　　www.mhlw.go.jp/toukei/list/dl/71-29r/07.pdf 2019年11月28日閲覧）を参照
　　　して筆者作成。

性のうち，育児休業を取得した女性の割合である。育児休業取得率の上昇が出
産時の継続就業率の上昇と一致しているわけではない。

　一方，男性については取得率（配偶者が出産した者のうち育児休業を取得した者
の割合）が平成29年度同調査で5.14％となっており，女性と比較して取得率の
低さが顕著である。パパ・ママ育休制度の導入などにより，男性の育児休業取
得が推奨されているが，女性の取得率との差はいまだ大きい。また，男性の場
合，育児休業を取得したとしても取得期間が短い。「平成27年度雇用均等基本
調査」（厚生労働省）によれば，男性の最も多い取得期間は「5日未満」の
56.9％であり，1カ月未満が8割を占める。

　男性の場合，配偶者の出産に際して，育児休業ではなく，年次有給休暇や配
偶者出産休暇を取得することが多い。平成28年度同調査によれば男性の育児休

業取得率は3.16％であるが，育児休業以外の育児参加のための休暇制度の規定がある事業所において，育児参加のための休暇制度を利用した者の割合は35.9％である。

　男性が育児休業を取得しにくい背景としては，職場での理解が進まず，取得したいという意志があったとしても実際には取りにくいというものがあるだろう。これについては，管理職に対する研修などを通じて職場の意識を変えていくなどの取り組みが必要である。そのほか，休業中の所得保障が低いという問題がある。家計の多くは男性の所得の比重が高い場合が多く，育児休業取得により世帯の所得が低下することが起きる。男性の育児就業取得を促進するためには，育児休業給付金の水準を再検討していく必要があるだろう。

　また，失業給付との整合性の問題もある。出産時に退職するか継続するかを選択する場合に，雇用保険の被保険者であるなら，退職した場合は失業給付を受け，育児休業を取得した場合は育児休業給付金を受けることになる。仮に育児休業給付金の水準の方が高いと，退職する予定の者も育児休業を取得して，給付金を受けてから，育児休業期間が終了した時点で退職をするという行動を選択する可能性がある。この場合，企業にとっては育児休業取得者のうち，本当に就業を継続したい者と退職を予定している者を選別することが難しくなり，従業員の雇用管理が難しくなる。このため，企業は出産時における女性の就業継続を敬遠するようになることも予想され，育児休業を取得して，就業を継続したいと考えている者が育児休業を取得することが難しくなることにも繋がる。

　ただし，育児休業給付金を検討する際に留意するべきことがある。それは，育児休業取得者の特徴に，高学歴・高収入の女性に偏りがあると言われていることである。相馬（2004）や阿部（2005）が指摘するように，育児休業制度の利用者には稼得能力が高い女性が多い。一方，所得の高い夫の妻の所得も高いといった高所得者どうしのマッチング（Assortative Matching）が存在する場合，育児休業給付金の増額は高所得層への支援を一層手厚くするということになる。実際に，「平成29年度雇用均等基本調査」（厚生労働省）によれば，育児休業制度の規定あり事業所割合は事業所規模が大きいほど高い。ただし，坂本・森田

（2019）では夫の所得が低い女性ほど育児休業を取得するという傾向も指摘されており，低所得層に対する支援となる可能性もある。

2　保育サービス

保育施設の種類

　産前産後休業と育児休業は出産前後の両立支援であるが，母親が職場に復帰した後の最も大きな公的支援は，保育サービスだろう。なぜなら，就業中に子どもの保育をしてくれるものがなければ職場に復帰することができないからである。保育サービスが提供される枠組みを2015年4月に施行された子ども・子育て支援新制度に基づいて概観しよう。子ども・子育て支援新制度は，保育施設，特に，認可保育所に入所したいが入所できずに待機している児童がいる問題，いわゆる待機児童問題が女性の子育てと仕事の両立において大きな障害となっていることを国が重視し，待機児童対策の一環としてスタートした制度である。この制度において，保育所と幼稚園の機能を併せ持つ認定こども園という保育サービスが本格的にスタートした。

　名古屋市における子ども・子育て支援新制度のおける保育サービスの提供枠組みは図11-2に示される。保育所は0〜5歳の子どもを対象としており，就業や病気，介護などの理由で保育ができない保護者が利用可能な施設である。保育所には認可保育施設と認可外保育施設がある。認可保育施設とは，児童福祉法に基づく児童福祉施設で都道府県，政令指定都市，中核市が設置を認可する。認可を受けるには国が定めた設置基準（施設の広さ，保育士などの職員数，給食設備，防災管理，衛生管理等）を満たす必要がある。

　認可外保育施設とは国が定めた設置基準を満たしていない，あるいは満たしていても認可が下りていない施設のことである。認可を受けていないため，公費の助成がない，あるいはあっても認可保育施設と同水準の助成を受けていない。このため，運営に関しては利用者の利用料によって運営されることになり，比較的利用料が高いという特徴がある。提供される保育の内容や利用料の設定

新制度における教育・保育の場

これまでの施設はどうなる？

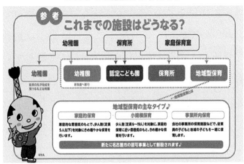

図11-2　子ども・子育て支援新制度のおける
保育サービスの提供枠組み

出所：名古屋市 HP　子ども・子育て支援新制度説明会資料
（http://www.city.nagoya.jp/kodomoseishonen/page/000
0073057.html　2017年10月1日参照）。

は各施設の裁量による。また，認可保育施設のように入所の条件として母親が
就業しているといった条件は必須ではない。認可外保育施設には，認可外保育
所や認可外事業所内保育所，ベビーホテル，ベビーシッター，託児所などがあ
る。
　幼稚園は学校教育法に基づく施設で義務教育前の教育と保育を行う施設であ
る。私立幼稚園については，子ども・子育て支援新制度の枠組みに入らず，こ
れまでの私学助成を受ける幼稚園もある。子どもの対象年齢は3～5歳であり，
3年保育の場合は3歳から，2年保育の場合は4歳から入園する。保護者の利

用制限は特にない。

　認定こども園とは，幼稚園と保育所の機能や特徴を併せもつ施設で，地域の子育て支援も行う。利用できる保護者は子どもが満3歳未満の場合は就業などで保育を必要としている者であり，子どもが満3歳以上の場合は特に制限はない。

　地域型保育とは原則20人未満の少人数の子どもを預かる施設で，対象としている子どもの年齢は0〜2歳である。利用できる保護者は就業などで保育を必要とする保護者である。地域型保育には，家庭的保育と小規模保育と事業所内保育がある。家庭的保育とは，定員5人以下できめ細かな保育を行う施設，小規模保育とは定員6〜19人で，家庭的保育に近い雰囲気で，きめ細かな保育を行う施設である。事業所内保育は事業所が設置する保育施設などで，従業員の子どもと地域の子どもを一緒に保育する施設である。

　いわゆる認可保育施設という場合，認可保育所，認定こども園，地域型保育を指すことが多い。子ども・子育て支援新制度の枠組みになり，認可保育所，認定こども園，地域型保育，幼稚園（私学助成を受けていない）は，施設型給付か地域型保育給付の公費の助成を受けることになる。これにより，各施設の運営費の多くを助成金で賄うことができ，利用者の負担を安く抑えることができる。

　主に母親の就業支援，なかでもフルタイム就業をしている母親に対する就業支援という意味では認可保育施設の役割が大きい。認可保育施設の供給量という面で，保育サービス市場の多くを占める。また，保育サービスの質が国基準で担保されており利用者の負担が比較的安い，開所時間の長い，長期の休みがないという特徴があり，これらがフルタイム就業をしている母親にとって大きなメリットとなっている。

保育サービスの利用負担

　利用者の負担は，所得水準に応じて決定されており，所得が高いほど利用者が支払う利用料は高い。利用料は1号認定（子どもが満3歳以上で，幼稚園，認定こども園で教育を希望する場合），2号認定（子どもが満3歳以上で「保育の必要な事

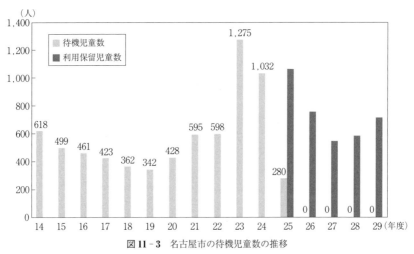

（人）

図11-3 名古屋市の待機児童数の推移

出所：名古屋市資料より筆者作成。

由」に該当し，認可保育所，認定こども園で保育を希望する場合），3号認定（子ども
が満3歳未満で，「保育の必要な事由」に該当し，保育所，認定こども園，小規模保育
等で保育を希望する場合）に分かれている。これらの利用料は各自治体が設定し
ている，いわば公定価格である。一般的な財・サービスであれば利用料は需要
と供給によって決定されるが認可保育施設については，公定価格として利用料
が公的に決定されているという特徴がある。認可外保育施設については利用料
は各施設が決定することになっているため，これは保育サービスに対する市場
の動向を反映した価格設定となっているといえる。

待機児童の問題

　保育サービスの課題はいくつかあるが，筆頭に挙げられるのは待機児童の問
題だろう。待機児童とは認可保育施設の利用希望があり，利用申請をしたが入
所できなかった児童のことである。母親が育児休業を取得したとしても，出産
から1年間は離職をしなかったとしても終了時に保育サービスを利用できない
状況になると仕事に復帰することができなくなる。この結果，育児休業終了後
に離職を選択することもある。このため，育児・介護休業法の改正により，保

育所に入所できないなどの理由がある場合は，育児休業を最長で子どもが2歳になるまで延長することが可能となっている。待機児童を減らす努力については，子ども・子育て支援新制度のもとで保育サービスの供給量を増加する取り組みを各自治体が行っている。図11-3は名古屋市の待機児童数の推移である。

　ただし，待機児童数0というのは4月1日時点の値である。認可保育所の利用申請は利用したい年度の前年度に，利用したい年度の4月からの入所に向けて行われることが多い。したがって，4月1日の時点で多くの認可保育施設の定員は一杯になる。このため，年度途中からの利用希望がある場合，認可保育施設の定員に空きがなければ入所ができないことになる。その結果，当該年度の4月1日以降から待機児童数が徐々に増加していくことになる。

　また，認可保育施設が利用できるようになったとしても，自宅から遠い，兄弟児と同じ施設ではなかった，希望の施設ではなかったなどの理由で，利用を保留する児童もいる。この場合，待機児童には含まれず，利用保留児童といわれる。加えて，利用希望の施設の入所が難しいと予想されるために，申請自体をあきらめてしまうケースもある。これは潜在的待機児童と呼ばれる。

　認可保育施設に対する待機児童をなくすことは非常に困難である。理屈ではすべての未就学児童が入所できる枠がないかぎり，待機児童は増え続ける。各自治体は，認可保育施設の需要動向を捉え，保育施設を新設するなどによって供給量を増加し，待機児童数を減らす努力をしている。しかし，供給量が増加すればするほど，これまで認可保育施設の利用を希望していなかった児童についても，新たに利用をしたいという希望が生じる可能性があり，いたちごっこのような状態になる。これを呼び水効果という。

　認可保育施設に対して待機児童が発生しているということは，経済学的には認可保育施設で提供される保育サービスに対して超過需要が発生しているといい換えることができる。図11-4は認可保育施設で提供される保育サービス市場の状態を図示したものである。横軸に保育サービスの定員数（＝供給量，需要量），縦軸に利用料（＝価格）をとっている。需要曲線は利用料が高くなるほど，利用希望者が減少するため右下がりの曲線となる。供給曲線は利用料が高

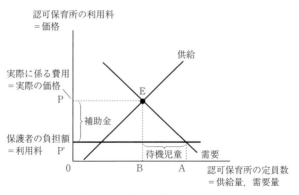

図11-4 認可保育所の市場分析

出所：筆者作成。

くなるほど，認可保育施設を建設し保育サービスを提供したい事業者が増加するため右上がりの曲線となる。もし認可保育施設の利用料が公的に決定されていない場合，利用料は需要曲線と供給曲線が交わるE点で決定されこの時の利用料はPである。Pは認可保育施設が保育サービスを提供するのにかかる実際の費用を反映している。

　しかしながら，認可保育施設の利用料については前述のように公定価格があらかじめ決められており，公定価格は実際にかかる費用よりも非常に低く抑えられている。たとえば，2012年度予算における名古屋市の保育所運営費の財源内訳をみると，保育所運営費の総額，約424億円のうち，利用料による負担は約19％である。残りの約80％は市，都道府県，国の負担で賄っている（名古屋市提供資料による）。したがって，保護者が支払う利用料はPよりもかなり低い水準，P'に設定されていると考えられる。（P−P'）は市，都道府県，国の財源を基に認可保育施設に支給される補助金の額に相当する。

　保護者が利用したいと考える保育サービスに対する需要量は，利用料がP'の時の需要曲線上の点Aで決定される。一方，供給量は，実際にかかる費用であるPで決定されるためBとなる。需要量がA，供給量がBであるため，この差が認可保育施設を利用できなかった待機児童であり，超過需要が発生してい

ることを表す。利用料が市場で自由に決定されているのであれば，超過需要が発生している場合，利用料がＰに近づき，この結果，需要量が減少する。最終的に，利用料がＰまで上昇し，需要量がＢになり，需要量と供給量が一致する。この結果，超過需要がなくなり，いい換えると待機児童がなくなる。つまり，待機児童が発生している大きな理由は利用料が非常に安く設定されていることにある。

　利用料について公定価格を設定することの是非は議論が分かれるところである。認可保育施設に入所するということは（Ｐ－Ｐ'）分の補助金を保育サービスという現物給付を通して受け取っているということである。先ほどの名古屋市の例でみられるように保護者の負担割合が平均して約19％ということは認可保育施設の利用者が多額の補助金を受けていることになる。

　待機児童がいない状態であれば，補助金の受け取りに対して不公平感はないが，待機児童がいる状態であれば，入所できた世帯に対してのみ多額の補助金が支給されていることになるため，不公平感が生じる。また，大石（2005）によれば認可保育所の利用者の所得は低所得者と高所得者に二分化されている可能性がある。したがって，高所得者に多くの補助金が支給されている可能性もある。

その他の保育サービスの課題

　その他の課題については，子どもが病気になった場合の預け先である病児保育，病後児保育の拡充である。認可保育施設では，子どもが病気の時には子どもを受け入れることができない。感染症の場合は，登園許可が出るまで子どもを預けることができないため，その間は保護者が子どもの保育をする必要があり，出勤することが難しくなる。これも仕事と育児の両立の困難を象徴する１つの問題である。これに対して，病児保育や病後児保育の整備を進める必要がある。

　また，保育士不足の問題もある。子ども子育て支援新制度のもと，各自治体は保育サービス需要に応えるために認可保育施設を増設している。それに伴い，

保育士を確保することが難しいという事態も起きている。保育の質を維持しながら，保育士を確保するための努力が必要である。

　加えて，小１の壁，という問題もある。これは，保育所在所中においては，比較的遅い時間まで子どもを預けることができ，また，夏休みなどの長期休暇がないため，子育てと就業を両立することが比較的容易であるが，小学校では下校時刻が早く，また長期休暇がある。このため，放課後の時間や学校休業日に，子どもを学童保育に入れる必要があるものの，その受け入れ先がないため母親が就業を中断するという問題をさす。

　日本では，就学児童に対しては，学童保育が公的保育としての役割を果たしているものの，定員数，設置状況，保育内容も地域によって千差万別である。学童保育が利用できない（あるいは利用しない）場合は，近親者などによる家庭保育や塾・習い事などの利用，あるいは母親が就業抑制しているのが実情である。

　この問題に対して，2010年１月に閣議決定された少子化社会対策大綱「子ども・子育てビジョン」において，「放課後子どもプラン」の推進が掲げられ，「学童保育の定員を2008〜2014年の間に30万人（81万人→118万人）に増やす」との目標が定められた。加えて，全小学校区での学童保育の実施を図り，総合的な放課後児童対策の推進を目指すこととしている。さらに，「日本再興戦略改訂2014年」（2014年６月24日の閣議決定）でも，2019年度末までに約30万人分の受け皿を拡大するとしている。

3　名古屋市における就業支援の効果

　子どもがいる女性に対する育児と就業の両立支援として，育児休業制度と保育サービスについてみてきたが，これらが名古屋市で子育てをしている女性の就業支援として有効であるのかを確認してみよう。

　女性の就業確率に対して，育児休業を取得した経験があること，また，居住している地域の保育サービスの供給量が多いことが正の影響を与えているのかどうかを，プロビット分析を用いて検証をおこなう。プロビット分析について

は山本（2015）などを参考にしてほしい。推定モデルは以下のように考える。
　女性の就業行動が以下のモデルで決定されるとする。

$$y_i^* = a + \beta x_i + u_i \qquad (11.1)$$

　u_i は誤差項，x_i は女性の就業行動に影響を与えると考えられる変数のベクトルである。

y_i^* は観測不可能な潜在変数（latent variable）で，実際に観測されるのは
　$y_i = 1（y_i^* > 0 のとき：就業）$
　$y_i = 0（y_i^* \leq 0 のとき：非就業）$

である。y_i は 0 あるいは 1 を取る二値確率変数である。上記のモデルをプロビット分析を用いて検証をする。
　分析には，名古屋市が未就学児童のいる世帯に対して実施したアンケート調査「平成30年度子育て家庭の意識・生活実態調査」を用いる。この調査は，2018年 7 月 9 日～ 7 月30日に実施され，住民基本台帳より 0 ～ 5 歳で各々2,000世帯ずつ計 1 万2,000世帯抽出，郵送方式，有効回答数3,915，回収率32.6％となっている。あて名は子どもの名前となっているが，回答者は世帯単位で考えて回答している可能性がある（この分析は，以下の著作物を改変して利用している。名古屋市「平成30年度子育て家庭の意識・生活実態調査」https://creative commons.org/licenses/by/4.0/deed.ja）。
　x_i に用いる変数は表11‐2のとおりである。母親の賃金については直接調査されていないため，母親の年収，母親の平均的な 1 週間の就労日数，母親の平均的な 1 日の就労時間より時間あたり賃金を算出した。推計方法には賃金の一般的な推計方法である Heckman 2 段階推計を用いる。Heckman 2 段階推計については山本（2015）などを参考してほしい。賃金関数の推計結果については掲載を省略する。

表 11 - 2 　変数の定義と記述統計量（サンプル数：3025）

変数名	定　義	平　均	S.D.	最小値	最大値
母親就業	母親が調査時点に就業(育児・介護休業中含む)＝1	0.58	0.49	0	1
賃　金	母親の賃金 (推計値，時間当たり，対数値)	6.68	0.42	5.84	7.52
父親の所得	父親の税込み年収，円	6.15E+06	3.46E+06	0	1.00E+08
弟妹ダミー	あて名の子どもの下に子どもがいる場合＝1	0.29	0.45	0	1
父親祖父母と同居近居	父方の祖父母と同居または近居＝1	0.38	0.49	0	1
母親祖父母と同居近居	母方の祖父母と同居または近居＝1	0.41	0.49	0	1
出産前後就業継続	出産前後(それぞれ1年以内)に転職せずに就業継続＝1	0.38	0.49	0	1
出産前後転職	出産前後(それぞれ1年以内)に転職して就業継続＝1	0.05	0.21	0	1
出産前後離職	出産前後 (それぞれ1年以内) に離職＝1	0.4	0.49	0	1
育児休業取得ダミー	あて名の子どもについて母親が育児休業を取得した経験がある場合＝1	0.41	0.49	0	1
父親自営業ダミー	父親自営業＝1	0.06	0.25	0	1
保育所定員率	居住区の認可保育施設の定員数(年齢別)/区の児童数(年齢別)，％	41.2	12.11	17.34	78.62
保育料	名古屋市の平成30年度の3号認定の利用者負担額，月額，万円	3.05	1.58	0	6.4

表 11 - 3 　母親の就業確率の推定結果

	dF/dx	Robust S. E.	z 値
賃　金	0.054	0.068	0.79
父親の所得	-1.16E-09	3.56E-09	-0.33
弟妹ダミー	-0.164	0.025	-6.52
父方祖父母と同居近居	0.014	0.022	0.66
母方祖父母と同居近居	0.044	0.021	2.07
出産前後就業継続	0.484	0.032	11.72
出産前後転職	0.319	0.017	9.36
出産前後離職	0.075	0.025	2.96
育児休業取得ダミー	0.322	0.037	7.73
父親自営業ダミー	-0.005	0.046	-0.1
保育所定員率	0.007	0.001	7.87
保育料	-0.043	0.010	-4.27

サンプル数3025，対数尤度-1233.1201，擬似 R^2 0.4003

　出産前後就業継続ダミー，出産前後転職ダミー，出産前後離職ダミーは出産前後非就業ダミー（出産前後〔それぞれ1年以内〕に非就業＝1）を基準としている。ただし，調査ではあて名の子どもについての出産前後の就業状態について質問をしているわけではないことは留意が必要である。保育料は名古屋市の平成30年度の3号認定の利用者負担額である。記述統計量は表 11 - 2 に示す。

　プロビット分析の推定結果は表 11 - 3 である。育児休業取得ダミーについて

は正で有意な結果となっており，育児休業を取得したことが現在の就業に正の影響を与えていることが確認できる。保育サービスについては保育所定員率が正で有意となっており，居住している区で認可保育施設における保育サービスの供給量が多いほど，母親の就業確率が高くなることが示される。したがって，育児休業をより取得しやすくすること，認可保育施設をより利用しやすくなることは，子育てをしている女性の就業を促進する効果があるといえる。

　育児休業取得ダミーと保育所定員率以外の要因について見てみると，下に弟か妹がいる場合は就業確率が低下する。また，保育料が高いほど就業確率が低下するという結果であった。母方の祖父母と同居あるいは近居している場合，就業確率に対して正の影響があることが示される。これは認可保育所以外のインフォーマルな保育サービスが利用できることが就業を促進することを意味している。また，出産前後就業継続，出産前後転職，出産前後離職は出産前後非就業ダミーと比較して有意に正の影響があるという結果であった。特に，出産前後で転職せずに就業を継続している場合，転職をして就業を継続している場合の限界効果が大きく，転職せずに就業継続をしている場合は48.4％ポイント，転職をして就業継続をしている場合は31.9％ポイントである。これらの結果も出産前後で就業を継続できるような支援をすることが，その後の就業に正の影響を与えることを示唆しており，育児休業や保育サービスの整備などを通じた就業継続支援の重要性が再確認できる。

4　両立支援の今後

　本章では育児と就業の両立支援として育児休業制度と保育サービスを中心にその制度の概要と課題，加えて，これらが子育て中の女性の就業を促進する効果があるかどうかを確認した。育児休業法が施行されてから約27年が経過し，育児休業を取得した女性も増加している。また，認可保育施設に対する待機児童の解消に対しても国をあげて取り組まれている。今後，女性の就業を促進するためにはこれらの支援がさらに充実したものになることが望まれる。そして，

本章で取り上げなかったが，これら以外にも様々な方面からの支援が必要である。

　まず，子育てを理由にした女性に対する再就職の支援が重要である。出産時点で就業を継続することを支援するのは重要であるが，離職した場合でも子どもがある程度成長した段階で復職を希望している者も多い。また，認可保育施設に入所するためには，前提として保育をすることができない状況，すなわち就業していることが求められるため，求職中に認可保育施設を利用することは難しい。こういった求職中に利用できる保育サービスを充実する必要がある。加えて，離職中のブランクを補完するような教育訓練や子育てと就業の両立をしやすい職場への再就職支援が重要であるが，こういった支援を担っているマザーズ・ハローワークの一層の充実も期待されるところである。

　同時に父親の育児参加を促進すること，そのため，働き方改革を推進していくことも重要な課題である。母親の就業先において育児と就業の両立支援が充実していたとしても，父親の家庭における家事や育児参加が少ないような状況においては，母親が仕事と子育て，家事のすべてを担うことになり時間的，体力的，精神的にも厳しくなる。一方で，父親がもっと家事や育児を担いたいと考えていたとしても，就業先が長時間労働で在宅時間が短い，男性が育児休業を取得することに理解がないといった場合，希望を実現することは難しい。このため，男性も含めた両立支援策を展開していくことが不可欠であり，その意味で，現在推進されている働き方改革の実現は女性に対する就業支援の観点からも重要である。加えて，在宅ワークを推進するなど既存の働き方を見直し，子育て世帯のワーク・ライフ・バランスがより推進できるよう，柔軟な発想で改革を進めていくことも重要だろう。

参考文献

阿部正浩「誰が育児休業を取得するのか──育児休業制度普及の問題点」国立社会保障・人口問題研究所編『子育て世帯の社会保障』東京大学出版会，2005年。

大石亜希子「保育サービスの再分配効果と母親の就労」国立社会保障・人口問題研究所編『子育て世帯の社会保障』東京大学出版会，2005年。

坂本和靖・森田陽子「育児休業と所得——就業継続が夫妻所得に与える影響の計測」
　　mimeo，2009年。
————「妻のキャリア選択や育児休業取得が所得階層移動に与える影響の推定」
　　Discussion Papers in Economics No. 625，名古屋市立大学経済学会，2018年。
相馬直子「育児休業取得をめぐる女性内部の「格差」——「利用意向格差」と「取得
　　格差」を手がかりに」本田由紀編著『女性の就業と親子関係　母親たちの階層戦
　　略』勁草書房，2004年。
名古屋市「平成30年度子育て家庭の意識・生活実態調査」（https://creativecommons.
　　org/licenses/by/4.0/deed.ja）。
山本勲『実証分析のための計量経済学』中央経済社，2015年。

推薦図書

国立社会保障・人口問題研究所編『子育て世帯の社会保障』東京大学出版会，2005年。
＊子育て支援に関わる社会保障制度が抱える新たな課題について実証的な分析が網羅
　されており，制度と政策評価への理解を深めることができる。
山本勲『実証分析のための計量経済学』中央経済社，2015年。
＊労働経済学で用いる計量経済学の手法とそれらを用いた分析事例がまとめられてお
　り，これから計量経済学の勉強を始める初学者に適している。

第12章
都市の子ども政策

── この章で学ぶこと ──

　本章では，都市政策において子どもに関わる施策がどのように計画され，展開されているかを取り上げる。そのために，子どもの権利概念と子ども期の特徴を考えることからはじめたい。そのうえで，地方自治体における「子ども条例」の制定状況を「なごや子どもの権利条例」とともに解説する。さらに，子どもの権利が実現するためのプロセスに着目し，子どもの声に耳を傾け，子どもの権利が具現化する社会を構想するとともに，その課題を考察する。

1　子どもの権利

子ども期の特徴

　「子ども」とは，どのような存在であろうか。かつて，子どもは「小さな大人」とみなされ，中世ヨーロッパにおいて子どもは家族や共同体のなかでは大人とともに遊び，働き，その生活様式が分離されることはなかった（アリエス P. 1960＝1980）。中世の社会では，子ども期という観念は存在しておらず，近代になって本質的に子どもの特殊性が意識されるようになった（同上：122）。すなわち「子どもの発見」である。子どもの純真さ，優しさ，ひょうきんさは，「愛らしさ」として表現される。また，子どもは「子ども期」という固有の発達段階を生きており，「今を生きる」主体として捉えられる。ゆえに国連「子どもの権利に関する条約」（「児童の権利に関する条約」に同じ。以下，子どもの権利条約）に代表されるようにその権利が社会全体のなかで擁護されなければならない。

　日本では，1951年5月5日（こどもの日，祝日）に「児童憲章」が制定されて

いる。児童憲章には，「権利」という言葉こそ出てこないものの，第２次世界大戦をはじめ多くの子どもが犠牲になった戦禍の反省と戦争孤児が都市部に溢れていた社会状況のなかで，内閣総理大臣により招集された全国各都道府県，国民各層・各界を代表して構成された児童憲章制定会議によって２年がかりで議論された。この時代に日本国憲法に基づいて，子どもの権利に関するこの崇高な理念が掲げられたことは誇るべき事象であろう。児童憲章は次のような前文と12の条文によって構成される。

われらは，日本国憲法の精神にしたがい，児童に対する正しい観念を確立し，すべての児童の幸福をはかるために，この憲章を定める。

児童は，人として尊ばれる。
児童は，社会の一員として重んぜられる。
児童は，よい環境の中で育てられる。

（「児童憲章」1951年５月５日制定）

子どもの権利条約

1989年に国連総会で採択され，日本は1994年に批准した「子どもの権利条約」では，「子どもの最善の利益」の理念と具現化を掲げている。子どもの権利条約の締約国および地域は2019年２月現在，196であり，未締約国（条約に署名はしたものの，批准していない国）はアメリカ合衆国１カ国のみである。条約では，子どもの権利を①生きる権利，②育つ権利，③守られる権利，④参加する権利の４つに分類している。また，一般原則として「生命，生存及び発達に対する権利」（命を守られ成長できること），「子どもの最善の利益」（子どもにとって最もよいこと），「子どもの意見の尊重」（意見を表明し参加できること），「差別の禁止」（差別のないこと）を位置づけている。第３条の１には，「児童に関するすべての措置をとるに当たっては，公的若しくは私的な社会福祉施設，裁判所，行政当局又は立法機関のいずれによって行われるものであっても，児童の

最善の利益が主として考慮されるものとする」（政府訳）と定めている。

　では，「子どもの最善の利益」とは何であろうか。また，それをどのように具現化するのであろうか。そのヒントは第12条の1にある。「締約国は，自己の意見を形成する能力のある児童がその児童に影響を及ぼすすべての事項について自由に自己の意見を表明する権利を確保する。この場合において，児童の意見は，その児童の年齢及び成熟度に従って相応に考慮されるものとする」（政府訳）。つまり，子ども自身に聞くこと，子ども自身が判断することが前提にあり，大人や社会は子どもの主体的な決定とその過程を支える役割がある。

子どもの参画

　子どもは社会的に産み落とされ，本来ケアされる立場にあることからはじまる。生まれてすぐ，衣服やミルクなどを与えられ，その生命の維持は保護者や社会的養護をはじめ，周囲の環境に依存している。では，子どもはその権利に基づいて，社会のなかでいかにして権利を行使していく主体となるのだろうか。

　「子どもの参画」について考える時，participation という単語がヒントを与えてくれる。そもそも，子どもは社会の一員であることから「子どもの社会参加」という表現は違和感を覚えるだろう。同じ participation でも「参画」と訳すとどうだろうか。参画には，計画に加わることや積極性や主体性をもった参加という語意がある。つまり，「子どもの社会参画」とは，権利行使の主体としての子どもの存在がある。

　子どもの社会参画のあり方について，ロジャー・ハート（1997 = 2000）の「参画のはしご」を手掛かりに考えてみたい（図12-1）。ハートは，子どもの社会参画の段階を8段階として，なかでも①〜③段階を「非参画」と位置づけ，その上に④〜⑧の段階を示している。

　まずは，ハートが「非参画」と位置づけている①〜③を紹介したい。

　①「操り参画」とは，大人の意見を子どもに代弁させることである。大人による子どもの利用といってもよいだろう。②「お飾り参画」とは，子どもが本来の目的を知ることなく，その場に「お飾り」として子どもがいることである。

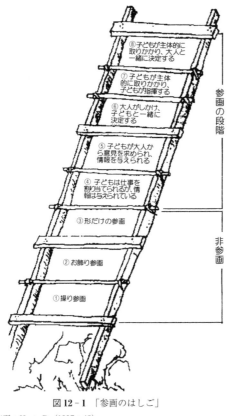

図 12-1 「参画のはしご」

出所：Hart, R.（1997：42）。

図中のラベル（上から）：

⑧子どもが主体的に取りかかり、大人と一緒に決定する

⑦子どもが主体的に取りかかり、子どもが指揮する

⑥大人がしかけ、子どもと一緒に決定する

⑤子どもが大人から意見を求められ、情報を与えられる

④子どもは仕事を割り当てられるが、情報は与えられている

③形だけの参画

②お飾り参画

①操り参画

参画の段階 ／ 非参画

③「形だけの参画」とは，子どもたちの意見表明は熱心であるが，「意見をはっきり言う魅力的な子どもたちが大人から選ばれて，壇上にいることは珍しくない」（ハート1997＝2000：43）と指摘している。つまり，子どもの意見は，1人1人それぞれ違うにも関わらず，発言する子どもの代表性が考慮されぬまま，大人による恣意性のもとに選択されている可能性がある。次に，参画の段階にある④〜⑧を紹介しよう。「形だけの参画」は，子どもを主体としたイベントで企画者である大人が陥りやすい。このため大人は，④「子どもは仕事を割り当てられるが，情報は与えられている」との違いについて，自覚的に計画を遂行しなければならない。

　参画の段階も④「子どもは仕事を割り当てられるが，情報は与えられている」という段階から，⑤「子どもが大人から意見を求められ，情報を与えられる」，⑥「大人がしかけ，子どもと一緒に決定する」，⑦「子どもが主体的に取りかかり，子どもが指揮する」，⑧「子どもが主体的に取りかかり，大人と一緒に決定する」という形で示される。子どもが決定する際の行動の主体性がどこにあるかによって，参画の意味合いは異なってくる。権利擁護の観点から捉え，本来的な子ども主体になっているか立ち返ることが重要であろう。コラム

⑫では，子どもが主体となる仮想都市「こどものまち」を取り上げているので
参考にされたい。

若者の参加意識と社会の責務

　若者の参画はどうであろうか。諸外国の若者との意識調査の結果から考えて
みよう。図12-2および図12-3は，内閣府が行った「我が国と諸外国の若者
の意識に関する調査」である（内閣府 2014）。この調査は，日本と諸外国の若
者の意識を把握し，日本の若者の意識の特徴などを分析することを目的として
2013年に実施されたものである。諸外国とは，韓国，アメリカ，イギリス，ド
イツ，フランス，スウェーデンの計6カ国である。対象となっている若者は，
各国満13～29歳の男女である。調査方法は，各国とも1,000サンプル回収を原
則として，ウェブ調査で行っている。各国の統計データから算出した人口構成
比から地域区分を設け，性別，年齢区分別に標本数を割り当てている。

　調査結果を見てみると，他国の若者の意識に比して，日本の若者の参加の意
識は興味深い結果となっている。「子どもや若者が対象となる政策や制度につ
いては子どもや若者の意見を聴くようにすべき」という質問に対して，日本の
若者は「そう思う」「どちらかといえばそう思う」割合が7カ国中もっとも少
ない（「そう思う」25.0%，「どちらかといえばそう思う」42.7%）。反対に「わから
ない」割合がもっとも高い（14.7%）。

　また，「私の参加により，変えてほしい社会現象が少し変えられるかもしれ
ない」と考える日本の若者は，「そう思う」「どちらかといえばそう思う」割合
が7カ国中群を抜いて少ない（「そう思う」6.1%，「どちらかといえばそう思う」
24.3%）。反対に「どちらかといえばそう思わない」「そう思わない」割合は
もっとも高い（「どちらかといえばそう思わない」29.9%，「そう思わない」21.2%）。

　こうした若者の社会への参加意識の低さは，子ども時代に権利や主体性が大
切にされなかった社会への諦念が背景にあると考えられよう。子どもの権利を
具現化するためには，まずは子どもに関わる大人たちが子どもの権利に向き合
うことからはじまる。子どもには本来もっている権利，すなわち人権があるこ

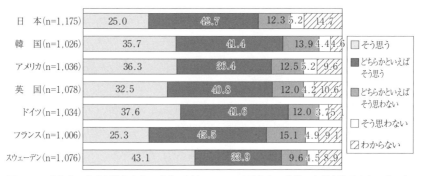

図 12 - 2 子どもや若者が対象となる政策や制度については子どもや若者の意見を聴くようにすべき
出所：内閣府（2014）。

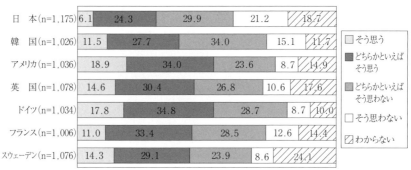

図 12 - 3 私の参加により，変えてほしい社会現象が少し変えられるかもしれない
出所：内閣府（2014）。

とを伝え，子どもの最善の利益を保障することは，先に生まれた大人たちの役割であるといえよう。

2　名古屋市における「子ども条例」の策定過程

子ども条例

　子ども条例とは，①「子どもの権利条約」を子ども支援やまちづくりに活かすことを主要目的の1つとし，②子育て支援や青少年育成の子ども施策のなかに子どもの権利の視点を盛り込むとともに，子どもの権利を尊重する子ども施

策を展開するものであり，③子ども施策やまちづくりを総合的かつ継続的に推進していくための法的根拠となる条例である（荒牧・喜多・半田編 2012：1）。

　子どもの権利に関する総合条例は，2000年に川崎市で「川崎市子どもの権利に関する条例」が公布された後，2002年北海道奈井江町「子どもの権利に関する条例」，2003年岐阜県多治見市「多治見市子どもの権利に関する条例」と続き，2019年4月現在48自治体で設定されている（子どもの権利条約総合研究所 2020）。

　地方自治体における子どもに関する施策は，子育て支援や教育との関連が深いが，青少年健全育成のように「子どもは施策の単なる対象」（同上：9）と位置づけられることがある。単なる施策の対象としてではなく，権利をもった主体として子どもを尊重し，子どもの最善の利益を実現する理念型として子ども条例が制定される意義がある。

なごや子どもの権利条例

　名古屋市も子ども条例を設置している地方自治体の1つである（図12-4）。2008年に「なごや子ども条例」が名古屋市議会において全会一致で可決された。2020年4月には，子どもの権利をさらに擁護する観点から「なごや子どもの権利条例」として名称および条文の一部が改正された。

　条例制定の経緯は，首長の公約・マニュフェストや次世代育成支援行動計画によるものもあった。ただ，条例が制定された背景には子どもに関わる幅広い市民活動および市民と行政との協働が大きくかかわっている。子ども条例の検討には，公聴会の実施をはじめ，多くの市民が参加する形での学習会，市民の意識調査を経て，パブリックコメントが実施され，多くの期待が寄せられた。

　なごや子どもの権利条例第1条では，「この条例は，子どもの権利及びその権利を保障するための市，保護者，地域住民等，学校等関係者及び事業者の責務を明らかにするとともに，子どもに関する施策の基本となる事項等を定めることにより，子どもの権利を保障し，子どもの健やかな育ちを社会全体で支援するまちの実現を目指すことを目的」とすることが定められている。このように，事業者の責務を明確にしているところもなごや子どもの権利条例の特徴の

図 12 - 4 なごや子ども条例
パンフレット

1つである。また，市長の附属機関として「なごや子ども・子育て支援協議会」を設置し（第23条），「協議会は，市長の諮問に応じ，子どもに関する施策に関する重要事項について調査審議し，その結果を市長に答申する」ことが定められている（第24条の1）。なごや子ども・子育て支援協議会は，名古屋市で子ども育成支援に携わる各分野の代表者および学識経験者の35人以内で構成される。協議会には，子どもに関する施策について調査審議を行い，市長に意見を述べることができることが定められている（第24条の2）。

また，第14条には，「市は，保護者，地域住民等，学校等関係者及び関係機関と連携，協働し，虐待，体罰，いじめ等の防止，相談及び救済のために必要な措置を講じなければならない」と定められている。この条文は，後に述べる「名古屋市子どもの権利擁護委員条例」の制定につながる。

子ども会議

内閣府では子ども・若者育成支援推進法に基づいて，子どもが施策に参画する仕組みの1つとして「青少年意見募集事業」を実施している。中学生から30歳未満の「ユース特命報告員」に任命し，内閣府から示されるテーマに基づいて，ラウンド・テーブルを実施したり，インターネットを用いて意見募集を行っている。

地方自治体レベルにおける子どもの参画のしくみとして，子ども会議がある。

子ども会議とは，主にまちづくりや子どもに関わる施策について，子どもが参画し，子どもが主体となる権利擁護の具現化に向けたしくみの１つである。中部地方では，岐阜県多治見市が1999年に「子ども議会」として，2000年から「たじみ子ども会議」として実施している。たじみ子ども会議は，子どもの権利条約12条の意見表明権の保障と市政への子どもの意見反映を目的に「たじみこどもの権利の日」に定められている11月20日に合わせて開催されている（喜多ら 2013：72）。たじみ子ども会議の注目すべき点は，会議のテーマ自体を子どもスタッフが決め，「子どもの提言」を取りまとめており，さらに市が「提言に対する対応」として文書で発表しているところである。

　たとえば，2016年度の提案では，「楽しい公園にするために『階段を楽しく登れるようにしてください』」とあり，市側からの回答は子どもの提案を受け入れ，さらに子どもたちから出た「私たちにできること宣言」にある「階段に使うクイズを考える」「ポスターや回覧板のデザイン等を考える」という提案に「子どもスタッフの皆さんの力を借りたい」と回答し，実際に共同で看板設

　　僕は，子どもスタッフとしてたくさんの子どもと「子どもとして」向き合って，話し合ってきたので思うことがあります。
　　だいたいの子どもは，成長するにつれて賢くなり，知識をつけて大人になっていきます。思考や発想がすべて成長してしまいます。そうなってしまった子どもたち主体の話し合いは，はっきり言って“準大人”の話し合いにしかなりません。「自分の持っている」，より先端的知識を広めたいだけの人ばかりで，しかも成長しきっていないので，現実性を語った大人ぶった意見ばかりになります。実際，僕たちも上の世代がそうなって迷走した時期があります。
　　（具体的に言うと，街づくりの話し合いなのに一回だけ「平和と戦争」をテーマにしてしまった）
　　だから，僕の中での「子ども主体の街づくり」の意味は，「子どもにしかない非現実さ，おもしろさ，本当にあったらすごいと思わせる楽しさをもった意見を直で子どもからもらうため。また，子どもにしか見えていない視点から街を見つめて子どもの意見をもらうため」にあります。

名古屋市立大学人文社会学部 ESD 基礎科目「都市開発と自然との共生」における「子どもが主体となる都市開発」を受講した学生のリアクションペーパーより。

置を行っている。

筆者は，名古屋市立大学人文社会学部 ESD 基礎科目の「都市開発と自然との共生」という講義をオムニバスで担当している。この講義では，これまで述べてきたような子どもの権利とともに「子どもが主体となる都市開発」について述べた後，「なぜ，子どもが主体となる都市づくりを行うのか」について具体例を挙げるとともにグループワークを行っている。子ども条例設置自治体の子ども委員経験者の学生も講義を受けており，リアクションペーパーでは，以下のように経験が述べられていた。

「子どもは"準大人"ではない」。子ども時代に権利を大切にされた子どもは，大人になる過程で権利を考え，社会の構成員としてまた子どもの権利を大切にする大人になるという循環が生まれる。

3　子どもの権利擁護の実施機関

子どもオンブズパーソン

子どもオンブズパーソンとは，子どもの利益・権利の擁護・促進を目的とした独立した公的第三者機関である（荒牧・喜多・半田編 2012：34）。地方自治体では，条例に位置づけられる形で子どもの権利擁護・救済機関を設置している。その特質は，①子ども自身を「解決の主体」として位置づけ，常に子どもの最善の利益を考慮して活動すること，②子どもとともに最善の利益を追求し，子どものエンパワメントを測ること，③関係機関への調査権限を有し，問題があった場合には，関係当局などに意見表明・勧告などを出す権限をもっていることにある（荒牧ほか 2012：34-35）。

日本では国家レベルでの公的第三者機関は設置されていないものの，地方自治体レベルでは，1998年に兵庫県川西市で「子どもの人権オンブズパーソン条例」に基づいて公的な第三者機関が初めて創設された。条例に基づき，川西市子どもの人権オンブズパーソン（3人以上5人以下，任期2年）および調査相談専門員が設置されている。その後，神奈川県川崎市の川崎市人権オンブズパー

ソン条例（2001年公布），埼玉県子どもの権利擁護委員会条例（2002年公布）と続いて公的第三者機関が設置されている。東海圏では，岐阜県多治見市（2003年公布），三重県名張市（2006年3月公布），愛知県豊田市（2007年公布），愛知県岩倉市（2008年公布），愛知県日進市（2009年公布），愛知県幸田町（2010年公布）等で設置されている。子どもの権利条約総合研究所によると，2019年6月現在，34の地方自治体で子どもの権利擁護のための公的第三者機関が存在する。

　子どもの権利条約には，条約締結国の子どもの権利の実現の実施状況を調査・審査する国連「子どもの権利委員会」（以下，CRC：Committee on the Rights of the Child）が置かれている。日本では，1994年の条約批准後，1998年，2004年，2010年，2019年にCRCによる審査が実施されている。直近の2019年のCRCによる「総括所見」では，子どもの権利擁護の具現化に向けて，33の地方自治体で子どものための公的第三者機関が設置されていることを評価しつつ，さらなる独立性の担保，予算措置とともに，さらなる設置に向けた迅速性への課題に言及している。

名古屋市子どもの権利擁護委員条例

　名古屋市では2008年に「なごや子ども条例」が制定され，第14条には「市は，保護者，地域住民等，学校関係者及び関係機関と連携し，及び協働し，虐待，体罰，いじめ等の防止，相談及び救済のために必要な措置を講じなければならない」と規定されている。したがって，子どもの権利擁護の具現化に向けて，機関の設置は子ども条例設置以来，喫緊の課題であった。

　上述のように名古屋市では，「なごや子ども条例」制定以降，権利擁護機関の設置に向け構想をもち続けており，2018年度になごや子ども・子育て支援協議会に「子どもの権利擁護機関検討部会」（以下，検討部会）を立ち上げた。検討部会では，機関設置に向けて独立性・中立性の担保されるシステム構築について，先行自治体の条例や機関に学びつつ，機関機能や権利擁護委員の職務，責務や運用について検討が重ねられた。これら部会の議論の取りまとめは，2018年10月31日のなごや子ども・子育て支援協議会に「『名古屋市における子

どもの権利擁護機関のあり方』について」として提出，承認された。さらに，同年12月にはパブリックコメントの募集を行い，2019年2月市会に「名古屋市子どもの権利擁護委員条例」として上程され，条例案の可決をもって条例が成立した。2020年1月14日，子どもの権利擁護のための第三者機関として名古屋市子どもの権利相談室「なごもっか」がオープンした。以下は，条例第1条設置および第3条所掌事務である。第1条では，市長の附属機関として名古屋市子どもの権利擁護委員を置くことが定められている。

　　第1条　子どもの権利を守る文化及び社会をつくり，子どもの最善の利益を
　　　　　　確保するため，本市に市長の附属機関として，名古屋市子どもの権利擁
　　　　　　護委員（以下「委員」という。）を置く。

　　第3条　委員は，第1条の目的を達成するために，次の職務を行う。
　　　(1)　子どもの権利侵害に関する相談に応じること。
　　　(2)　子どもの権利侵害に関する申立て又は自己の発意に基づき，調査，
　　　　　調整，勧告，要請等を行うこと。
　　　(3)　勧告，要請等の内容を公表すること。
　　　(4)　子どもの権利に関する普及啓発を行うこと。

　子どもの権利擁護機関を設置する意義は，学校をはじめとする既存のシステムや子どもに関する支援機関との異同として，独立性が担保された第三者機関であり，子どもの声に耳を傾け，その最善の利益が優先して考慮されることにある。学校や保育所をはじめとする児童福祉施設の他，子ども育成支援に関わる場，相談場所などとの調整，権利侵害が発生していないかモニタリングすること，再び権利侵害が発生していないか再調査する役割も期待される。しかし，これに留まることのない社会的な合意形成を行うことにも大きな意義がある。
　この社会のなかで，「なぜ子どもの権利擁護を行う必要があるのか」という現実について，子どもに関わるすべての大人たちが考え続けることによって，

「子どもの権利擁護」理念の社会的な合意形成が行われる。子ども時代に，社会の中で自分を大切にされ，権利を護られた子どもは，やがて子どもの権利を大切にする大人になる。子どもの権利擁護機関をきっかけに，名古屋市から子どもの権利が擁護される理念が発信されていくことが今後重要であろう。

※本稿は，「平成30年度基本方針『なごや版キャリア支援』策定委託事業調査・研究報告書」の谷口執筆分の一部を加筆修正したものである。

参考文献

アリエス，フィリップ『〈子供〉の誕生——アンシャン・レジーム期の子供と家族生活』みすず書房，1980年。

荒牧重人・半田勝久・吉永省三『子どもの相談・救済と子ども支援』日本評論社，2016年。

荒牧重人・喜多明人・半田勝久『解説子ども条例』三省堂，2012年。

喜多明人・荒牧重人・森田明美・内田塔子・半田勝久編『子どもにやさしいまちづくり〔第2集〕』日本評論社，2013年。

岐阜県多治見市「たじみ子ども会議」(http://www.city.tajimi.lg.jp/kosodate/kosodate/kenri/staff.html 閲覧日2018年11月30日)。

公益社団法人子ども情報研究センター「厚生労働省公募調査研究事業平成29年度こども・子育て支援推進調査研究事業研究課題9『都道府県児童福祉審議会』を活用した子どもの権利擁護の仕組み」調査研究報告書，2018年。

公益財団法人日本都市センター『都市自治体の子ども・子育て政策』2017年。

子どもの権利条約総合研究所 (http://npocrc.org/ 閲覧日2020年2月27日)。

内閣府「平成25年度 我が国と諸外国の若者の意識に関する調査」2014年 (https://www8.cao.go.jp/youth/kenkyu/thinking/h25/pdf_index.html 閲覧日2018年11月30日)。

ハート，ロジャー (木下勇・田中治彦・南博文監訳)『子どもの参画——コミュニティづくりと身近な環境ケアへの参画のための理論と実際』萌文社，2000年。

ユニセフ「子どもの権利条約」(https://www.unicef.or.jp/about_unicef/about_rig.html 2018年11月30日閲覧)。

推薦図書

荒牧重人・半田勝久・吉永省三『子どもの相談・救済と子ども支援』日本評論社，

2016年。

＊子どもの権利に関わる理論と合わせ，地方自治体における公的第三者機関，学校や居場所における相談・救済の実践が掲載されている入門書。

ハート，ロジャー（木下勇・田中治彦・南博文監訳）『子どもの参画—コミュニティづくりと身近な環境ケアへの参画のための理論と実際』萌文社，2000年。

＊「子どもの参画」から民主主義を考える入門書。子どもの持っている力を最大限引き出せるような機会を子どもに与える大切さと方法が述べられている。

─── コラム⑪　名古屋市子どもライフキャリアサポートモデル事業 ───

　名古屋市では，2018年度から子どもが自身の将来を考えるための取り組みを新たにモデル事業として「名古屋市子どもライフキャリアサポートモデル事業」を開始した。子どもが職業選択だけではなく，「自分が自分の人生をどう生きるのか」，子ども時代から自身のライフプランを描く支援を行うことを目的としている。

　ライフキャリアサポートモデル事業は，名古屋市立の小学校・中学校・高校それぞれに「キャリアナビゲーター」が1名常駐して，子ども1人1人の特性や家族背景を踏まえた包括的支援や発達段階に応じた職業選択に限らない生涯のライフプランを描く開発的支援を行うものである。2018年度から，名古屋市立小学校・中学校・高校各2校にキャリアナビゲーターが配置されている。

　学校におけるキャリアナビゲーターの業務は，①「ライフキャリア形成支援業務」，②「学校運営支援業務」，③「個別支援業務」に大別される。①では，日常的な関わりを含む児童生徒，保護者に対するキャリア相談，ライフキャリア相談に関する広報や出前授業の実施，保護者向けの講演会の開催等を行う。子どもの居場所づくりの一環として，相談室を開放している学校もある。②では，校内のキャリア教育のコンサルテーションや学習プログラムの企画，進路指導担当教職員の補助，職場体験のコーディネートなどを行う。③では，ライフキャリア形成への支援を要する児童生徒を把握し，アセスメントを行うとともに教職員と連携して支援を行う。不登校の子どもや保護者に個別面接を行うこともある。ほかにも，文理選択を悩む高校生には，「本当は自分が何をしたいのか」という視点をもって面接を行っている。

写真　矢田小学校の専用ルーム「みらいのとびら」

　このように，キャリアナビゲーターの業務は，あくまで子どもが育ちいずれ大人になることを見据え，教員と保護者といった大人とともに，子ども自身が主体となりライフキャリアの形成を支援することにある。

　「こどものまち」とは，子どもが主体となる仮想都市である。子どもは，働くことを通して税金を納め，働くことで稼いだ賃金をもって食料を購入したり，余暇を楽しむことができる。こうした社会のしくみである「こどものまち」は，全国各地で開催されている。名古屋市では，2010年から「なごや☆子どもCity」として事業化され，「名古屋市子どもに関する総合計画」の施策を推進する事業の1つとして，毎年開催している。

　なごや☆子どもCityでは，子どもは20分働くことで300みゃあの賃金を得て，50みゃあを所得税として税務署に納税する。残りの250みゃあで美味しいご飯や好きなお菓子を食べたり，欲しいものを買う。ゲームで遊ぶこともできる。子どもは「こどものまち」のなかで，働くことや消費することをとおして人と関わり，自分が社会の一員であることを実感することができる。

　子どもは働きながら，接客の工夫をしたり，仕事の効率性を考えたり，自ら考え行動する。たとえば起業した子どもは，自ら立案し，この小さなまちのなかで，経営者のあり方を学ぶ。あるいは，子どもは消費者としての選択を行う。「こどものまち」は，小さな社会である。しかし，その意義は「子どもが社会のしくみを学ぶ」ことが本質にあるといえるだろうか。

　なごや☆子どもCityに参加している子どもたちに話を聞いてみると，意外なことかもしれないが，子どもたちは「働いてお金を稼ぐこと」よりも「働くこと」自体に関心があるようである。つまり，働いた賃金である「みゃあ」を使い，ご飯やお菓子を食べたり，ジュースを飲んだりするよりも，「働く者」としての役割を与えられていること自体にアイデンティティを見出していることが多かった。ある子どもは，お好み焼き店の受付の仕事を「3時間もしているよ！今日はここにいるって決めたの」と教えてくれた。「こどものまち」では，子どもが主体的に考え，行動することができ，受け止められる安心感がある場だからこそ，さらなるチャレンジをすることができる。子どもたちはなごや☆子どもCityに参加することをとおして，社会参画と社会のなかに自らの居場所があることの心地よさを知ることができる。

第13章
都市の貧困と政策

この章で学ぶこと

　都市とは，雑多で多種多様な人々が集住する空間である。都市を規定する「多様さ」の一方で，しかしその空間のなかにも特定の人々を排除する仕組みが存在する。ミクロな視点では，ベンチの真ん中を区切る「排除ベンチ」，ホームレスの人々を路上から追いやる「排除アート」。マクロな視点では「お洒落で綺麗なまちづくり」がもたらすジェントリフィケーションなど。名古屋における都市公共空間を題材に，そこでの貧困と排除の実態を検証し，「排除しないまちづくり」の可能性をさぐる。

1　名古屋を歩くと……

　名古屋駅から東へ歩いて5分弱，直線距離にして500メートル足らずの場所に西柳公園はある。数多くの近代的なオフィスビル，複合商業施設が立ちならぶ名古屋駅東側。緑地の少ないこの地域のなかで，都会の憩いの空間ともいえるような場所である。図13-1はその西柳公園に設置されているベンチである。一見すると凝ったデザインのこのベンチは，現代の都市のあり方を如実に映し出している。

　実際にベンチに座ってみればよくわかる。カーブを描いた形状に，高さの違う座面が3つ。それぞれの感覚が狭くて窮屈だ。座面の面積は標準体型の成人男性であってもギリギリ座れるかどうか。背もたれもない。そもそもシートの高さがきわめて低く，座るとどうしても大人は無理な姿勢になってしまう。

　もうひとつ，名古屋の代表的な繁華街——栄地域を歩いてみよう。栄にある巨大複合施設「オアシス21」は，CM でも使用された SF チックな巨大モニュ

図13-1 西柳公園（名古屋市中村区）の
ベンチ

出所：筆者撮影。

メントの景観が象徴的である。商業施設が立ち並ぶ複雑な地下空間（「銀河の広場」）から地上に出ると，爽やかに緑化された都市公園「緑の大地」があらわれる。そして屋上階には，水を効果的に使用した近未来的空間であり，空中散歩が楽しめる「水の宇宙船」がある。市民に開放されており，昼間や休日は人が多く行き交う人気の観光スポットとなっている。

　そんな都心の憩いの場のベンチの写真が，図13-2（緑の大地），図13-3（水の宇宙船）である。

　両者ともに座面に傾斜が設けられ，左右に傾斜する「緑の大地」のベンチは接合部の断裂が目につく（自然界にはこのような作為的な直線は存在しない。）。前に傾斜する「水の宇宙船」のベンチには目立たぬようなつるんとした突起が備えつけられている。

　都心の「オアシス」にあるこれらベンチのメッセージは明確だ。

　――ここで長く休んではならない。

　現代の都市とは人々が労働する空間である。休息は労働の効率をさらに上げるためのものとしてのみ許される。もし必要以上に居心地の良い空間が存在すれば，人々はそこにとどまり歩みを止めてしまう。であるならば，人々に「より生産的であれ，活動的であれ」と求め続ける都市にとって，わずかばかりの休憩は許されても，それ以上に休息する場所などあってはならない。

2　敵対的な建造物

ペイ&シット

　現代の都市は，労働すると同時に人々が消費する場所である。むしろ，労働よりも消費することによって，現代人は現代人たることができる（バウマン1998＝2008）。金銭を支払い，購入するのはモノというよりも，むしろ記号であり（ボードリヤール 1970＝1979），それはサービスも同じである。そして都市空間では「休む」という行為にもカネがかかる。

　ドイツ在住の現代アート作家，Fabian Brunsing の作ったベンチ作品を見てみよう（図13-4）。作品は1分27秒の動画として web

図13-2　緑の大地（オアシス21）のベンチ
出所：編者撮影。

図13-3　水の宇宙船（オアシス21）のベンチ
出所：筆者撮影。

上で公開されている。動画の内容はこうだ。

　——都会で働くサラリーマンが公園を歩く。彼はベンチを見つけ，ベンチに設置された箱に小銭を投入する。するとベンチの座面に設置された無数の鋲が金属音とともにゆっくりと下がり，ベンチは人が座ることのできる本来の姿を取り戻す。

　新聞を読みながら，ペットボトルの水を飲み，小さなパンを食べたサラリーマンにやがてけたたましいサイレンが鳴り響く。時間終了を告げるアラームだ。彼は慌てて荷物をもってベンチから去る。すぐさまベンチの座面

図13-4　PAY&SIT : the private bench
(Fabian Brunsing)
出所：http://www.fabianbrunsing.de/

の鋲が不愉快な金属音とともにゆっくり引き上がり，再び人を寄せつけない姿となったベンチは，次の客を待つ。

この金属製の無数の鋲を備えたベンチ作品の名前は「PAY & SIT」という。「座りたければカネ払え」とはよくつけたもので，「座る」というベンチの基本機能は，料金を支払った者だけに与えられる。支払えない者にとっては，それは休息の器具ではなく，むしろ中世の拷問器具をイメージさせる。

　名古屋駅の半径１km圏内には，10を超えるスターバックスが存在するが，公園はわずか３，４つしかない（うち１つが西柳公園。牧野公園は後述）。ファッションビルやショッピングモールに設置されているベンチは無料であるが，きれいで洒落たそれらの空間は，そこに来る買い物客（消費できる人々）のためだけに存在する。直接の費用は発生しておらずとも，間接的に「支払い能力」を要請しているといえる。

　現代の都市は，労働し消費する人々のために作られている。人間に不可欠な「休む」ための建造物（ベンチ）１つとっても，それがあらわれる。この結果，排除されるのが，労働も消費も満足に成し得ない人々——すなわち「貧困者」である。

　貧困な人々は多くの場合，現代社会の想定する「労働」から疎外され，同じく現代社会が求める「消費」のあり方から外れている。貧困であるということはカネがない（貧乏）ことであるが，現代社会において貧困であることは同時に「世界（社会）のどこにも居場所がない」ことでもある。当人がそう感じているだけでなく，実際にそのように排除される。そして究極の「貧困者」（場所を追われた者）として，路上生活者，ホームレスと呼ばれる人々がいる。

最初の西柳公園の独特の形をしたベンチは，サラリーマンが長くサボるのを防ぐ効果もあるが，それ以上に路上生活者がそこで身体を休めないための工夫である。都市の排除を体現する建造物であるといえる。

図 13 - 5　アンチ・ホームレス・スパイクス

出所：https://www.theguardian.com/society/2015/feb/18/defensive- architecture- keeps- poverty- undeen- and- makes-us-more-hostile

スパイクス

2014年にロンドン市内の高級住宅街（サウスウォーク・ブリッジ・ロード）のあるマンションで，正面玄関の外側スペースに金属の鋲（spikes）を打ちつけたことが大きなニュースとなった（図13 - 5）。“ホームレス除け”として設置されたことが明白なこの鋲は，アンチ・ホームレス・スパイクス（Anti-homeless spikes）と呼ばれ，大きな批判を浴びた。ただし反響は批判ばかりでもなく，なかには賛意を示す意見も少なからず存在した。

アンチ・ホームレス・スパイクスが話題となり，当時のロンドン市長ボリス・ジョンソンが鋲を設置したマンション側を非難して，早急に撤去すべきだと自身のツイッターを通して発信した。その彼のツイートに対して以下のような返信がついていた（ブレイディみかこ 2014）。

　私はあのエリアの住人です。酔っ払いやジャンキーが路上で寝ています。彼らを可哀そうだと思います。でも，うちの近所にはいて欲しくない。

このような態度を Not In My Back Yard（私の裏庭ではお断り）の頭文字をとって NIMBY と呼ぶ。NIMBY とは，社会生活に必要な事業・施設であることは理解するが，自らの居住する地域内で事業を実施したり，設置されることには反対するという態度を指す用語であり，ゴミ処理施設などの建設におい

て顕在化する。社会福祉施設の NIMBY 問題は，日本でもホームレス支援施設などで特に激しく，近年では東京都の保育所建設における地域住民の反対運動や，港区南青山に児童相談所・母子生活支援施設の一体施設を建設する際にあらわれた（毎日新聞 2018年10月28日）。

　住む場所のないホームレスの人々は「可哀そうだ」とは感じるが，彼らを遠ざける金属の鋲を自分のマンションに設置することは「やむを得ない」と考える。その断絶が意識されない。確かに自分たちの住む地域に見知らぬ人間がたむろすることを忌避する感情はあるかもしれない。だからといってスパイクスを設置する行動が支持されてよいはずがない。それはもはやホームレスの人々を人間扱いしていない。しかし，金属の鋲でなければよいのであろうか。私たちの都市ではこれほど露骨ではなくとも，もっと遠回しで狡猾な方法で，同じように貧困者を排除している。

敵対的建造物

　排除ベンチや，アンチ・ホームレス・スパイクスのような特定の人々を排除する都市建造物を総称して「ホスティル・アーキテクチャ」（敵対的建造物）と呼ぶ（他に「ディフェンシブ・アーキテクチャ」〔防衛的建造物〕や「エクスクルージョナリー・デザイン」〔排除的デザイン〕とも呼ぶ）。

図13-6　牧野公園（名古屋市中村区）のベンチ①
出所：筆者撮影。

　再び名古屋駅周辺に戻ろう。名古屋駅から今度は逆の西側へ600メートル程度歩くと牧野公園がある。高層ビルが立ち並ぶ名古屋駅東側に比べると名古屋駅西側（駅西）は開発の度合いが小さく，両者の風景は大きく異なる（駅西の再開発については第9章参照）。駅から5分も歩けば古い町並みや住宅街に出る。牧野公園は市立牧野小

学校の南に隣接する公園であり，図 13 - 6 は牧野公園に設置されたベンチである。

　西柳公園のベンチと異なり，木製のベンチは古くて塗装が剥げている。座面の中央に――おそらく後で取り付けたのであろう――材質の異なる木製の仕切りが 2 つ設置されている。占有せず 3 人分として使用せよ，ということだろうか。しかし，真ん中のスペースは大人が座るにはあまりに窮屈であるし，どう考えても利便性は下がっている。牧野公園のベンチ対策は徹底されており，園内のベンチにはもれなく仕切りが取り付けられている（図 13 - 7，13 - 8）。

図 13 - 7　牧野公園（名古屋市中村区）のベンチ②
出所：筆者撮影。

図 13 - 8　牧野公園（名古屋市中村区）のベンチ③
出所：筆者撮影。

　名古屋市内でホームレス数が最も多い地域が名古屋駅周辺であるが，数多くの商業施設やオフィスビルが立ち並ぶ駅東と異なり，駅西の牧野公園では"露骨に"排除している。この仕切りはロンドンのスパイクスに近い敵対的建造物であるといえる。

　一方で，駅東の西柳公園のベンチは一見してわかる排除ではない。現代風の凝ったデザインで装った敵対的建造物を「排除アート」と呼ぶ（なお，海外では総称して hostile architecture であり，「アート」の語を用いない）。名古屋駅西側の露骨な排除の建造物が，駅東ではデザインやアートの力で"お洒落に"形を変えて排除する。「このようなデザインなのです」といえば批判を回避でき，露骨に排除するよりは罪悪感も減るかもしれない。けれども利便性を犠牲にする

ことで，ホームレス以外の人々にとっても使いにくい建造物となっている。

3 ジェントリフィケーション

まちづくりによる追い出し

「まちづくり」においてデザインやアートを利用して，旧来の住民や貧困・低所得層を追い出す仕組みを「ジェントリフィケーション」(gentrification) と呼ぶ。都市の居住地域を再開発して高級化することを指し，イギリスの社会学者ルース・グラスが著書『ロンドン』で提唱した。

ジェントリフィケーションは評価の分かれる概念であり，都市が抱えるインナーシティ問題（老朽化した都市中心部から富裕層が郊外へ転出し，滞留した貧困・低所得層がスラムを形成する。これにより治安の悪化，失業者の増加，商業施設の衰退などの諸課題が生じる）への対抗策として，都市部のスラム地域を一掃し，再開発のための切り札となる，と肯定的に紹介されることもある。一方で，再開発により旧来の住民を"追い出す"ことへの批判も存在する。原口（2018）は，ジェントリフィケーションがもつ住民追い出し機能を3つに分類している。

　①直接的な暴力による立ち退き
　②雰囲気による追い出し
　③家賃や地価の上昇

近年では，大阪市の西成区釜ヶ崎で再開発が進み（西成特区構想），このジェントリフィケーションが生じている（大規模資本の投入による再開発。星野リゾートによる都市観光ホテル開発計画など）。日雇い労働者の街であった釜ヶ崎（≒あいりん地区）のこの変化を，社会学者の白波瀬達也は次のように評している。

西成特区構想の本格始動によって，あいりん地区の不法投棄は大幅に減り，大量の放置自転車も整理された。公園には花が植えられ，落書きだらけの町

の壁は白く塗り替えられた。白昼堂々とおこなわれていた暴力団による違法
賭博がなくなり，路上での覚醒剤の売買も目立たなくなった。また，新今宮
駅付近は外国人旅行客で溢れ，簡易宿泊所の稼働率が上がった。日雇労働者
向けの飲食店などは英語でのメニューを出すようになり，外国人旅行客を当
て込んだ小洒落たパブなども新たに開業した。

（白波瀬 2017：86）

　このように華々しい成果が語られる一方で，実際に西成の釜ヶ崎は都市開発
により路線価は急上昇し，家賃は上がり，旧来の都市住民や安価な簡易宿泊所
を求める日雇い労働者にとっては住みにくい街となった。2019年4月には，
釜ヶ崎のシンボルでもあったあいりん総合センター閉鎖にあたり，抵抗する労
働者たちを200名を超える警察が強制退去させている。「お洒落で綺麗なまちづ
くり」が貧困・低所得層を街から追い出す。排除アートと同じ構造がよりマク
ロにまちづくりレベルで実施される。

有料の公園

　先ほどの大阪西成地区からさらに南へ行くと，阿倍野・天王寺地区がある。
超高層ビル——あべのハルカスが有名な地域である。そのハルカスを見上げる
かたちで天王寺駅からすぐの場所に天王寺公園がある。

　1909年開園という歴史あるこの都市部の大規模公園は当初は無料で市民誰も
が利用できた。この公園はその開放性と土地柄ゆえに様々な人間が存在し，そ
れは雑多で，ときに必ずしも上品なものではなかった（青空カラオケなど）。
1990年2月に野宿者対処等を理由に有料化（入園料：150円）され，ゲートのな
かの公園は支払い能力のある消費者のものになった。この天王寺公園が2015年
4月に条例改正で再び入場が無料化される。同時に2015年10月公園南東部が再
整備され，フットサルコートやカフェレストラン，ドッグランといった施設を
備えた「てんしば」エリアとして2015年10月にリニューアルされた。

　園内にはコンビニもあり，なによりお洒落なカフェレストランが多い。芝生

がまぶしく，休日は家族連れで賑わう。子どもが遊べる遊具は少ないが，その代わりにボーネルンドのプレイパークがある。ボーネルンドは親子ペアで1,500円。ドッグランは1時間1頭800円，フットサルコートは会員で1時間1コート8,000円。お金を払えば楽しめ，きらびやかに光り輝くその場所には，かつてこの公園にいたあまり上品とはいえないような人々の姿は見られない。

　お洒落なカフェや有料の「遊び場」——普通の公園よりもずっと充実した遊具や，ペットと一緒に遊ぶスペース，大人たちが汗を流すフットサルコート——これらは金属製の無数の鋲を備えコインを投入すると鋲が下がるあの「PAY & SIT」のベンチと何が違うのであろうか。休むことや遊ぶことは，カネをもち支払った者だけに与えられる特権と化す。支払えない者の眼には，そこは自身には届かない排除的な空間に映るだろう。入場無料に戻したあとで，この公園で行われたのは，お洒落な雰囲気で排除し，園内の有料施設で排除する，形を変えた新たな排除に他ならない。

4　公園・ストリートは誰のものか？

排除の論理

　筆者のこれまでの論旨があまりに貧困者，ホームレス側に「偏って」いるのではないかと感じる人もいるかもしれない。ホームレスの方は気の毒かもしれないが，街も通りも公園も特定のホームレスのものではなく，カップルや家族連れが"安心して"楽しめるような空間になるならば，少々デザインが奇抜であろうと，有料であろうと良いではないか。そのような意見も当然ある。

　ホームレスの人々がブルーシートで公園に寝泊まりしたり，ベンチで昼寝をしていたり，ガラの悪い低所得層の若者が通りでたむろしているよりは，公園の芝生やファッションビルを歩くカップルや家族連れの方が健全に見えるかもしれない。彼ら「一般市民」の側からすれば，これまでの公園がホームレスによってコミュニティから「盗まれ」ていたのである。公園や通りは寝るための空間ではない。たとえばゴミのポイ捨てと同様に，そこで寝ることは違法とし

て取り締まるべきだ。それが秩序と公衆衛生の観点から必要だというのが，ジェントリフィケーションを肯定し，ホームレス街の再生を目指す人々から聞かれる（スミス 1996＝2014）。

　いったい，公園やストリート，それら公共空間は誰のものなのだろうか？

　自らも野宿者支援活動を行う法学者の笹沼弘志は，ホームレスの人々を追い出そうとする一般市民のロジックに対して，次のように述べている。

　　公園など公共施設に起居するホームレスの人々に対して，近隣住民が公園を散歩できないとか，汚らわしい，景観を損ねるなどの理由で排除を要求することがある。そして，公園にテント等を建てて起居する行為は，公共施設を私的に占用する不法占拠だとして排除が正当化される。（中略）公園を散歩するときにホームレスの人々が目障りだから立ち退かせろというのは，公共空間の私物化の論理だ。ホームレスの人々がテントを建てていても，散歩するためには十分な空間が確保されているにもかかわらず，自分が散歩するのに邪魔だから出て行けと他者の利用の自由を否定するのは，公共空間を自己の排他的利用のもとに置こうとする私有化の論理だ。ホームレスの人々を迷惑だとする排除は，こうした公私の論理の転倒に基づいている。

（笹沼 2008：223-224）

　笹沼は，公共（public）空間である公園を不法占拠しているとして，ホームレスの人々を追い出そうとする市民の動きこそが，私有化（private）の論理であるという。なぜホームレスの人が公園にブルーシートや段ボールのテントを構えたり，ベンチで昼寝をしているのを許さなければならないのか。「みんな」が気持ちよく使える公園のために，気分を害する行為や身なりをしている人々にほかの場所へ移ってもらうことがなぜ非難されなければならないのだろうか。

　笹沼は，まさにこのような言説「みんなのために」の裏にある排除を見抜いていた。この「みんな」には家をなくした「彼ら」は含まれていない。その「みんな」は結局「ワタシ」でしかない。公園もストリートも，確かにホーム

レスの人々のものではないかもしれない。しかし同時に彼らの排除をねがう「アナタ」のものでもない。

　現代社会を風刺するアート作品として紹介した鋲付きベンチ（図13-4），このベンチ作品の正式名称は「PAY & SIT：private bench」という。副題に「private」bench と名づけたのは，おそらく本来公園のベンチという公共物（public）の代表のような建造物ですら，カネを払った人間だけが占有できる私的（private）なモノへと変容している現実をあらわしている。

　「公園・ストリートは誰のものか？」という問いは，注意しなければホームレスの人々がそこにいることをただ非難することにつながる。この問いはまず先に，「なぜ彼ら（ホームレス）は公園にいるのか？」を考えなければならない。彼らは，「家」というプライベートな空間から追い出されたから，公的空間である「公園」や「ストリート」にいざるをえないのである。ではなぜ私的空間から追い出されたのか。それは「支払い能力」をなくしたからである。現代社会において居場所とはカネを払って得るものであって，カネがないこと／支払い能力がないことは存在する場所をも失うことを意味する（金がなければ居場所がなくなる）。ホームレスの人々を home-less にしているのは，究極的にはその「金を払って private をもて」という資本主義の「私有化原則」である。そして，まさにその私有化原則のさらなる徹底によって，公園に追いやられたホームレスは公園からも排除される。

対抗の可能性：反排除ベンチ

　「市民にやさしいまちづくり」というコトバはそこかしこに満ち溢れているけれど，そこでいうやさしくされる「市民」とはだれであろうか。お洒落で素敵なまちづくりの陰で犠牲になっている人々（非‐市民）の存在を常に意識しなければならない。そのような「まちづくり」は可能であろうか。

　イギリスのアンチ・ホームレス・スパイクスが話題になったことをきっかけに，海を隔てたカナダのあるベンチが注目を浴びた。バンクーバーにある2種類のベンチは「反排除ベンチ」とでも呼ぶべきベンチだ。

図 13 - 9　バンクーバーの反排除ベンチ①

出所：http://www.adeevee.com/2013/07/raincity-housing-bench-media/

図 13 - 10　バンクーバーの反排除ベンチ②

出所：http://www.adeevee.com/2013/07/raincity-housing-bench-media/

　ベンチの背もたれに「FIND SHELTER HERE」（シェルター〔一時避難所〕は
ここですよ）と書かれて，居場所を喪失した者の場所であることが宣言される。
背もたれのパーツを起こすと簡易の屋根と化し，そこで雨をしのぎながら眠る
ことができる。そして屋根を作るともう1つのメッセージ――「FIND A
HOME HERE（ホームはここですよ）」があらわれ，支援施設への案内が示され
る（図13-9）。

　もう1つのベンチは，昼間は「THIS IS A BENCH」（これはベンチです）と
書かれており，通常のベンチとして利用されているが，夜になると特殊な蛍光
塗料が光を発しもう1つのメッセージが現れる――「THIS IS A BEDROOM」
（これはベッドルームです）（図13-10）。

――これこそが「人にやさしいまちづくり」ではないだろうか。

参考文献

五十嵐太郎『過防備都市』中央公論新社，2004年。

岩田正美『社会的排除』有斐閣，2008年。

笹沼弘志『ホームレスと自立／排除』大月書店，2008年。

白波瀬達也「貧困地域の再開発をめぐるジレンマ――あいりん地区の事例から」『人間福祉研究』第10巻第 1 号，2017年：79-90。

スミス，ニール（原口剛訳）『ジェントリフィケーションと報復都市』ミネルヴァ書房，2014年。

デイヴィス，マイク『要塞都市 LA』青土社，2001年。

バウマン，ジグムント（伊藤茂訳）『新しい貧困――労働，消費主義，ニュープア』青土社，2008年。

原口剛「『新しい地理学』とジェントリフィケーション」『21世紀倫理創成研究』11，2018年： 8 - 9 。

ブレイディみかこ「アンチ・ホームレス建築の非人道性」Yahoo!JAPAN ニュース 2014/6/13（https://news.yahoo.co.jp/byline/bradymikako/20140613-00036330/ 最終アクセス日：2019年 3 月30日）。

ボードリヤール，ジャン（今村仁司・塚原史訳）『消費社会の神話と構造』紀伊国屋書店，1979年。

毎日新聞「児相は迷惑施設？ 東京・南青山 計画に住民猛反発（その 1 ）『超一等地の価値が下がる』」2018年10月28日（東京朝刊）。

Fabian Brunsing, *Pay & Sit - the Private Bench | Installation*, 2008。映像作品はインターネット上で観賞できる（http://www.fabianbrunsing.de/）。

第14章
都市と社会福祉

┌─ この章で学ぶこと ─┐

　本章では，日本における福祉のあり方を憲法学，特に憲法判例の視座から概観する。生存権を規定する憲法第25条にあたる規定は，大日本帝国憲法にはなく，その意味で日本国憲法の特徴的な規定の1つである。ただし，判例などでは，その法規範性がきわめて弱く理解されているのが現状である。しかし，そのことは，福祉に関して裁量の余地が広く認められていることも意味しており，都市政策の一環として可能性が開かれているともいえる。本章では，そうした点をふまえて，都市と社会福祉に関してみていきたい。

1　憲法第25条の構造と自治体の役割

　名古屋市などの比較的財政的に余裕のある都市部では，社会福祉に予算をつけることに，必ずしも否定的ではないかもしれない。あるいは，財政的に豊かな都市部にいて，生活に比較的余裕のある人たちは，そもそも，社会福祉に強い関心がないのかもしれない。しかし，将来的に財政状況が逼迫したとき，社会福祉のあり方は，様々な意味で問い直されるものと思われる。そのため，都市政策を考えるにあたって，そうした社会福祉のあり方を考えておくことは重要な意味をもつものと思われる。

　日本国憲法第25条第1項は，「すべて国民は，健康で文化的な最低限度の生活を営む権利を有する」とし，また，同条第2項では，「国は，すべての生活部面について，社会福祉，社会保障及び公衆衛生の向上及び増進に努めなければならない」としている。この条文は，生存権を定め，社会権（社会的・経済的弱者が国家に積極的配慮を求める権利）の総則的な規定として理解されている。

この憲法第25条が，日本の社会福祉に関する法体系のもっとも基礎となるものである。また，「健康で文化的な最低限度の生活を営む権利」を保障することは，憲法制定当時としては，きわめて先進的なものであった。その意味で，この憲法第25条の規定は，日本国憲法および戦後日本の重要な特徴の1つだといえるだろう。

第1項と第2項との関係については，分離説と一体説の考え方がある。分離説とは，第1項を救貧義務規定，第2項を防貧義務規定と理解するものである。一体説とは，第1項が生存権とその理念を定め，第2項はその実現のための手段を定めたものと理解するものである。いわゆる GHQ 案にも憲法第25条第2項に該当する規定が存在していたが，帝国議会での審議過程で生存権の権利性を明確化するために第1項が追加されたことに鑑みれば，一体説が妥当だといえるだろう。憲法学の通説も一体説を支持している。

日本の社会福祉の法体系としては，この憲法第25条に基づき，公的扶助などの制度として，生活保護法，児童福祉法，老人福祉法などが制定され，また，社会保険制度として，国民健康保険法，国民年金法，介護保険法などが制定されている。

なお，日本のこれらの制度の特徴の1つとして，（制度そのものは国が定めるにしても）地方公共団体が，運営主体や実施主体，保険者となっていることをあげることができる。したがって，日本では，社会福祉において，地方公共団体が重要な役割を果たすことになる。

2　生存権の法的性質

食糧管理法違反事件

さて，日本の社会福祉制度の基礎となる憲法第25条の法的性質は，どのようなものだろうか。

憲法第25条の法的性質が争われた戦後間もない頃の事例として，次のようなものがある。すなわち，食糧管理法の下では憲法第25条が保障する健康で文化

的な最低限度の生活を営むことができないとして争われた食糧管理法違反事件である。

　この事例について最高裁大法廷は，次のように判示している（最大判昭23・1・24）。すなわち，「人類の歴史において，立憲主義の発達当時に行われた政治思想は，できる限り個人の意思を尊重し，国家をして能う限り個人意思の自由に対し余計な干渉を行わしめまいとすることであつた。すなわち，最も少く政治する政府は，最良の政府であるとする思想である。そこで，諸国で制定された憲法の中には，多かれ少かれ個人の自由権的基本人権の保障が定められた。かくて，国民の経済活動は，放任主義の下に活発に自由競争を盛ならしめ，著しい経済的発展を遂げたのである。ところが，その結果は貧富の懸隔を甚しくし，少数の富者と多数の貧者を生ぜしめ，現代の社会的不公正を引き起すに至つた。そこで，かかる社会の現状は，国家をして他面において積極的に諸種の政策を実行せしめる必要を痛感せしめ，ここに現代国家は，制度として新な積極的干与を試みざるを得ざることになつた。これがいわゆる社会的施設及び社会的立法である。さて，憲法第25条第2項において，『国は，すべての生活部面について，社会福祉，社会保障及び公衆衛生の向上及び増進に努めなければならない』と規定しているのは，前述の社会生活の推移に伴う積極主義の政治である社会的施設の拡充増強に努力すべきことを国家の任務の一つとして宣言したものである。そして，同条第1項は，同様に積極主義の政治として，すべての国民が健康で文化的な最低限度の生活を営み得るよう国政を運営すべきことを国家の責務として宣言したものである。それは，主として社会的立法の制定及びその実施によるべきであるが，かかる生活水準の確保向上もまた国家の任務の一つとせられたのである。すなわち，国家は，国民一般に対して概括的にかかる責務を負担しこれを国政上の任務としたのであるけれども，個々の国民に対して具体的，現実的にかかる義務を有するのではない。言い換えれば，この規定により直接に個々の国民は，国家に対して具体的，現実的にかかる権利を有するものではない」としたのである（下線筆者）。

　この判決は，夜警国家から福祉国家への歴史的発展を端的に述べ，そこに憲

法第25条を位置づけながらも，その法的性格については，プログラム規定説を採用している。プログラム規定説とは，憲法第25条が「健康で文化的な最低限度の生活を営む権利を有する」と規定していても，その規定の意味は，国家にそれを保障する法的義務を課したわけではなく，あくまで政治的・道義的義務を課したに留まるという考えである。

朝日訴訟

ただし，その後，いわゆる朝日訴訟において，最高裁はプログラム規定説を放棄するに至る。

朝日訴訟とは，国立の療養所で生活し，１カ月600円の生活扶助と医療扶助を受給していた原告が，保護受給額の増額を求めていたが，実兄から1,500円の仕送りを得ることになったところ，そのうちの600円を原告に渡し，残りの900円を医療費の自己負担分とする保護変更処分を受けたため，訴訟に至った事例である。なお，当時の18歳公務員初任給はおよそ7,000円程度である。

最高裁大法廷は，原告が訴訟中に死亡したことから，「一身専属の権利」，つまり，譲渡や相続の対象とならない権利である生活保護の受給権も消滅し，訴訟は終了したとしたが，「なお，念のために」憲法判断をしている（最大判昭42・5・24）。

すなわち，「憲法25条１項は，『すべて国民は，健康で文化的な最低限度の生活を営む権利を有する。』と規定している。この規定は，すべての国民が健康で文化的な最低限度の生活を営み得るように国政を運営すべきことを国の責務として宣言したにとどまり，直接個々の国民に対して具体的権利を賦与したものではな」く，「具体的権利としては，憲法の規定の趣旨を実現するために制定された生活保護法によつて，はじめて与えられているというべきである」。ただし，生活保護を受ける規準は，「結局には憲法の定める健康で文化的な最低限度の生活を維持するにたりるものでなければならない。しかし，健康で文化的な最低限度の生活なるものは，抽象的な相対的概念であり，その具体的内容は，文化の発達，国民経済の進展に伴つて向上するのはもとより，多数の不

確定的要素を綜合考量してはじめて決定できるものである。したがつて，何が健康で文化的な最低限度の生活であるかの認定判断は，いちおう，厚生大臣（今日の厚生労働大臣。括弧内筆者）の合目的的な裁量に委されており，その判断は，当不当の問題として政府の政治責任が問われることはあつても，直ちに違法の問題を生ずることはない。ただ，現実の生活条件を無視して著しく低い基準を設定する等憲法および生活保護法の趣旨・目的に反し，法律によつて与えられた裁量権の限界をこえた場合または裁量権を濫用した場合には，違法な行為として司法審査の対象となることをまぬかれない」とした（下線筆者）。

　ただし，本件事案では，そうした行政（当時の厚生大臣。今日の厚生労働大臣）の裁量権の限界をこえた場合，または裁量権を濫用した場合には当たらないとしている。

　憲法第25条の規定を直接の根拠に権利を主張できるとする立場を具体的権利説といい，憲法第25条を直接の根拠に権利を主張することはできず，憲法規定を具体化する法律によってはじめて権利を主張できるとする立場を抽象的権利説というが，この朝日訴訟の最高裁判決は，抽象的権利説を採用している。また，同判決は，生活保護を受けるための基準の設定について広い行政裁量を認めたうえで，違法となり得るのは，そうした裁量の限界を超えた場合や濫用した場合に限られるとした。

　したがって，この判決は，先ほどの食糧管理法違反事件と異なり，プログラム規定説を否定し憲法第25条を法的規定としたものではあるが，その法的性格をきわめて限定的に捉えたものだといえる。

老齢加算の廃止と生活保護

　なお，法的には朝日訴訟の憲法判断部分は，いわゆる「傍論」と呼ばれるものである。つまり，判決の主文（結論）に直接的に影響しない部分である。判例を法源，つまり正式な法とみとめる国（たとえば米国など）では，直接的に主文に影響する部分が法源となり，傍論部分は法源とはならないとしている。日本の判例は法源ではない（したがって，その後の裁判を法的に拘束しない）とする

立場も有力であるため，傍論かどうかは重要ではないかもしれない。しかし，仮に判例を法源ではないとしても，しばしば下級審の判決で最高裁判決が引用，または参照され，事実上は先例として拘束力をもつことから，やはり傍論かどうかは重要な意味をもつものといえるだろう。

　なお，大法廷判決ではないものの，本論として生活保護の基準について広い行政裁量を認めたものが，次の事例である。これは，従来，生活保護の基準として老齢加算がなされていたところ，厚生労働大臣が段階的に老齢加算を減額，または廃止する改定をし，原告への支給額を減額する変更決定をしたため，その決定の取消しを求めた事案である。

　この事案について，最高裁は次のように述べている（最判平24・2・28）。すなわち，「生活保護法3条によれば，同法により保障される最低限度の生活は，健康で文化的な生活水準を維持することができるものでなければならないところ，同法8条2項によれば，保護基準は，要保護者（生活保護法による保護を必要とする者をいう。以下同じ。）の年齢別，性別，世帯構成別，所在地域別その他保護の種類に応じて必要な事情を考慮した最低限度の生活の需要を満たすに十分なものであって，かつ，これを超えないものでなければならない。そうすると，仮に，老齢加算の一部又は全部についてその支給の根拠となっていた高齢者の特別な需要が認められないというのであれば，老齢加算の減額又は廃止をすることは，同項の規定に沿うところであるということができる。もっとも，これらの規定にいう最低限度の生活は，抽象的かつ相対的な概念であって，その具体的な内容は，その時々における経済的・社会的条件，一般的な国民生活の状況等との相関関係において判断決定されるべきものであり，これを保護基準において具体化するに当たっては，高度の専門技術的な考察とそれに基づいた政策的判断を必要とするものである」。「したがって，保護基準中の老齢加算に係る部分を改定するに際し，最低限度の生活を維持する上で老齢であることに起因する特別な需要が存在するといえるか否か及び高齢者に係る改定後の生活扶助基準の内容が健康で文化的な生活水準を維持することができるものであるか否かを判断するに当たっては，厚生労働大臣に上記のような専門技術的か

つ政策的な見地からの裁量権が認められるものというべきである」として，「老齢加算の廃止を内容とする保護基準の改定は，①当該改定の時点において70歳以上の高齢者には老齢加算に見合う特別な需要が認められず，高齢者に係る当該改定後の生活扶助基準の内容が高齢者の健康で文化的な生活水準を維持するに足りるものであるとした厚生労働大臣の判断に，最低限度の生活の具体化に係る判断の過程及び手続における過誤，欠落の有無等の観点からみて裁量権の範囲の逸脱又はその濫用があると認められる場合，あるいは，②老齢加算の廃止に際し激変緩和等の措置を採るか否かについての方針及びこれを採る場合において現に選択した措置が相当であるとした同大臣の判断に，被保護者の期待的利益や生活への影響等の観点からみて裁量権の範囲の逸脱又はその濫用があると認められる場合に……違法となるものというべきである」とした。そのうえで，同判決は，本件事案の請求を退けている。

堀木訴訟

　そのほか，著名な事例に堀木訴訟がある。これは，視力障害があり障害福祉年金を受給していた原告が，母子世帯として子を養育していることから児童扶養手当も受けようとしたところ，児童扶養手当と公的年金の併給禁止が定められていたため，児童扶養手当の支給が認められなかったことが争われた事例である。

　最高裁大法廷は，次のように判示している（最大判昭57・7・7）。すなわち，「憲法25条の規定は，国権の作用に対し，一定の目的を設定しその実現のための積極的な発動を期待するという性質のものである。しかも，右規定にいう『健康で文化的な最低限度の生活』なるものは，きわめて抽象的・相対的な概念であつて，その具体的内容は，その時々における文化の発達の程度，経済的・社会的条件，一般的な国民生活の状況等との相関関係において判断決定されるべきものであるとともに，右規定を現実の立法として具体化するに当つては，国の財政事情を無視することができず，また，多方面にわたる複雑多様な，しかも高度の専門技術的な考察とそれに基づいた政策的判断を必要とする

ものである。したがつて，憲法25条の規定の趣旨にこたえて具体的にどのような立法措置を講ずるかの選択決定は，立法府の広い裁量にゆだねられており，それが著しく合理性を欠き明らかに裁量の逸脱・濫用と見ざるをえないような場合を除き，裁判所が審査判断するのに適しない事柄であるといわなければならない」とした。つまり，前述の朝日訴訟は憲法第25条の生存権に関して広い行政裁量を認めたものであるが，この堀木訴訟は，広い立法裁量を認めたのである。そのうえで，「一般に，社会保障法制上，同一人に同一の性格を有する2以上の公的年金が支給されることとなるべき，いわゆる複数事故において，そのそれぞれの事故それ自体としては支給原因である稼得能力の喪失又は低下をもたらすものであつても，事故が2以上重なつたからといつて稼得能力の喪失又は低下の程度が必ずしも事故の数に比例して増加するといえないことは明らかである。このような場合について，社会保障給付の全般的公平を図るため公的年金相互間における併給調整を行うかどうかは，さきに述べたところにより，立法府の裁量の範囲に属する事柄と見るべきである。また，この種の立法における給付額の決定も，立法政策上の裁量事項であり，それが低額であるからといつて当然に憲法25条違反に結びつくものということはできない」としたのである（下線筆者）。

　以上のように，判例は，憲法第25条の法的性質に関して，かつてのプログラム規定説を否定したものの，現状では抽象的権利説にとどまり，また，広い立法裁量と広い行政裁量を認めている。したがって，憲法上の拘束力はきわめて弱いものだと考えられる。しかし，それは，福祉のあり方に関して広く政策に開かれていることをも意味している。

3　都市のグローバル化と外国人の権利保障

塩見訴訟

　ところで，グローバル化のすすむ現代社会では，外国人の権利保障のあり方が問題となっている。そのことは，特に都市部において顕著なことだといえる

だろう。

　判例は，憲法上の権利に関して，いわゆる「性質説」（権利の性質上，外国人にも保障できるものは保障するという考え方）を採用している。たとえば，マクリーン事件（外国籍の者が日本の在留期間中にベトナム反戦運動を行ったこと等のために在留期間の更新が認められなかったため，その在留期間の更新の不許可処分の取消しを求めた事案）において，最高裁大法廷は「憲法第 3 章の諸規定による基本的人権の保障は，権利の性質上日本国民のみをその対象としていると解されるものを除き，わが国に在留する外国人に対しても等しく及ぶものと解すべきであり，政治活動の自由についても，わが国の政治的意思決定又はその実施に影響を及ぼす活動等外国人の地位にかんがみこれを認めることが相当でないと解されるものを除き，その保障が及ぶものと解するのが，相当である」（下線筆者）と述べている（最大判昭53・10・4）。

　ただし，本件事案について最高裁は，「外国人の在留の許否は国の裁量にゆだねられ，わが国に在留する外国人は，憲法上わが国に在留する権利ないし引き続き在留することを要求することができる権利を保障されているものではなく，ただ，出入国管理令上法務大臣がその裁量により更新を適当と認めるに足りる相当の理由があると判断する場合に限り在留期間の更新を受けることができる地位を与えられているにすぎない」とし，「在留中の外国人の行為が合憲合法な場合でも，法務大臣がその行為を当不当の面から日本国にとつて好ましいものとはいえないと評価し，また，右行為から将来当該外国人が日本国の利益を害する行為を行うおそれがある者であると推認することは，右行為が上記のような意味において憲法の保障を受けるものであるからといつてなんら妨げられるものではない」（下線筆者）として，本件在留期間の更新不許可処分を合憲としている。

　このようにしてみると，外国人の憲法上の権利保障について性質説を採用しているといっても，具体的に権利の性質上保障できるものは何かが問題となる。では，福祉に関しては，どうだろうか。

　この点に関する著名な事例として，塩見訴訟がある。これは，サンフランシ

スコ平和条約の発効に伴って日本国籍を失ったけれども後に日本国籍を取得した原告が，国民年金法上の障碍者認定日（この事案では国民年金制度創設日）に外国籍であったことを理由に，障害福祉年金の支給の裁定申請を却下されたため，その却下処分の取消しを求めた事案である。

　最高裁は次のように述べている（最判平元・3・2）。すなわち，「社会保障上の施策において在留外国人をどのように処遇するかについては，国は，特別の条約の存しない限り，当該外国人の属する国との外交関係，変動する国際情勢，国内の政治・経済・社会的諸事情等に照らしながら，その政治的判断によりこれを決定することができるのであり，その限られた財源の下で福祉的給付を行うに当たり，自国民を在留外国人より優先的に扱うことも，許されるべきことと解される」。そのため，「障害福祉年金の支給対象者から在留外国人を除外することは，立法府の裁量の範囲に属する事柄と見るべきである」としたのである（下線筆者）。つまり，判例によれば，社会保障制度においては，憲法上は外国人に権利保障が及ぶわけではないのである。ただし，立法裁量として，外国人にも社会保障を及ぼすことは可能であり，実際，社会保険制度である国民年金法や児童手当法などから，今日，国籍条項は削除されている。そのため，外国人にも，それらの保障が及ぶことになっている。

生活保護法と外国人

　では，生活保護制度はどうだろうか。

　この点に関する判例として，まず，日本に不法残留をしている外国人が交通事故で傷害を負い，生活保護の申請を行ったところ，却下処分を受けたため，その却下処分の取消しを求めた事案がある。

　この事案について，最高裁は，次のように判断している（最判平13・9・25）。すなわち，「生活保護法が不法残留者を保護の対象とするものではないことは，その規定及び趣旨に照らし明らかというべきである。そして，憲法25条については，同条1項は国が個々の国民に対して具体的，現実的に義務を有することを規定したものではなく，同条2項によって国の責務であるとされている社会

的立法及び社会的施設の創造拡充により個々の国民の具体的，現実的な生活権が設定充実されていくものであって，同条の趣旨にこたえて具体的にどのような立法措置を講ずるかの選択決定は立法府の広い裁量にゆだねられていると解すべきところ，不法残留者を保護の対象に含めるかどうかが立法府の裁量の範囲に属することは明らかというべきである。不法残留者が緊急に治療を要する場合についても，この理が当てはまる」としたうえで，生活保護法「が不法残留者を保護の対象としていないことは，憲法25条に違反しないと解するのが相当である。また，生活保護法が不法残留者を保護の対象としないことは何ら合理的理由のない不当な差別的取扱いには当たらないから」，平等原則や差別の禁止を定める「憲法14条1項に違反しないというべきである」としている（下線筆者）。

　また，永住者の在留資格をもつ外国人が生活保護の申請を行ったところ，却下処分を受けたため，その取消しを求めた事案がある。

　この事案について最高裁は，次のように述べている（最判平26・7・18）。すなわち，もともと生活保護法（旧生活保護法）は，その第1条で「この法律は，生活の保護を要する状態にある者の生活を，国が差別的又は優先的な取扱をなすことなく平等に保護して，社会の福祉を増進することを目的とする」と規定していたところ，その後の改正によって，同条が「この法律は，日本国憲法第25条に規定する理念に基き，国が生活に困窮するすべての国民に対し，その困窮の程度に応じ，必要な保護を行い，その最低限度の生活を保障するとともに，その自立を助長することを目的とする」となったことなどを踏まえて，「旧生活保護法は，その適用の対象につき『国民』であるか否かを区別していなかったのに対し，現行の生活保護法は，1条及び2条において，その適用の対象につき『国民』と定めたものであり，このように同法の適用の対象につき定めた上記各条にいう『国民』とは日本国民を意味するものであって，外国人はこれに含まれないものと解される」とし，また，「現行の生活保護法が制定された後，現在に至るまでの間，同法の適用を受ける者の範囲を一定の範囲の外国人に拡大するような法改正は行われておらず，同法上の保護に関する規定を一定

の範囲の外国人に準用する旨の法令も存在しない」としたうえで，「生活保護法を始めとする現行法令上，生活保護法が一定の範囲の外国人に適用され又は準用されると解すべき根拠は見当たらない」とした。ただし，厚生省（現在の厚生労働省）から「生活に困窮する外国人に対する生活保護の措置について」と題する通知が出されており，「外国人は生活保護法の適用対象とはならないとしつつ，当分の間，生活に困窮する外国人に対しては日本国民に対する生活保護の決定実施の取扱いに準じて必要と認める保護を行うもの」としている（なお，これに関しては，その後，生活保護の対象となる外国人を「永住的外国人」に限定する方針になった）。そのことに関して，最高裁は，その「通知は行政庁の通達であり，それに基づく行政措置として一定範囲の外国人に対して生活保護が事実上実施されてきたとしても，そのことによって，生活保護法1条及び2条の規定の改正等の立法措置を経ることなく，生活保護法が一定の範囲の外国人に適用され又は準用されるものとなると解する余地はな」いとし，「外国人は，行政庁の通達等に基づく行政措置により事実上の保護の対象となり得るにとどまり，生活保護法に基づく保護の対象となるものではなく，同法に基づく受給権を有しないものというべきである」とした（下線筆者）。

　したがって，判例および現行法上は，生活保護を「権利」としては保障していないことになる。そのことは，事故で傷害を負うことなどがあっても同様である。また，行政措置として，いわゆる永住的外国人には生活保護を認める方針ではあるものの，それは，あくまで行政措置としてであって，権利として保障しているわけではないのである。

4　コミュニティ・ベースの福祉

社会福祉協議会とボランティアの責任

　都市部を含む地域の福祉の推進を担うものの1つとして，社会福祉協議会がある。社会福祉協議会は，あくまで民間団体ではあるが，社会福祉法に根拠規定をもつものである（社会福祉法第109条以下）。実際，社会福祉協議会は様々な

役割を担っており，たとえば社会福祉協議会から介護などのボランティアが派遣されている。そのことに関連して，ボランティアセンターの事業を行う社会福祉協議会とそこから派遣されたボランティアの法的責任が問題となったものに，次の事案がある。すなわち，社会福祉協議会から派遣されたボランティアに歩行の介護を受けている途中に転倒して負傷した原告が，社会福祉協議会とそのボランティアとに損害賠償請求を求めた事案である。

　これについて東京地裁は，次のように述べている（東京地判平10・7・28）。すなわち，「ボランティア活動は，本来，他人から強制されたり，義務としてなされるべきものではなく，希望者が自分の意思で行う活動であるから，ボランティアセンターに登録したボランティアといえども，ボランティアセンターに対する義務としてボランティア活動を行っているのではなく，ボランティアがボランティアセンターの求めに応じてボランティア活動を行うようになったからといって，被告協議会とボランティアとの間に何らかの法律関係が発生するわけではないというべきである」。そして，「被告協議会のボランティアセンターが，ボランティア派遣依頼者の求めに応じてボランティアを『派遣』することになっても，右によって，被告協議会とボランティア派遣依頼者との間に，ボランティアの活動を債務の内容とするような準委任契約が成立するとみることはできないというべきである。仮に右のような契約関係が成立するとなると，被告協議会は，その債務を履行するため，ボランティアに対して，依頼の趣旨に従った活動をすることを義務付けなくてはならないが，それはボランティア活動の本旨に合致しないからである」とした（なお，準委任契約とは，法律行為以外の業務の委託を行う契約のことである）。そのうえで，「結局，被告協議会ないしボランティアセンターが行っている『ボランティアの登録及び派遣』とは，ボランティアの活動が円滑に行われるようにするため，予めボランティアの協力を得られることを確認し，ボランティア派遣依頼者の必要に応じたボランティアを速やかに紹介できるようにするため，ボランティア活動を行う人物を登録しておき，ボランティア派遣の依頼があったときは，登録したボランティアの中から適切なボランティアを紹介することを意味するにすぎないというべ

きである。すなわち、被告協議会は、ボランティアの派遣依頼者の希望に応じ
て適切な登録ボランティアを紹介するが、ボランティア派遣依頼者に対してそ
の依頼に応じて登録ボランティアを派遣する法的義務まで負うものではないと
いうべきで、前述の『派遣』という文言は、登録したボランティアの任意の協
力がなされることを期待して、登録ボランティアにボランティア派遣依頼者を
紹介することを意味するにすぎないものと解すべきである」とし、「したがっ
て、被告協議会が依頼に応じてボランティアを『派遣』したとしても、これに
よって、原告と被告協議会との間に準委任契約たる介護者派遣契約が成立した
ものと解する余地はなく、この契約の成立を前提として、被告協議会に対し損
害賠償を求める原告の本訴請求は、その余について判断するまでもなく失当で
ある」としたのである。つまり、ボランティアを派遣した社会福祉協議会には、
法的責任はないというわけである。では、ボランティア自身の法的責任はとい
うと、「ボランティアとしてであれ、障害者の歩行介護を引き受けた以上、右
介護を行うに当たっては、善良な管理者としての注意義務を尽くさなければな
らず（民法644条）、ボランティアが無償の奉仕活動であるからといって、その
故に直ちに責任が軽減されることはないというべきであるが、もとより、素人
であるボランティアに対して医療専門家のような介護を期待することはできな
いこともいうまでもない。例えていうならば、歩行介護を行うボランティアに
は、障害者の身を案ずる身内の人間が行う程度の誠実さをもって通常人であれ
ば尽くすべき注意義務を尽くすことが要求されているというべきである」とし
ている（下線筆者）。つまり、ボランティアであるとしても、歩行介護を引き受
けた以上は法的責任を負うことになるが、しかし、素人であるボランティアで
ある以上は、その法的責任（注意義務）はある程度軽減されるとしたわけであ
る。

　これから都市部を含む地域の福祉を推進するにあたって、ボランティアやボ
ランティアを派遣する組織は不可欠なものだといえるだろう。その際に、それ
らの関係者の法的責任を明らかとし、そのことを十分に認識し周知することも、
やはり重要なことだと思われる。

地域包括ケアシステム

さて，近時，新しい福祉のあり方の1つとして推進されているものに「地域包括ケアシステム」がある。

法的には介護保険法等に根拠をもつもので，たとえば介護保険法第5条第3項は「国及び地方公共団体は，被保険者が，可能な限り，住み慣れた地域でその有する能力に応じ自立した日常生活を営むことができるよう，保険給付に係る保健医療サービス及び福祉サービスに関する施策，要介護状態等となることの予防又は要介護状態等の軽減若しくは悪化の防止のための施策並びに地域における自立した日常生活の支援のための施策を，医療及び居住に関する施策との有機的な連携を図りつつ包括的に推進するよう努めなければならない」としている。また，同法第115条の45第1項では，「市町村は，被保険者……の要介護状態等となることの予防又は要介護状態等の軽減若しくは悪化の防止及び地域における自立した日常生活の支援のための施策を総合的かつ一体的に行うため，厚生労働省令で定める基準に従って，地域支援事業として，次に掲げる事業（以下「介護予防・日常生活支援総合事業」という。）を行うものとする」としている（下線筆者）。

こうした地域包括ケアシステムを有効に実施するためには，サービス付き高齢者向け住宅の充実，関連する専門職の人数や質の向上，そして，各専門職の連携など，様々な課題がある。

また，地域包括ケアシステムの構築は，狭い意味での福祉の問題にとどまらず，あえていえば，まちづくり，地域づくりそのものにかかわるものであり，まさに，これからの都市政策の中心的課題だといえるだろう。

5 大都市名古屋の今後の課題

判例によれば，憲法第25条は広い立法裁量と広い行政裁量を認めるものであり，その意味では，社会福祉に関しては広く政策に開かれているものだといえる。また，日本の法制度上，社会福祉の実施にあたっては，地方公共団体の役

割が大きい。そして，現代社会では，グローバル化が急速に進んでおり，社会福祉をそれにどのように対応させていくかは，今後の地方公共団体，特に名古屋市をはじめとする都市部の大きな課題の1つだといえるだろう。

　すでにみてきたように，現行法上，社会保険制度である国民年金法や児童手当法などからは国籍条項は削除されており，外国人にも，それらの保障が及ぶことになる。ただし，公的扶助制度である生活保護に関しては，一定の外国人に対する行政措置は行われるものの，あくまで「権利」としての保障はない。しかしながら，判例によれば，（憲法上，外国人に保障を及ぼすことを求めているわけではないが）社会福祉に関して広い立法裁量と広い行政裁量を認めている。したがって，その裁量の範囲の逸脱や濫用がない限りにおいて，政策として，外国人にも社会福祉に関する保障を権利として認めることも可能だといえる。名古屋市やその近隣市町村など，グローバル化の進む地域，あるいは国際都市を目指す地方公共団体では，外国人にとっても住みやすいまちづくり，地域づくりが必要となる。もちろん，財政や市民の理解などの問題もあるが，やはり外国人にとっても暮らしやすいまちづくりの視点から，外国人に対する福祉のあり方を考えていかなければならないのではないだろうか。

　また，近時の福祉政策では，これまで以上に地域の役割が重視されている。特に地域包括ケアシステムの構築は，まちづくり，地域づくりそのものにかかわるものでもある。そして，今後，高齢者数の急速な増加が想定される都市部において，この地域包括ケアシステムの構築は，殊更，重要な意味をもつものだと思われる。そのことは，大都市名古屋においても，決して例外ではない。実際，名古屋市では，2025年までの間に地域包括ケアシステムを構築するために，介護保険事業計画の策定・更新を進めている。

　いずれにしても，大都市名古屋の今後の政策課題において，社会福祉のあり方を考えておくことは，重要な意味をもつものといえるだろう。

参考文献
伊藤周平・日下部雅喜『（新版）改定介護保険法と自治体の役割──新総合事業と地

　　域包括ケアシステムへの課題』自治体研究社，2016年。

遠藤美奈「国民年金法の国籍要件の合憲性——塩見訴訟（最一小判平成元・3・2）」
　　岩村正彦編『社会保障判例百選（第5版）』有斐閣，2016年。

太田貞司編『大都市の地域包括ケアシステム——「見えにくさ」と「描く力」』光生
　　館，2012年。

菊池馨実「老齢加算廃止と生活保護法・憲法25条（最三小判平成24・2・28）」岩村正
　　彦編『社会保障判例百選（第5版）』有斐閣，2016年。

木下秀雄「生存権と生活保護基準——朝日訴訟（最大判昭和42・5・24）」岩村正彦編
　　『社会保障判例百選（第5版）』有斐閣，2016年。

国京則幸「非定住外国人への生活保護適用（最三小判平成13・9・25）」岩村正彦編
　　『社会保障判例百選（第5版）』有斐閣，2016年。

澤野義一・小林直三編『テキストブック憲法（第2版）』法律文化社，2017年。

関根由紀「外国人と社会保障——国民健康保険法の住所要件の解釈（最一小平成16・
　　1・15）」岩村正彦編『社会保障判例百選（第5版）』有斐閣，2016年。

田中和男・石井洸二・倉持史朗『社会福祉の歴史——地域と世界から読み解く』法律
　　文化社，2017年。

筒井孝子『地域包括ケアシステム構築のためのマネジメント戦略——integrated care
　　理論の実践とその応用——』中央法規出版，2014年。

中原太郎「ボランティアの民事責任（東京地判平成10・7・28）」岩村正彦編『社会保
　　障判例百選（第5版）』有斐閣，2016年。

二木立『地域包括ケアと地域医療連携』勁草書房，2015年。

──────『地域包括ケアと福祉改革』勁草書房，2017年。

三輪まどか「永住外国人と生活保護法の適用（最二小判平成26・7・18）」岩村正彦編
　　『社会保障判例百選（第5版）』有斐閣，2016年。

棟居徳子「障害福祉年金と児童扶養手当の併給禁止と違憲性——堀木訴訟（最大判昭
　　和57・7・7）」岩村正彦編『社会保障判例百選（第5版）』有斐閣，2016年。

推薦図書

伊藤周平・日下部雅喜『（新版）改定介護保険法と自治体の役割——新総合事業と地
　　域包括ケアシステムへの課題』自治体研究社，2016年。

＊地域包括ケアシステムを含む介護保険法に関する解説書。全体像を分かりやすく解
　　説している。

岩村正彦編『社会保障判例百選（第5版）』有斐閣，2016年。

＊法学を学ぶ者の間では定評のある判例解説書のシリーズの1冊。本章で取り上げた
　　以外の主要判例も数多く解説している。

田中和男・石井洗二・倉持史朗『社会福祉の歴史——地域と世界から読み解く』法律文化社，2017年。
＊初学者にも分かりやすいように執筆されている良書。社会福祉に関する歴史を通じて，社会福祉の全体像が理解できる。

── コラム⑬　福祉と国家像 ──

　国家として福祉をどのように捉え，位置づけ，そして，実現していくのかは，その国の国家像そのものにかかわる問題である。

　たとえば，米国の医療制度改革，いわゆる「オバマケア」をめぐる議論は，その問題が顕在化したものだといえるだろう。もともと米国では，公的な医療制度として，高齢者のためのメディケアと貧困者のためのメディケイドがあった。しかし，それらでは不十分だということで，オバマ大統領のもとで，国民に保険加入を義務づける医療制度改革が行われたのである。このオバマケアが国民に保険加入を義務づけることに関しては，米国連邦最高裁で合憲判決（National Federation of Independent Business v. Sebelius, 132 S.Ct. 2566, 2012）が出たものの，批判も根強く，その後，裁判でも政治においても様々な議論が展開し，修正が行われている。

　オバマケアが国民に加入を義務づける保険制度は，日本のような公的な保険制度ではないけれども，米国で激しく議論がなされているのは，やはり福祉に関する国家のあり方，すなわち，国家像そのものが問われているからだろう。また，その背景には，米国合衆国憲法に福祉の実現を国家の役割とする明文規定がないことが考えられる。つまり，国家と福祉との関係が不明確なのである。

　実際，米国では，国家が福祉を行うことを否定するリバタリアニズムの政治理論が盛んに主張されている。ここで注意しなければならないことは，リバタリアニズムの政治理論の多くは，福祉そのものを否定しているわけではない点である。それらの理論が否定するのは，国家が福祉を行うことなのである。

　それに対して，日本国憲法の場合には，本章で述べたように第25条の規定があり，また，戦後間もない最高裁大法廷判決（食糧管理法違反事件）でも，夜警国家から福祉国家への歴史的発展を端的に述べ，そこに憲法第25条を位置づけている。したがって，日本では，必ずしも米国のような議論や展開は想定できないと考えるが，しかし，財政的に余裕のない状況下では，国家と福祉との関係は，継続的に見直されていくものと思われる。

　福祉との関係は，国だけしか決めることができないというわけではない。憲法や法律に違反しない限り，地方公共団体の判断で，できることも多い。その意味では，国家像と関連する形で，名古屋市をはじめとする地方公共団体が，どのように福祉と向き合うかが，これから問われることになるだろう。

第15章
都市のコミュニティ政策

── この章で学ぶこと ──

　わが国の地域コミュニティの代表的な存在である自治会・町内会は現在，加入率の低下や担い手不足が深刻化している。こうした状況は全国共通であり，いかにして地域コミュニティの持続可能性を高めるかが課題となっている。もっとも，近年は都市部を中心に従来と異なる性格のコミュニティ支援も始まっており，一例としては名古屋市のコミュニティ・サポーターの実践があげられる。このような都市における新たなコミュニティ政策を通じ，自治会・町内会の運営改善の進展が期待される。

1　身近な地域コミュニティを考える

　みなさんはおそらく，「自治会」や「町内会」という言葉を，一度は聞いたことがあるのではないだろうか。なかには，自治会や町内会が毎年開催する夏の盆踊り大会や冬の餅つき大会などのイベントに，実際に参加した経験がある人もいるだろう。他方で，言葉は聞いたことがあるものの，活動に参加したことはなく，何をしているかがイメージできないという人もいるかもしれない。本章では，こうした自治会・町内会の現在の動向に焦点を当てつつ，都市政策としていかなるアプローチがありえるのかを検討する。

　実は現在，わが国の自治会・町内会は岐路に立っている。というのも，地域社会をめぐる状況が大きく変化し，自治会・町内会に加入する世帯も減少傾向にあり，活動に参加する人々の数も減り続けているからである。実際に，山間部の自治体では，担い手の高齢化ゆえに活動が維持できず，解散を余儀なくされた自治会・町内会も現れている。

こうした動向は都市部においても無縁ではない。たとえば，自治会・町内会の役員からは「ワンルームマンションの入居者は，ほとんど自治会・町内会に加入しない」といった嘆きの声が聞かれる。みなさんのなかで下宿を借り，1人暮らしをしながら大学に通っている人は，おそらく自分自身が自治会・町内会に加入しているかどうかを知らない場合も少なくないだろう。

また，自治会・町内会の役員をつとめる方々に関しては，退職世代の場合が多い。たしかに自治会・町内会の活動をみてみると，市役所で開かれる会議や交通安全の啓発活動など，平日の昼間に行われるものも少なくない。そうなると，勤労世代は仕事があり，どうしても平日の活動に参加するのが困難となる。結果として，退職世代が自治会・町内会の活動の中心的な担い手となってくるわけで，彼らの平均年齢はまた年々上昇している。

このようにみてみると，あらためてわが国の自治会・町内会は現在，運営面で岐路に立っていることが分かる。そこで，本章ではこうした自治会・町内会について，特に都市部の動向を中心にみていくことにしたい。以下ではまず，地域コミュニティとしての自治会・町内会について概観し，転換期を迎えている状況を確認する。続いて，名古屋市を中心に取り上げ，地域社会の構造や自治会・町内会のうごきとともに，コミュニティ政策の展開をみていく。そのうえで，運営改善を支援する新たな方策や将来的な方向性について考えてみたい。

2　都市のコミュニティをめぐる現況

地域コミュニティと自治会・町内会

身近な地域社会の問題を考える場合，活動の担い手としての地域コミュニティとの関わりが生じてくる。この地域コミュニティの代表的なものとして，わが国の場合には自治会・町内会が存在する。今日でもしばしば，まちづくりの領域においては様々なところで「地域コミュニティの活性化」が提唱されるが，こうした声はすでに1970年代から生じていた。この当時から，地域社会の現場でコミュニティ活動の中核を担い続けてきたのは，長年の歴史をもつ自治

会・町内会であった。それゆえに，日本の地域社会についてみていく場合には，地域コミュニティとしての自治会・町内会の存在を前提に考えていく必要がある（大石田 2009：65）。

このような自治会・町内会に関しては，わが国では30万近くの団体が全国に存在するといわれる（日高 2018：115）。もちろん，これほどの数の自治会・町内会があるとなれば，当然ながら規模も参加者も活動内容も異なってくる。たとえば，川崎市多摩区の菅町会は，8,720世帯・約2万人の会員を抱え，「国内最大級」の規模であるという（朝日新聞2017年6月9日付朝刊）。

そこで，本章では自治会・町内会を「その名称のいかんを問わず，実際に①各市町村内の一定地区（町・丁目，大字・小字・区など）を単位とし，②その地区に所在する世帯（事業所等を含む）を構成員とし，③公共行政の補完ないしは下請をはじめとして，その地区内の共同事業を包括的に行なう自治組織」（高木 1961：72）と把握しておきたい。このようにみると，一定地区を範囲とする，世帯を構成員とする，行政を補完する役割を果たす，包括的な事業を担う，といった点を自治会・町内会の要件として析出することができる。

こうした整理は，1960年代になされたものだが，今日でも自治会・町内会の特質に変わりはない。自治会・町内会の特質は，①世帯単位で加入する，②当該地域に住むと原則として加入する，③地域の事柄に対して包括的な機能・活動を担う，④行政に対して補完的な機能・活動を担う，⑤当該地域に存在するのは1つの自治会・町内会のみで地域的重複はみられない，⑥（例外はあるものの）全国で普遍的に存在する，の6点にまとめられる。

このような自治会・町内会は多くの場合，活動範囲を基準に階層構造になっている（図15-1）。一般的に自治会・町内会といえば，いわゆる単位自治会・単位町内会をさし，「自治会長」「町内会長」はこれらの代表にあたる。同時に，単位自治会・単位町内会の内部には複数の組や班を包含している。また，上部には連合自治会・連合町内会が存在し，その範囲は小学校区が基本である。さらに，連合自治会・連合町内会の代表（連合自治会長，連合町内会長）から構成される全市的な団体も存在し（○○市自治会連合会，○○市町内会連合会），定期

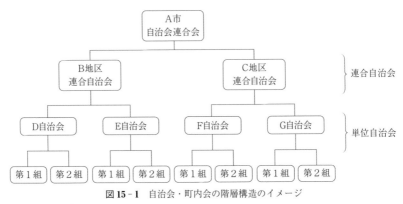

図15-1 自治会・町内会の階層構造のイメージ

出所：筆者作成。

的に行政側と意見交換することもある。

自治会・町内会の組織と活動

　自治会・町内会の組織体制をみると，実際のところ個々の自治会・町内会ごとに一様ではない。ただ，多くの場合，内部には会長や副会長，会計や監査といった役職を置き，彼らを「自治会役員」「町内会役員」と呼ぶ。

　さて，自治会・町内会の特質の1つに「地域の事柄に対して包括的な機能・活動を担う」があった。実際に，自治会・町内会の活動は多岐にわたるし，都市部と農山漁村部では内容が大きく異なる。ただし，多くの場合，回覧板や広報物による住民同士の相互連絡，地区内の集会施設の維持管理，地区内の環境美化や清掃活動，防犯灯の整備と修繕，防災訓練や防火啓発，防犯パトロールや交通安全啓発，盆踊りや敬老会や運動会といった催事の開催，などを担っているとみて差し支えない。

　こうした活動は単位自治会・単位町内会ごとに担うこともあれば，連合自治会・連合町内会が主導することもあり，地域事情による。ともあれ，特に日ごろからの児童の安全確保，災害時の助け合いなどは，自治体行政のみでは対応できず，ここに自治会・町内会の存在意義を求めることができる。

コミュニティ政策と都市社会

　このような自治会・町内会に対して，国や自治体はこれまでどのようなかたちで支援してきたのだろうか。わが国のコミュニティ政策の起源は，国民生活審議会調査部会コミュニティ問題小委員会による『コミュニティ——生活の場における人間性の回復』という報告の公表にある。このなかでは，コミュニティを「生活の場において，市民としての自主性と責任を自覚した個人および家庭を構成主体として，地域性と各種の共通目標をもった，開放的でしかも構成員相互に信頼感のある集団」（国民生活審議会調査部会編 1969：2）と定義していた。

　その後は当時の自治省により，3度にわたるコミュニティ政策が展開されていった。すなわち，モデル・コミュニティ地区施策（1970年代），コミュニティ推進地区施策（1980年代），コミュニティ活性化地区施策（1990年代）である。それぞれの内容に関しては，紙幅の都合からも割愛するが，施設整備やイベント開催などの費用の補助が中心となっていた。そのため，「コミュニティ施設の整備や，それを管理運営する委員会の設置を進めただけにとどまり，新しい住民活動の芽が出る機会に乏しく，行政システムそのものの見直しには至らなかった」（森岡 2008：274）などと揶揄されることもある。

　ここで重要なのは，以下の2点である。第1は，当時のコミュニティ政策の背景には，都市の地域社会における「隣は何をする人ぞ」という状況をいかに改善するかが課題となっていた，という点である。わが国では戦後，一貫して都市部への人口流入が進む一方，近隣の住民同士の関わりが希薄化していった。他方，時代を追うごとに地域社会における治安維持や災害対応などへの要請が強まり，コミュニティづくりが重視されるようになった。

　第2は，国による一連のコミュニティ政策が展開されるなかで，活動の中核を担ったのは，多くの場合に自治会・町内会の関係者だった点である。たしかに，国民生活審議会の報告では，従来の自治会・町内会に代わる新たなコミュニティづくりがめざされた。しかし，現実にはコミュニティ政策の展開を地域社会の現場で担ったのは，日ごろから親睦・環境美化・防犯・防災・福祉など

包括的に活動する自治会・町内会の関係者とならざるをえなかったのである。

3　転換期にある都市の地域コミュニティ

岐路に立つ自治会・町内会

　自治会・町内会の特性の1つに，「行政に対して補完的な機能・活動を担う」があった。現在でもなお，自治会・町内会と自治体行政とは相互補完の緊密な関係にあるとみてよい。具体的には，広報誌の配布など各種事業への対応，行政主催の様々なイベントやキャンペーン活動への協力，行政が実施する各種事業の事前相談への対応，行政として委嘱する各種委員（民生委員など）の候補者探し，などである。

　ところが，今日では自治会・町内会を取り巻く環境が大きく変化し，これまでの活動の前提が崩れはじめている。ここでは，「担い手」「社会情勢」「行政対応」という3つの観点から確認したい。このうち，第1の「担い手」は，自治会・町内会への加入者が減少し，加入していても活動に参加しない層が増えている，という状況がある。背景には，地域社会の問題への関心の希薄さ，仕事ゆえに日中の活動には参加できない時間的事情，などがあげられる。結果として，時間に余裕がある退職世代が自治会・町内会活動の主たる担い手となるが，彼らの高齢化を進んでいる。こうした点から，常に役員の後継者不足に悩まされることになる。

　第2の「社会情勢」に関しては，地域課題がますます多様化・複雑化する一方，自治会・町内会による対応への期待が高まっている，という状況がある。具体的な課題として，都市部での空き家の増加があげられる。総務省の調査によると，2018年時点で，全国の空き家は846万戸，全住宅に占める割合は13.6％となった（総務省統計局 2019：2）。空き家はごみの不法投棄や虫害を発生させ，地域の景観も大きく損ねてしまう。そのため，地域事情に詳しい自治会・町内会には，空き家の状況や軒数の把握，場合によっては対策の検討が期待されることになる。

　第3の「行政対応」については，多くの自治体で予算配分や職員配置の見直しが進んでいる状況がある。かつては職員数の多さゆえに，地域が抱える課題に対しても，自治体行政の側で解決を担ってきた部分もあった。しかし，住民の高齢化が進行する今日では，高齢者福祉に多くの予算と人員を充てるのは避けられない。それゆえに，行政側で対応しきれない地域課題の解決を，自治会・町内会に期待せざるをえない。

　以上から，自治会・町内会は役員の高齢化や担い手不足に直面しているにもかかわらず，新たな地域課題が発生し，また行政の資源も縮減するなかで，いっそう自治会・町内会への期待が高まっている，という状況が把握できよう。その結果，自治会・町内会の側からすると，従来のような運営や対応はきわめて困難な事態に直面するようになってきた。

持続可能性が問われる自治会・町内会

　少し前になるが，2015年に朝日新聞が数回にわたって自治会・町内会の特集を組み，紙面で活動や運営の実情を報じた。このなかでは，自治会・町内会のあり方を疑問視する声も掲載されている。具体的には，「存在意義が薄れ，特に若手は入会しないので，入会している高齢者に負担（会費・行事参加・寄付金）が増え，加速度的に脱会者が増加傾向にある」「現在，自治会役員をしていますが，4年任期内に祭り，環境整備，防災関連の行事が多く高齢の役員には重責に過ぎます」などである（朝日新聞2015年9月28日付朝刊）。

　このときには読者へのアンケート調査の結果も掲載され，「自治会・町内会に課題があるとすれば？」という質問に対して，最も多かった回答は「会員の高齢化，役員のなり手不足」であった。もちろん，あくまでも一部の読者に対するアンケート調査であるので，この結果を一般化することには留意を要する。それでも，1つの参考資料にはなるだろう。

　このように，自治会・町内会の活動現場は今，運営に困難が生じつつある。このような状況のなか，自治会・町内会の運営のあり方に対する問題提起も行われるようになってきた。たとえば，実際に町内会長を務めた人物は，自らの

経験に基づきながら，以下のように疑問を投げかける（紙屋 2014）。すなわち，軽い気持ちで町内会長を引き受けたところ，実際には校区行事や会議への欠席が許されず，プライベートな時間が大幅に削られてしまう。自分の町内会のことで精一杯なので，校区行事などは「参加できません，お引き受けできません」と断りを繰り返していたら，校区の役員から叱責を受けた。結果として心が折れ，町内会長を続ける気力を失ってしまった。そこで，校区からは脱退し，夏祭りや餅つきなどメンバーがやりたいことだけを行う，会費・加入なし，義務なし，役員手当なしの完全ボランティア町内会（ミニマム町内会）を結成して活動を始めている。町内会は本来，自分の意思で入るか否かを判断すべき「任意加入の団体」である。それにもかかわらず，現状ではおおよそ「強制加入の団体」となっている。今日の社会情勢をふまえると，「加入は自発的意志であり，任意」という大原則をあらためて重視する必要がある。

　この主張に対しては，もちろん賛否両論があろう。ただ，自治会・町内会を取り巻く環境が変化するなかで，旧態依然の運営を続けるままでは，近い将来に自治会・町内会の存続が危うくなる可能性を示唆しているといえよう。

自治会・町内会の論点

　ここまでみてきたように，わが国の自治会・町内会は今，過渡期を迎えている。すでに自治会・町内会の運営に支障が生じ，休止や解散を余儀なくされたケースが散見される。そこで，ここでは自治会・町内会をめぐる論点として，3点ほど整理しておきたい。

　第1は，自治会・町内会が保有する資源（ヒト，モノ，カネ，情報）に適したかたちで，いかにして地域事情に即した運営を実現していくか，である。すでに確認したように，地域課題が多様化・複雑化するなかで，今後も自治会・町内会に対する期待はいっそう高まることだろう。こうしたなかで，自治会・町内会が保有する資源，とりわけヒトについてあらためて現状把握を行い，状況に見合った「可能な範囲の活動量」を調整する必要がある。資源が不足しているなかで，従来通りの活動量を維持しようとすれば，どこかにしわ寄せが生じ

て自治会・町内会離れを加速させてしまうかもしれない。

　第2は，自治会・町内会の活動に携わる人々が漸減していくなかで，いかにして活動の担い手を確保していくか，である。上述のとおり，自治会・町内会は現在，役員の高齢化が進行し，担い手不足も深刻化しているなかで，いっそう期待を集めている。この状況で，活動を継続させようとすれば，当然ながら担い手確保が課題となる。もっとも，すでにみてきたように，自治会・町内会の状況変化ゆえに，担い手の確保は容易でない。

　第3は，自治会・町内会と行政との関係について，どのように今日の時代状況に適したものへと再構築していくか，である。自治会・町内会と行政とのあいだには，現在もなお持ちつ持たれつの関係が継続している。とはいえ，社会環境が大きく変容するなかで，必ずしも従来の関係が続いていくのが適切とはいえない部分もある。自治会・町内会の側からはしばしば「行政からの依頼業務があまりにも多い」という声が聞かれる。自治会・町内会に依存している現状を省みて，行政側としても自治会・町内会との関係を再構築する時期にきているのではないだろうか。

　ここまでみてきた自治会・町内会の状況をふまえ，続いて都市部における動向を把握しよう。なかでも，名古屋市に焦点を当て，今日のうごきと新たなコミュニティ政策の展開についてみていきたい。

4　名古屋市における地域コミュニティの動向

地域社会の構造

　名古屋市は現在，人口が230万人を超え，当面は人口増加の傾向が継続する見通しとなっている。市内には16の行政区が存在し，面積規模も人口規模も多様である。たとえば，面積規模でいうと，最大の港区（45.6 km^2）と最小の東区（7.71 km^2）とでは，6倍近い開きがある。同様に，人口規模でみてみると，最大の緑区（約24万6,000人）と最小の熱田区（約6万6,000人）とでは，3.7倍ほどの差が生じていることが分かる。もちろん，こうした数値のみならず，行政

○名古屋市の地域コミュニティについて　～学区連絡協議会とは～
　名古屋市では，住民相互の交流を図り，連携を高めることを目的として，町内会・自治会を
はじめ，小学校区（学区）内の様々な団体の代表等で学区連絡協議会が組織されています。学
区連絡協議会は，学区のコミュニティ活動の中心的な役割を担っています。

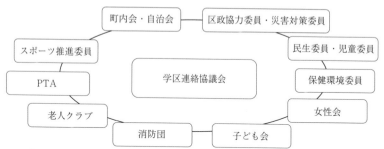

※団体の名称，構成メンバーは地域によって異なります。
※そのほか，地域の福祉を推進するために，各種団体で構成される地域福祉推進協議会があります。

図 15 - 2　名古屋市の学区連絡協議会のイメージ

出所：名古屋市『町内会・自治会運営ハンドブック』2018年より筆者作成。

区ごとに歴史，文化，地理，街並みなどは一様でない。最近では外国人市民の数が年々増加している区も観察される。

　このように16行政区それぞれで違いが把握されるのに加えて，市内に合計266ほどが存在する「学区」（おおよそ小学校区に相当する）に目を向けてみよう。名古屋市は「学区中心主義」（中田 1990：152）という言葉があるように，学区が地域活動における重要な単位として位置づけられている。各学区と単位町内会との関係を整理したのが，図15 - 2である。ここにあるように大半の学区には，学区内で活動する自治会・町内会はもちろん，区政協力委員，女性会，子ども会，PTA，消防団といった各種団体の関係者から構成される「学区連絡協議会」が存在する。この学区連絡協議会の場において，小学校区の地域活動（盆踊り大会，餅つき大会，バザー，敬老大会，成人式など）について協議・検討を重ね，運営を担うことになる。

　こうした学区連絡協議会は，名古屋市では1960年代後半から学区ごとに設立が進んでいった。その背景には，学区内で活動する各種の地域団体を横断的に結びつけ，相互に活動の認識と共有を図り，連携を深化させていくという意図

があった。このようにみてみると，名古屋市の学区連絡協議会は，多くの自治
体で設置が進む地域住民協議会の先駆事例として位置づけることができよう。
ともあれ，名古屋市では年々，人口増加に応じて小学校の数も増え，連動して
学区再編のうごきが生じていった。そのため，学区の数とともに学区連絡協議
会の数も増え続け，今日に至っている。

　もっとも，各学区の事情は，必ずしも一様ではない。先の行政区のように面
積規模や人口規模にしたがってみてみると，たとえば面積規模では南陽学区
（港区，7.37 km²）が最大である一方，南押切学区（西区，0.2 km²）が最小であ
り，その差は37倍近い。また，人口規模では荒子学区（中川区，約 2 万1,700人）
が最大となっており，新明学区（中村区，約2,600人）が最小という状況にある。
ここでも 8 倍以上の開きがある。もちろん，こうした内容以外でも，学区ごと
の地域特性は多岐にわたる。

地域コミュニティの現場

　それでは，実際の地域コミュニティの現場は，どのような実情にあるのだろ
うか。ここでは，名古屋市の地域コミュニティについて調査した 2 つの報告書
（『地域コミュニティ活性化に関する調査報告書』2015年，『地域コミュニティ活性化に
関する検討　報告書』2016年）を手がかりにして，名古屋市の地域コミュニティ
の現場実態を把握しておこう。名古屋市は現在でも，学区中心主義の状況が続
き，学区ごとの多様な地域活動が観察される。そのため，これら 2 つの報告書
においても，対象とする地域コミュニティは学区となっている点には留意を要
する。

　これらの報告書によると，名古屋市の学区では，それぞれ学区連絡協議会が
起点となって豊富な地域活動が営まれている。具体的には，交通安全活動（ゼ
ロの日活動などに相当），防火・防犯パトロール，学区一斉清掃（学区内のごみ拾
いに相当），高齢者ふれあい給食会，防災活動（防災訓練や備蓄品の整備など），成
人式，敬老会，子ども会活動・青少年の健全育成活動はおよそ 9 割の学区で実
施されている（名古屋市市民経済局地域振興部地域振興課 2015：26）。このように

みると，名古屋市においては学区を中心とする地域コミュニティの活動は盤石といえそうではある。

　ただし，学区の実情はそう単純ではない。というのも，他方で様々な課題も山積しているからである。たとえば，本章の前半で，自治会・町内会が抱える課題としての担い手不足の問題に触れた。こうした課題に直面する状況は，名古屋市も例外ではない。これらの報告書では，学区の役員が認識する課題のなかでは，「役員のなり手がいない」の回答が，他の項目に比較すると群を抜いて多くの割合を占めている。そうした事情もあってか，地域活動の活性化のためには，「若い世代の活動への参加」が必要との回答の割合も，他の項目に比べて高い割合となっている。

　このような調査結果をふまえると，名古屋市の地域コミュニティの中心としての学区に関しては，以下のように整理できよう。すなわち，現在のところは地域活動の起点として，様々な取り組みを展開できてはいる。しかし，学区の役員の間では担い手不足への課題意識が高く，将来のことを見据えると，若い世代による地域活動への参加が必要不可欠である，と。

　筆者も名古屋市内でいくつもの学区を訪問し，これまで学区の役員から様々な話を聞いてきた。そこでも，「学区の活動を今後も維持したいが，担い手不足が深刻化している」という状況が頻繁に話題となった。また，学区の役員を対象とする講演会（名古屋市では毎年，16区それぞれで「コミュニティ交流会」が開催される）で講師を担当することもあるが，担い手不足という悩みについて質問が出なかったことはない。

　ここまで，名古屋市の地域コミュニティとしての学区に焦点を当て，その実情についてみてきた。学区の構成主体である自治会・町内会に関しても，実は名古屋市では図15-3のとおり，加入率が減少傾向にある。このようにみてみると，先に把握した補助金配分を中心とするコミュニティ政策ではなく，今日の時代状況に見合った内容での対応が求められるように思われる。そこで，続いて新たなコミュニティ政策として，名古屋市が挑戦し始めたコミュニティ・サポーターによる地域コミュニティ支援の展開をみていこう。

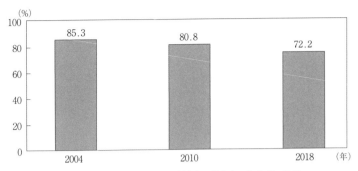

図15-3 名古屋市における自治会・町内会の加入率の推移
出所：名古屋市提供資料を参考にして筆者作成。

コミュニティ・サポーターの活躍

　上記で確認したとおり，従来のコミュニティ政策の中心的な内容は，各種の地域活動を展開するための活動費の補助，コミュニティセンターの建設に伴う建設費の補助など，金銭面での支援が中心であった。たしかに金銭面での支援が有効な場合もあるが，補助金が途絶えると活動が衰退する場合も少なくない。そうであるならば，金銭面での支援に代わる，新たなコミュニティ政策のかたちも一方で要請されるように思われる。

　こうしたなかで注目されるのが，地域サポート人材による支援である。地域サポート人材は，近年に全国の農山漁村部で活躍する地域おこし協力隊や集落支援員に代表され，当該地域で地域おこし活動や住民生活の支援などに取り組む（図司 2013：350-351）。上記のとおり，従来のコミュニティ支援策の内容は金銭面での支援が中心だったなかで，地域サポート人材に関しては人的支援となっている点に特徴がある。こうした変化は「補助金から補助人へ」といい表されている。

　もっとも，地域サポート人材は農山漁村部のみに限定された話ではない。たとえば，京都市では各行政区と支所管内に「まちづくりアドバイザー」を配置し，彼らが担当する行政区の地域活動を支援している。当初は３名から始まったが，現在では15名のアドバイザーを配置し，各々が活動に取り組んでいる。

具体的な内容に関しては，区内のまちづくりに関するワークショップの企画・運営，区民が企画するイベントに対するアドバイス，アドバイザー自身が企画するイベントの開催，など多岐にわたる。

　名古屋市でもこうした京都市の取り組みを参考にし，2016年度から独自の地域コミュニティへの支援策の1つとして，「地域コミュニティ活性化支援員」（コミュニティ・サポーター）を配置している。このコミュニティ・サポーターは，学区連絡協議会や自治会・町内会からの要請を受け，地域課題の解決に関するアドバイス，自治会・町内会の加入促進に向けた支援，広報紙の作成の支援，などを担当する。現在は4人のサポーターが名古屋市役所の本庁舎を拠点に，支援要請に応じて現地に赴いて活動するかたちになっている。

　設置からおよそ3年が経過した現在まで，すでに名古屋市内の様々な学区や自治会・町内会の現場で支援活動を展開し，成果が上がり始めている。その一例として，学区広報紙の紙面刷新に向けた支援活動がある（横井 2017：8-10）。名古屋市内のある学区から「もっと読まれる広報紙となるように，支援してほしい」という相談を受け，コミュニティ・サポーターが25回にわたり学区の支援を重ねた。一連の過程では編集体制の見直し，コンセプトの明確化，発行経費の見直し，の3点に力点を置き，大幅な紙面刷新が進んだ。その結果として，地域活動に参加する学区の人々の姿が目に見えるかたちで描かれ，以前にはない反響が生まれ始めているという。

　このように，従来の補助金ではない，補助人という新たなコミュニティ政策が都市部の名古屋市内でも根づき始めている。すでに触れたとおり，名古屋市内の学区の多くでは依然として担い手不足の状況が慢性化している。今後もコミュニティ・サポーターの活躍をとおして，少しでも状況の改善が進んでいくことが期待される。

5　コミュニティ政策のこれから

　本章ではここまで，わが国の自治会・町内会について概説し，過渡期を迎え

ている状況を明示したうえで，名古屋市における新たなコミュニティ政策の1つのかたちとしてのコミュニティ・サポーターの実践についてみてきた。本章のまとめにかえて，最後にこれからの都市におけるコミュニティ政策の展望に触れておきたい。

それは，これからのコミュニティ政策には「コミュニティ・マネジメント」を促す視点や発想が必要になる，という点である。コミュニティ・マネジメントとは，現存するコミュニティの社会的・空間的維持・管理・運営を意味し，ときには「地域運営」とも言い換えられる。具体的には，コミュニティ・プロモーション（活動の情報発信），コミュニティ・ヘッドハンティング（活動の担い手確保），コミュニティ・アウトソーシング（役員の外部委託）といった担い手の発掘の内容があげられる。そのほかにも，コミュニティ・ダウンサイジング（活動の一部廃止や統合），コミュニティ・アカウンティング（会計の見直しと合理化），コミュニティ・ビジネス（自主財源の確保）など運営の見直しの内容もある。本章では紙幅の都合で触れられなかったが，実際に名古屋市内のある学区においては，2つのイベントを統合するというコミュニティ・ダウンサイジングに取り組み，役員負担が軽減した例も観察される。

繰り返しになるが，従来のコミュニティ政策は金銭面での支援が中心であり，地域コミュニティの活動を引き出す視点や発想に乏しかった面は否定できない。しかし，金銭面での支援のみで中・長期的な地域コミュニティの持続可能性が高まるとは限らない。少なくとも，金銭面での支援が途絶えると活動が沈静化する例は，全国のいたるところで看取されるのが実情である。こうしたなかで，いかにして自治会・町内会に対してコミュニティ・マネジメントの実践を促していくべきなのか。本章で扱った名古屋市のコミュニティ・サポーターの取り組みは，数年後に地域活動が一気に衰退し「こんなはずじゃなかった」という成り行き未来の事態を回避するための，1つの挑戦であるように思われる。

参考文献

朝日新聞2015年9月28日付朝刊。

————2017年6月9日付朝刊。

大石田久宗「変貌するコミュニティ——地域政策の新展開」『自治総研』第35巻第1号，2009年。

紙屋高雪『"町内会" は義務ですか？』講談社，2014年。

倉沢進編著『改訂版　コミュニティ論』放送大学教育振興会，2002年。

国民生活審議会調査部会編『コミュニティ——生活の場における人間性の回復』1969年。

図司直也「地域サポート人材の政策的背景と評価軸の検討」『農村計画学会誌』第32巻第3号，2013年。

総務省統計局『平成30年住宅・土地統計調査 住宅数概数集計　結果の概要』2019年。

高木鉦作「再編されつつある町内会・部落会」木村禧八郎，都丸泰助編『地方自治体と住民』三一書房，1961年。

————『町内会廃止と「新生活協同体の結成」』東京大学出版会，2005年。

中田實「名古屋の一大特徴・「生きている学区」——住民自治と地域行政の接点」中田實・谷口茂編『名古屋　第二の世紀への出発』東信堂，1990年。

————『新版　地域分権時代の町内会・自治会』自治体研究社，2017年。

名古屋市『町内会・自治会運営ハンドブック』2018年。

名古屋市市民経済局地域振興部地域振興課『地域コミュニティ活性化に関する調査報告書』2015年。

————『地域コミュニティ活性化に関する検討　報告書』2016年。

日高昭夫『市町村と地域自治会——「第三層の政府」のガバナンス』山梨ふるさと文庫，2003年。

————『基礎的自治体と町内会自治会——「行政協力制度」の歴史・現状・行方』春風社，2018年。

三浦哲司「コミュニティ政策の概要と展開」山崎仁朗編『日本コミュニティ政策の検証——自治体内分権と地域自治へ向けて』東信堂，2014年。

————「町内会を題材に考えよう」今川晃編『自治体政策への提言——学生参加の意義と現実』北樹出版，2016年。

————「コミュニティと自治」今川晃・牛山久仁彦編『自治・分権と地域行政』芦書房，2020年（近刊）。

森裕亮「地域における自治会の役割とその担い手——可能性と課題」『都市問題』第106巻第5号，2015年。

森岡清志「地域社会の未来——コミュニティ行政の限界と新しいコミュニティ形成」森岡清志編『地域の社会学』有斐閣，2008年。

山崎亮『コミュニティデザイン——人がつながるしくみをつくる』学芸出版社，2011

年。

横井れい「地域コミュニティ活性化の鍵は"広報"にあり」『広報』2017年8月号,
　2017年。

推薦図書

紙屋高雪『"町内会"は義務ですか?』講談社, 2014年。

＊実際に役員をつとめた著者の実体験が詳述され, 自治会・町内会の内実がイメージ
　できる。ただし, 本書の記述はあくまで一例である点に留意を要する。

山崎亮『コミュニティデザイン――人がつながるしくみをつくる』学芸出版社, 2011
　年。

＊人と人がつながるコミュニティをどのように形成するかに焦点を当て, 著者のコ
　ミュニティデザイナーとしての実践と全国各地の動向が紹介されている。

第16章
都市と多文化共生

— この章で学ぶこと —

2019年4月の入管法改正によってますます多くの外国人とともに働き，外国人が隣人となる状況が日本各地で生まれている。地域社会では異なる文化や習慣による住民間の衝突や対立が起こり，外国人排斥運動が日本でも頻発する可能性が高まる。そのため，外国人とともに生きるための社会のしくみと住民意識を形成するために多文化共生政策が不可欠となる。本章では，多文化共生政策が導入された社会的背景，外国人労働者の受け入れと外国人差別の問題を考察したうえで，名古屋市を例に多文化共生政策について検討しよう。

1　なぜ多文化共生が必要なのか

入国管理政策と多文化共生

日本では出入国管理及び難民認定法（以下，入管法）に基づく在留資格をもって中長期間居住する在留外国人の人口が2019年末で293万人を超え，5年連続で過去最多を更新した。2019年4月には入管法改正により，5年間で最大34万5,000人の外国人労働者を受け入れる予定である。少子高齢化を背景に労働力不足が深刻化し，従業員が集まらず，やむなく閉店・廃業に追い込まれる飲食店や事業所が現れ，地方では農業や漁業の担い手不足が深刻化している。そうしたなか，入管法改正によって日本政府が定めた14業種において低熟練労働に従事する外国人の受け入れが開始された。いままさに外国人との共生が日本を持続可能な社会にするために不可欠な課題となっている。

本章では，今後一層増加する外国人と日本人住民との共生を実現するための諸課題を都市をフィールドに検討していこう。多文化共生という用語は1990年

279

代に日本の行政機関によって，外国人住民が増加する地方自治体での施策方針として広められた。そのため，多文化共生という用語に対しては，日本社会への外国人の適応が前提とされている同化政策であるという見方や日本人と外国人を明確に区別することによって両者の間の障壁を前提する社会統合政策であるという批判的な見方がある。さらには多文化共生の概念は日本独自のものであり，世界的に通用するような普遍性が欠けているという見方もある。

　たしかに，先進諸国では移民受け入れのための入国管理政策と社会統合政策を組み合わせた移民政策が採られているのに対して，日本ではこれまで外国人労働者を受け入れる国の政策と地方自治体が主導する多文化共生政策が連動していなかった。しかし，2019年4月の入管法改正によって海外からの低熟練労働者の導入に踏み出したことにより，日本が移民政策に本格的に着手する可能性が生まれている。そのため，従来，外国人住民が多く居住する地方自治体で実施されてきた多文化共生政策についても，その課題を検証し，近い将来，移民社会の到来が予測される日本の現代的要請に合ったものに変えていく必要がある。まずは，多文化共生の概念を同時代の世界的な現状をふまえたものへと開くために，共生の概念を再考することから始めよう。

共生とは何を意味するか

　本来的に多様な属性をもつ人間社会において，共生という概念を用いていかなる社会モデルが構想されてきたのか見てみよう。共生を自然の生態系のなかで共存する動植物のイメージで捉えたシンビオシス（symbiosis）というモデルがある。しかし，これは動植物の食物連鎖に見られるように予定調和的であるため，人間社会の多様性を前提とするモデルとしてはいささかダイナミズムに欠けている。それに対して注目すべきは，イヴァン・イリイチのコンヴィヴィアリティ（conviviality）という概念である。イリイチは1970年代前半の産業社会の進展と科学技術によって管理化された社会を批判し，「自立的共生」（コンヴィヴィアリティ）という概念を提起した。イリイチによる自立的共生とは，「人間的な相互依存のうちに実現された個的自由であり，またそのようなもの

として固有の倫理的価値をなすもの」（イリイチ 1973＝1998：19）と定義している。そして，産業主義的な生産性に対抗して，各人の間の自立的で創造的な交わりと，各人の環境との交わりによって人間性を回復するためにこの理念の重要性を説いている。

　このイリイチの「自立的共生」の概念を現代社会に適用して再定義したのは井上達夫らである（塩原 2017：38）。井上らが定義した共生（コンヴィヴィアリティ）は，「異質なものに開かれた社会的結合様式である。それは，内輪で仲良く共存共栄することではなく，生の形式を異にする人々が，自由な活動と参加の機会を相互に承認し，相互の関係を積極的に築き上げてゆけるような社会的結合である」（井上・名和田・桂木 1992：25）。コンヴィヴィアリティの一般的な英語の意味は「宴」であるが，井上らはこの概念は特定諸個人に招待者を限定しない，オープン・パーティーのように所属も背景も利害関心も異にする多様な人々が出逢いを求めて集うイメージであるとしている。そのための作法は，緊張感をユーモアで包んだ会話を通じて初対面の人々の間に関係を新たに形成し，自分たちの共通の関心事と関係の歴史を他者の関心事と理解に開かれた言葉で語れるだけの節度と度量をもち，各人が互いに相手を自分とは異なる独自の観点をもった自律的人格として尊重し配慮しあうことであるとしている。

　この共生の概念は，今後，多文化共生政策を構想し実施していくうえで不可欠な多文化共生の理念の確立とその理念を社会で共有する必要性を示唆している。現在，働き方改革とともに大手企業を中心にダイバーシティという言葉が広まっている。これは，性別，人種，国籍の相違という個人や集団間の違いである多様性を競争上の有利な点と見なして，企業経営において推進するものである。このダイバーシティ経営の考え方は，多様性の尊重という点で共生概念とも共通するものがあるが，後者においては競争原理とは異なる基準を有している。つまり，共生には，「生の形式を異にする人々」，とりわけ「自由な活動と参加の機会」を奪われがちな社会のマイノリティ（社会的少数者）の権利を保障し，その文化や発言を社会的に承認するような新たな社会的結合を作るという意味合いがある。今後日本社会で求められる多文化共生の理念と政策には

この点が重要であるといえる。

　行政が提示する多文化共生の定義もこの概念が初めて示された2000年代半ばから変化してきた。2006年総務省の『多文化共生の推進に関する研究会報告書』では，多文化共生を定義づけていないが，従来の外国人支援を超えて新しい地域社会のあり方として，国籍や民族の違いを超えた「多文化共生の地域づくり」を進める必要性を指摘した。その後の進展について東海地域の多文化共生政策をリードする地方自治体である愛知県や名古屋市の例を見てみよう。2018年に愛知県が発表した『あいち多文化共生推進プラン2022』では，多文化共生は，「国籍や民族などのちがいにかかわらず，すべての県民が互いの文化的背景や考え方などを理解し，ともに安心して暮らし活躍できる地域社会」と定義している。名古屋市が2017年に開始した『第2次名古屋市多文化共生推進プラン』では，「国籍や民族などの異なる人々が，互いの文化的差異を認め合い，対等な関係を築きながら，地域社会の構成員として共にしあわせに生きていくこと」と定義した。愛知県の定義では，多文化共生の主たる対象として外国人を想定し，文化や価値観の違いを超えて相互に理解し地域社会で活躍できることを目標としている。名古屋市の場合も外国人を主たる対象としている点は同様であるが，外国人と日本人とが対等な関係を形成し，「共にしあわせに生きていく」とした点はイリイチや井上達夫らが指摘するコンヴィヴィアリティとしての共生の理念に近づいているといえるだろう。

2　日本の多文化共生政策

多文化共生政策の登場

　日本における多文化共生政策は，前述したように2006年3月に総務省が各都道府県と政令指定都市に対して多文化共生施策の推進に関する計画の策定とその実施を求めたことに始まる。2005年に総務省で設置された多文化共生の推進に関する研究会によると，この時期に多文化共生政策が開始されたのには次のような背景があった。日本での外国人住民が200万人に達し，外国人集住地域

では国の制度が整備されていないなか，様々な課題に直面している。今後，日本が人口減少時代を迎え，経済のグローバル化の進行によって全国の自治体が外国人受け入れに関する共通の課題を有するようになるが，これまで外国人については国レベルで労働者政策あるいは在留管理の観点からのみ検討されてきた。今後は外国人を生活者・地域住民という地域社会の構成員として国レベルでも条件整備する時期にきた。他方，地方自治体では1980年代後半から「国際交流」と「国際協力」が地域の国際化の柱とされてきたが，同研究会は第3の柱として「多文化共生」を加えることを推奨した。そして今後必要な取り組みとして「コミュニケーション支援」「生活支援」「多文化共生の地域づくり」の3点を指摘した。同時期に総務省が示した指針「地域における多文化共生推進プラン」がその後，各地方自治体において策定された多文化共生推進政策の基本を形づくることになった。

外国人労働者と難民の到着

　ここで，日本への外国人労働者の到着と受け入れ状況を確認しておこう。日本は明治維新前後から海外への移民送り出し国となったが，第2次世界大戦を経て高度経済成長期を迎え，1970年代末頃から外国からの労働者受け入れが始まった。1970年代の日本人男性のフィリピンへの観光ツアーの流行を受け，1981年から在留資格として「興行」ビザを取得したフィリピン出身の女性たちが到着するようになった。女性たちはダンサーとしてホテルのショーなどに出演したほか，日本各地にできたフィリピンパブと呼ばれるフィリピン人女性が接客する飲食店でホステスとして働いた。興行ビザは，2004年にアメリカ合衆国国務省によって日本が「人身売買監視対象国」と名指しされたことにより2005年に厳格化され，それ以降，フィリピンパブで働くフィリピン人は興行ビザでの就労ではなく，アルバイト契約になっている。同時期，日本人男性との国際結婚によってアジアの女性たちが日本の地域社会での生活を始めている。前述したフィリピン出身者以外にも中国からの女性たちが仲介者を介して日本の農家の後継ぎの男性と結婚して移住した。

1970年代末から日本はベトナム戦争を逃れたボートピープルを難民として約１万1,000人受け入れている。インドシナ難民は兵庫県姫路市と神奈川県大和市に設置された受け入れセンターで日本語や日本の生活習慣の講座，職業訓練を受けた後，川崎市，神戸市，姫路市などに定住した。この時期には第２次世界大戦中に中国に残され戦争孤児となった人々の親族を伴った帰国が始まった。1980年代後半から1990年代初頭にはバブル経済によって建設業が活発化し，「ニューカマー」と呼ばれる男性の外国人労働者が激増した。1992年まで続いた査証の相互免除協定によって，パキスタンやイランからの男性労働者が多数到着し建築現場で働いた。

南米日系人の来日

　南米出身日系人の来日を促したのは，1990年の入管法の改正だった。この法改正により，「定住者」の在留資格が創設され，日系人は３世まで日本での就労が可能になった。それによって，ブラジル，ペルー，アルゼンチンなどからの南米日系人の受け入れが開始され，労働力が不足した製造業での低熟練の労働力需要を満たした。入管法の改正は日本人にルーツをもつ南米日系人を受け入れるという血統主義に基づく政策であったが，実際に到着した日系人の２世や３世は日本語を理解せず日本文化に不案内な人たちが多かった。加えて，南米日系人は業務請負業者の仲介により渡航し住居が提供され就労したことにより，日本人の従業員や地域社会とはほとんど接点がない「顔の見えない定住化」が進んだ。業務請負業者による南米日系人労働者の来日は市場媒介型移住システムをとっていた。このシステムの利点は南米日系人がトラブルなしに日本で生活できるところであったが，問題点は日本人と外国人労働者の住み分けが起こり，日系人の生活・労働には業務請負業者のサポートが不可欠となる点だった。そして，この問題点は日本経済の減速により間もなく表面化した。

　南米出身日系人は2008年９月に米国発の金融危機・円高による経済悪化，いわゆるリーマンショックが起こる直前の2007年には合わせて38万人以上が日本に滞在し就労していた。大量の低熟練労働力を求めた製造業の拠点があった群

馬県邑楽郡大泉町，静岡県浜松市，愛知県豊田市保見団地などにはブラジル・タウンが形成された。リーマンショックが起こると，その影響により製造業では「派遣切り」が頻発し，南米出身日系人を雇用していた業務請負業者の多くが倒産・廃業し，南米出身の労働者の多くが職と住まいを失った。2009年に厚生労働省は，南米日系人に対して原則として3年間再入国しないことを条件に帰国費用を支援するという緊急措置を講じ，約2万人が帰国した。南米日系人の集住地域ではカトリック教会が南米日系人に住まいや食料などを支援し，外国人を支援するNPO団体が労働者の失業手当の受給方法やハローワークでの求職相談ができるなどの情報を与えた。加えて，2011年3月には東日本大震災が発生し直後の福島の原子力発電所の事故によって再び景気が後退したことにより，南米日系人も失業し帰国する者も多く出た。

　この相次ぐ景気後退により，地方自治体での多文化共生政策も停滞を余儀なくされた。代わって推進されたのは，看護・介護職への外国人労働者の導入政策であった。高齢化が進行する日本社会において看護師と介護福祉士の不足に対応するために，看護と介護福祉の分野に専門職の外国人を導入する計画が進められた。2008年に日本政府は経済連携協定（EPA）を締結したインドネシアとフィリピンから看護師と介護福祉士の候補者の受け入れを行うことを決定した。2014年にはベトナムとの間でも同様の制度を開始した。介護職に従事する外国人への要請はさらに進み，2016年11月の入管法改正では，介護職に就くためのビザとして在留資格「介護」と在留資格「技能実習」に職種「介護」が追加された。

新たな外国人受け入れ政策

　増加する外国人に対応した法整備を行うため，2009年に日本政府は外国人を管理するために，入管法，入管特例法，住民基本台帳法の改正を行った。これによって外国人は，外国人登録法と入管法による二元的管理から，法務省による一元管理に変わり，外国人登録証の廃止と，法務省が交付する在留カードと外国人住民の台帳制度が導入された。同時期，日本政府は海外からの留学生を

倍増する「留学生30万人計画」を発表した。これは2008年当時の日本への留学生約14万人を2020年までに30万人に増加させる計画である。この政策は，日本で18歳人口が減少するなかで高度人材の大きな供給源である留学生を高等教育機関で積極的に受け入れることによって，日本の国際的な人材強化を図り，日本と諸外国との人的ネットワークを形成しようと意図した日本のグローバル化戦略の一環として位置づけられた。

　2014年に政府は日本の成長戦略として，女性や高齢者の就労促進に加えて，外国人労働者の受け入れ拡大を決定した。外国人の活用のために，政府は技能実習制度の改革を行った。技能実習制度は，1993年に開発途上国の外国人を国際貢献のために受け入れる目的で設けられ，実習生は1年間の研修の後，実習先と労働契約を結び，最長1年間の技能実習を行うこととされていた。2016年の制度改正（2017年施行）により，技能実習生は最長3年間の実習後に2年間の就労が可能となり，その後帰国した人は最長3年間の再入国を認められることになった。この改正によって技能実習生は最長5年間の日本滞在が認められるようになった。

　2019年4月の入管法の改正法により新たに特定技能第1種と第2種という在留資格が導入され，各業種の知識を問う試験と日本語試験が課せられる。特定技能第2種に合格すると配偶者や子どもを帯同することが可能になるが，政府は移民政策ではないと説明している。これまで日本は単純作業の労働者は受け入れないという方針をとってきたが，実際は，査証相互免除協定や日系人への就労許可によって「バック・ドア」から，技能実習制度によって「サイド・ドア」から外国人労働者の移住を受け入れてきた。今回の改正は，家族の呼び寄せによって外国人労働者の日本への移住が永続的になる可能性がある。この点に関して，第2次世界大戦後のドイツがガストアルバイターをトルコやユーゴスラヴィアから求めた歴史を思い起こす必要がある。ガストアルバイターは一定期間ドイツに滞在したのちに帰国すると思われたが，結局多くがドイツに留まり，家族を形成し第2世代が誕生した。しかし，当時のドイツでは血統主義に基づく国籍制度を有していたため，ドイツで生まれ育ちながらトルコ国籍を

持つ第 2 世代のドイツ社会への統合が問題化した。その結果，2000年にドイツ人以外の出自の者に国籍取得の可能性を広げる改正国籍法が施行されることになった。

3　外国人との共生に向けて

二分化する外国人労働者

　日本の首都東京には，国内のみならず，世界中から高度人材と呼ばれる高度な知識や技術を有する専門家や事業経営者のみならず，技能実習生，留学生，観光客など多数の外国人が到着している。サスキア・サッセンは，ニューヨーク，ロンドンと並び東京を巨大な資本が集積するグローバル・シティと位置づけ，これらの世界都市に到着する大量の移民が戦略的なセクターにサービスを提供する労働に組み込まれ，それと同時に都市住民の間で格差が拡大していることを指摘した。この点を念頭に置き，まずは全国の外国人労働者の実態を見てみよう。

　厚生労働省の統計によると，日本で働く外国人労働者は2019年10月時点で約166万人，前年比13.6％増加している。産業別では製造業20.4％，卸売・小売業17.4％，宿泊業・飲食サービス業共に14.2％，在留資格別では永住者・日本人の配偶者・定住者などの身分に基づく在留資格32.1％，技能実習23.1％，留学を含む資格外活動22.5％，専門的・技術的分野19.8％である。国籍別では中国，ベトナム，フィリピンの順に多く，ベトナム，インドネシア，ネパール出身者が急増している。都道府県別では東京都48万5千人，愛知県17万5千人である。

　現在，日本の外国人労働者受け入れ政策は，高度な知識や技術を有する専門家と，技能実習生・低熟練労働者に二分化されている。高熟練の専門家を受け入れるために高度人材ポイント制が導入されている。その分野には学術研究，専門・技術，経営・管理があり，各々の有利な点から得点が与えられるしくみになっている。学位は博士号取得技術者30点，年収は3,000万円以上の経営者

50点，職歴は学術研究，専門・技術，経営・管理の職歴がある者であり，合計70点以上の外国人に永住許可要件を緩和し，配偶者の就労，親の帯同など優遇措置を認めている。日本版高度外国人材グリーンカードも2017年4月に導入されている。その場合は，合計80点以上，在留1年間で永住権を申請可能となる。福岡県では，スタートアップビザ制度という国家戦略特区を活用したビザ制度を導入している。

　他方，技能実習制度（2010年から技能研修制度）は1993年に日本の先進的な技術を発展途上国の人々に伝える国際貢献の一環として始まった。当初は1年間の研修の後，実習先と労働契約を結び，最長1年間の技能実習を行うものであった。技能実習制度の問題点として，「日本の高い技術力を海外に伝える」という建前のもと，日本人の労働者が集まらない地方や業種で，安価な労働力を確保するための制度になっているという指摘があり，実習生に残業代を支払わなかったり，帰国しないように旅券を取り上げたりする事業者がいたことから，実習生を拘束し不当に管理しているとの批判があった。国際的にも，アメリカ合衆国国務省『2016年人身取引報告書』による，技能実習制度において「強制労働の事案が発生」しているとの指摘や国連の自由権規約委員会の最終見解（2014年7月）による，同制度に「性的搾取，労働関連死亡事故，強制労働となり得る条件について多くの報告がある」との批判を受けた。その結果，2017年11月施行の改正された制度では，2010年の労働関係法が適用され，権利保護が図られ，不正行為をした企業の受け入れ停止を3年から5年に延長した。

　しかし依然として技能実習制度には課題が残る。送り出し機関が不当な費用を実習生に請求する問題があっても送り出し側への罰則規定がないこと，実習途中で企業が強制帰国させようとした場合の実習生の保護，「国際貢献」という名目の実効性，日本語学習などの非実務研修の短縮，受け入れ期間要件の緩和，実習期間の延長，対象職種の追加など多数の批判があり，実習生が「使い勝手のよい安価な労働力」となっている現状がある。これらの問題が解決されないまま2019年4月から特定技能の在留資格が導入された。加えて，特定技能の在留資格では同一の職種であれば転職が可能であるため，この制度への移行

288

を求める者が出ることによって地方では，技能実習生が，給与水準が高く娯楽施設も多い都市部へと移ってしまうことを懸念する声もある。

　労働力が不足しているケア労働，特に介護分野では世界的な人材獲得競争が起こっている。ドイツでは東欧諸国のみならず，アジアからも家庭や施設で介護を担う労働者を受け入れている。韓国では介護分野で働く外国人に待遇面だけでなく生活上のサポートも整備している。仏教で高齢者の世話「功徳」とみなす文化的背景を有するミャンマーでは日系の企業が介護人材育成事業を行っているが，介護職の訓練の難しさや日本語能力Ｎ３（日常会話はほぼ理解できる）という条件の厳しさから，入学した学生が日本ではなくシンガポールへ行くことを選択することも起こっているという（西日本新聞社 2018：152-153）。

　現在，先進諸国はいずれも高熟練と低熟練の外国人を受け入れて，先端的な科学技術分野とともに労働環境が悪く国内の労働者が集まらない低賃金の職場にも労働力を集める政策をとっている。日本の諸都市が世界の人々を引きつける魅力的な労働・生活環境をいかに準備できるかが問われている。さらに課題となるのは，サスキア・サッセンが指摘したグローバル・シティのなかの格差である。そのためにも外国人労働者の職としてみなされる職種や外国人と結びつけられる固定的な社会層が生じることを防ぐ必要がある。

外国人差別を解決するために

　21世紀になってイスラム原理主義勢力の台頭への危機感やEU諸国・北米を目指す大量の難民や移民の到着によって，外国人嫌悪（ゼノフォビア）と呼ばれる現象が欧米諸国で広がっている。日本においても中国や韓国，北朝鮮との外交関係の悪化を背景としこれらの国をルーツとする人々への差別的発言がインターネット上から都市の広場や街頭へと広がっている。多文化共生社会を実現するためには，なによりも外国人への偏見をなくし，外国人差別がない社会をめざす必要がある。

日本の排外主義運動

　日本の排外主義運動について考察した樋口直人によると，日本には既成の右翼の一部，歴史修正主義的な右派市民運動，ネット右翼という３つの源流がある。そして，現在の排外主義運動は右翼崩れからノウハウを，歴史修正主義から係争課題を，インターネットからネット右翼という運動の支持層を得て，急速に成長し（樋口 2015：10-11），街頭デモを組織してきた。そのデモに参加したのは，右派的な政治思想を有する人や不安定な雇用状況ゆえに社会に不満をもつ人のみならず，広範囲な一般の市民層であった。

　2014年にはサッカーチームのサポーターが試合前のスタジアムに「外国人お断り」の横断幕を掲げたことによって次の試合が無観客試合とされた事件や東京都立図書館などでアンネ・フランクの『アンネの日記』などの関連本が破損されるという事件が起こった。これらの出来事は外国人差別や排外主義の問題をインターネット上のみならず，日常生活レベルの問題として考えるきっかけとなった。こうした運動に対抗する街頭デモを組織し抗議の声を挙げている市民運動もある。ヘイト・スピーチ（憎悪表現）の問題は国際的にも問題視されたことにより，2016年５月にヘイト・スピーチ対策法が成立した。しかし実際のヘイト・スピーチの取り締まりは地方自治体に任され，罰則も設けられなかった。そうしたなか，2019年12月全国で初めて川崎市が外国にルーツがある市民たちを標的にしたヘイトスピーチに刑事罰を科す条例を定めた。

　外国人労働者の受け入れを増やす政策と並んで，外国人の人権を保障するために，外国人差別や排外主義の表現を規制し，ヘイト・スピーチを禁止する法整備が必要である。

外国人の存在とは

　加えて，実態や根拠のない理由による外国人への偏見や差別意識を防ぐためにも，ここで外国人の存在について考えてみよう。当然のことながら，日本で外国人と呼ばれる人々は国籍や出自，言葉，文化，宗教などが多様であって，画一的な存在ではない。しかし，なぜ日本人と外国人の間に線を引き日本人と

区別をしているか，外国人とはいかなる人たちなのか，考えてみよう。

　国籍の違いという点から見ると日本人か外国人かという違いは明快であるが，在日コリアンの存在を例に国籍の問題について検討してみよう。1910年の韓国併合によって朝鮮半島出身者は日本帝国の臣民，つまり日本人となり，日本本土へと移り住んだ。しかし，日本が敗戦したのち，1951年のサンフランシスコ講和条約によって，日本に居住していた朝鮮半島出身者は国籍を喪失し，無国籍となった。その後，「協定永住」「永住者」という在留資格になり，1991年施行の入管特例法によって韓国籍と朝鮮籍の両方を含む特別永住者の在留資格となった。国籍に血統主義を採る日本では，日本で生まれた次世代も親と同様の外国籍となり，日本への帰化申請をしない場合は，外国籍を有する特別永住者として暮らすことになる。日本語を母語として日本社会のなかで育ったコリアンを国籍の違いによってのみ，外国人と見なすことは果たして適切だろうか。

　次に，日本人風の外見でない人に関しては，ハーフあるいはダブルと呼ばれる片方の親が日本以外のルーツを有する人たちに着目してみよう。1985年に国籍法が改定され，母親のみが日本国籍を有するカップルの子どもも日本国籍を取得できるようになった。それまで国際カップルの子どもは父親が日本国籍を有していない場合，日本国籍を得ることができなかった。1960年代後半から日本ではハーフの女性芸能人が登場し，人気を博するようになったが，1990年代後半以降，歌手やモデル，俳優のみならず，スポーツ選手やジャーナリスト，ニュースキャスターなど多岐に渡る分野に広がった。特にスポーツ選手では，サッカー，野球，相撲，陸上，バレーボール，バスケットボールなどの日本で人気のプロ・アマスポーツのほとんどのジャンルで男女のハーフ選手が活躍するようになった。女性のハーフモデルが若い女性の憧れであるファッションアイコンになり，インスタグラムでの発信のフォロワー数を競っている。

　21世紀になって国際感覚に優れた，英語能力があるグローバル人材が求められるようになり，欧米をルーツとするハーフは第2次世界大戦の敗戦と戦後のアメリカ合衆国の占領下を想起させる悲劇的・否定的イメージから肯定的な存在へと大きく変わった。他方，アジアにルーツをもつ人がハーフとして取り上

げられることはほとんどなく，ハーフは依然として欧米出身に対する日本人の欧米中心の価値観を表している。いずれにせよ，国際感覚も英語能力もイメージに過ぎず，これらのイメージとハーフと呼ばれる人の実際の姿は必ずしも一致しない。日本人離れした外見や能力は時には賞賛の対象でもあり，時には異質なものとして差別の対象ともなる。しかし，ハーフの人たちはその多くが日本の国籍を有し，日本社会で多くの時間を過ごしている日本人なのである。

　最後に日本の文化やルール，マナーを理解していない人について，帰国子女の例を挙げよう。日本人の両親をもちながら親の仕事の都合で長期に海外滞在した人や海外の学校で学んだ人を一般的に帰国子女と呼んでいる。帰国子女は日本国籍を有しているが，生活習慣や社会規範を身に付ける子どもの時期に海外で過ごしたことによって，日本の文化や習慣，学校文化や一般社会のルールを知らなかったり，理解できなかったりすることによって，日本の学校や会社などの組織になじめないことが多い。このように考えると，日本の文化やルール，マナーを理解していない人は外国出身者に限ったことではないことがわかる。外国人とは誰かという問いは，つまり日本人とは誰かという問いでもある。

　それでは，なぜ外国人差別は起こるのか。政治的要因としては排他的なナショナリズムの高揚が挙げられる。政治家が求心力を高めるために対外批判を利用した過度な自国民中心主義の政治を行ったり，排外主義的な政治運動や草の根の社会運動によっても外国人差別は広まる。経済的要因としては，経済格差の拡大の原因を富の再分配の問題や経済システムの問題としてではなく，外国人のせいであると見なし排外主義が蔓延する。歴史的にも典型的な例が「外国人が仕事を奪う」という言説である。すでに外国人労働者のところで述べたように，外国人労働者は労働力が不足している業種に就労することが多いため，日本人労働者と競合することはまれであり，その国生まれの者が外国人に「仕事を奪われる」ことは先進諸国ではほとんど起こっていない。それどころか高熟練の外国人を受け入れた場合，その人物が専門的技術を発揮するために関連分野で新たな雇用が生まれることが多くある。

　外国人差別や排外主義の根本に政治や社会システムの問題がある。領土領有

問題や安全保障問題は近隣諸国を「敵」としてプロパガンダが発信され，軍備増強が図られる。そして，過度な競争や職場や社会で強いられる「自己責任」への不安も外国人に対する差別的な言動や行動を認める不寛容な社会を作り出している。社会に対する不満の標的を外国人にすることによって，本来議論し解決すべき政治や社会システムの問題が看過されている。

4　名古屋における多文化共生政策のしくみ

名古屋市の多文化共生推進プラン

　2006年の総務省の通達を受けて各地方自治体は推進プランを策定した。ここでは，名古屋市の事例をもとに，多文化共生推進プランの策定までの経緯と策定までの過程，プランの内容について見ていこう。1980年代後半以降，日本では地方公共団体が国際交流と国際協力を柱として地域の国際化を担ってきた。2006年の総務省による多文化共生推進プランの通達により，地域の国際化の第3の柱に多文化共生が位置づけられるようになった。名古屋市の場合は，地方自治体間の連携に加え，地方自治体と地元で活動する NPO などの市民団体，地元経済界との協力関係によって多文化共生政策が推進されてきた。

　2004年11月には全国に先駆けて，愛知県・岐阜県・三重県・名古屋市による「多文化共生社会づくり推進共同宣言」が発表されている。この宣言では，東海地域において南米地域出身の就労を目的とする在住外国人人口が増加し，少子高齢化で労働力人口の減少が進むなかで，在住外国人が国籍を問わず，個人として尊重され能力を十分に発揮し，地域社会の一員として地域づくりに積極的に参加する環境づくりを進めることで，海外からのより多くの優れた人材を引き寄せることが期待できるとしている。そして，在住外国人と日本人住民が互いの文化や考え方などを理解・尊重し，安心して快適に暮らすことのできる地域社会（多文化共生社会）の実現をめざして，住民，NPO，企業，他の自治体等の協力を得て連携・協働して進めることを宣言した。

　名古屋市は2001年に名古屋市基本構想（1977年）に基づく第3次長期総合計

画「名古屋新世紀計画2010」（2000～2010年）を定めた。この新世紀計画では，国際都市の項目に国際交流・国際協力と並んで，「外国人市民が暮らしやすいまちづくり」が初めて取り上げられた。基本方針として，地域で生活する外国人市民が地域社会の一員として受け入れられ，日常生活で不便や困難を生じることがなく安心して生活できる，外国人市民がくらしやすいまちを目指すことを掲げた。第1次多文化共生推進プランは2012年に策定され，総務省が示したモデルをおおむね踏襲し「総合計画2010」の計画を実行する内容となった。この推進プランが策定されたことにより，国際交流課だけでなく，市のあらゆる部局と生活者である市民，市全体がこのプランに基づき計画を推進する基盤ができた。各事業を計画するにあたっては，国際交流課とその部局が検討委員会を組織して，プランの内容を交渉・調整・説得して作っていくことになった。

名古屋市の多文化共生推進プランの刷新

　続く第2次プランの策定にあたっては，実態調査のために，アンケートとヒアリング，まちづくり会議が行われた。外国人や外国人を支援する団体から意見を募り，それを実現するための調整や交渉が行われた。外国人政策に関してこれまで名古屋市では行っていなかったまちづくり会議というタウンミーティングを開催し，ワークショップ形式で行うことによって，参加した外国人支援団体や市民から様々なアイディアが出された。第2次プランを作る過程で名古屋市と市民団体が意見や経験を交換し関係が築かれた結果，多文化共生推進プランの策定過程自体が新たな多文化共生を推進するネットワークの形成につながった。

　2006年に総務省が示した指針「地域における多文化共生推進プラン」において NPO，NGO などの民間団体との連携・協働の必要性がすでに示されていたが，名古屋市においても多文化共生政策は行政，国際センター，NPO・市民団体の連携によって実施されてきた。名古屋国際センターは，1984年に名古屋の国際交流と国際協力の拠点として設立されて以降，それらの活動に留まらず，地域で活動する外国人支援団体と連携し，そのハブ組織となる活動を進め

てきた。当初，主な事業は国際交流であり，国外から来る人の案内や名古屋市民が海外に目を向けるための事業を行っていたが，その後，多文化共生事業が導入され，現在ではグローバル人材を作るための多文化共生と地球市民の育成が中心的事業となっている。

　名古屋国際センターは開設当初から外国人向けの相談事業を行ってきた。心の相談や専門的な相談も多く寄せられ，日本の飲食業で働くアジア諸国出身の女性たちが多数来日した頃には駆け込み寺的な役割を果たしていた。転機となったのは1990年の日本語教室の立ち上げだった。1990年の入管法改正により南米日系人が名古屋や東海地域にも多数到着したが，日本語ができない人が多く，地域の人たちも困っていた。2003年から多文化共生の事業を開始し，外国人の子どもの居場所づくり，生活オリエンテーションや地域のルールを伝え外国人に理解を求める活動を行ってきた。センターは現場での活動や実践者を発掘し，日本語ボランティアや多文化共生を進める地域のリーダーを育成する役割も担っている。日系人が多数居住する港区で2003年4月から外国人児童の居場所づくりと日本人児童との交流を目的として「九番団地サッカー教室」を開催しており，そのサッカー教室に通っていた日系ブラジル人の少年がプロ選手となった例もある。名古屋国際センターは外国人や支援を実践する人々の活動を可視化し，エンパワーメントの場を作り，社会へのアピールにつなげる事業を進めている。

名古屋の多文化共生を推進する NPO・市民団体

　名古屋で多文化共生にかかわる NPO 法人や市民団体はそれらを率いるリーダーやメンバーの個人史とも重なるかたちで多様なルーツと過程によって発展してきた。名古屋では外国人支援のボランティアを行っている団体・個人が多数存在しており，諸団体の連携によって多文化共生政策を実施するうえで不可欠な行政と地域との協力体制を構築し，外国人住民の必要性に対応できる多様な機能を提供してきた。多文化共生の活動を率先したのは国際経験を有する女性たちであり，その女性たちが当初，帰国子女への日本語教育を行うために

サークルを形成し，そこから外国人への日本語教育を担う人々が現われた。ここで代表的な団体を紹介しよう。ことばの会は東海地域の日本語教室のなかでも初期に結成されたボランティア組織である。東海日本語ネットワークは日本語教室に携わる人々をつなぎ，毎年，名古屋国際センターと日本語教育をテーマとする共催事業を行っている。まなびや KYUBAN は，日系ブラジル人の子どもたちに学びの場を作り，多文化防災ネットワーク愛知・名古屋（TABO ネット）は，2016年4月に起こった熊本地震を契機に愛知県と名古屋市で活動している外国人住民を支援する NPO 代表や市民が結成し，外国人住民と日本人住民との共生を防災を通して活動・発信をしている。

5　どんな社会をめざすのか

　日本で多文化共生は行政主導で広まったが，未来の多文化共生はどうあるべきか，この概念の内実を考える時がきた。さらに，多文化共生という目標を手掛かりに日本はいかなる社会モデルを構想するのか，それに到達するためにいかなる制度を整備すればよいのかを考える必要がある。本章の冒頭でも述べたように，外国人労働者を扱う国の入国管理政策・労働政策と地方自治体において推進されてきた多文化共生政策を連動させる移民政策のシステム構築が必要である。そのためには国レベルでの政策や制度構築を実現させることが不可欠であるが，それを見据えて地方自治体において多文化共生推進プランや条例の整備を構想することは可能である。外国人住民の人権保障，ヘイト・スピーチ対策，権利保障（市民権・デニズンシップ）・地方参政権，行政サービスや諸手続きに関する情報提供・IT 技術を使った多言語対応，日本語教育や日本の文化・ルールの紹介，「やさしい日本語」の活用，防災・減災活動，労働環境の整備・保証，外国にルーツをもつ子どもたちへの教育の保証，外国人高齢者へのケアなど，生活者としての外国人住民に必要な課題は，日本人住民と同様な数と種類が存在している。

　そして，このような制度改革の前提として必要なことは，多文化共生の理念

の提示と日本人住民の意識改革である。多文化共生のための理念を国レベルから地方自治体，地域社会，市民に至るまで浸透させ，教育や社会の諸制度に至るまでこの理念に基づき設計することである。オーストラリアの事例が参考になる。オーストラリアは1970年代に白豪主義から多文化主義への転換を図った。その背景には労働力不足のみならず安全保障や外交，経済問題という課題があったが，これらの課題を政府が主導する多文化主義政策によって解決を図り，今日世界的にもオーストラリアは多文化主義を国是とする代表国となっている。

　また，現在の日本では多文化共生の対象を外国人住民のみに定めているが，先進国において外国人と国民という二項対立的な見方で多文化社会を位置づけているところはほとんどない。一般的に多文化社会として想定されるのは，国籍や民族，人種，ジェンダー，セクシュアリティの違いや障がいの有無などを含む多様な個性や特徴を有する人々とともに社会を創造することである。世界基準へと日本社会を開いていくためにも多文化共生の政策と理念の普及が試されている。

参考文献

愛知県『あいち多文化共生推進プラン2022』2018年。
朝日新聞「外国人との共生　やさしい日本語で」2018年 9 月24日朝刊。
井上達夫・名和田是彦・桂木隆夫『共生への冒険』毎日新聞社，1992年。
イリイチ，イヴァン（渡辺京二・渡辺梨佐訳）『コンヴィヴィアリティのための道具』
　　日本エディタースクール出版部，1998年。
岩渕功一編著『〈ハーフ〉とは誰か——人種混淆・メディア表象・交渉実践』青弓社，
　　2014年。
共同通信社取材班『ニッポンに生きる——在日外国人は今』現代人文社，2011年。
『現代思想』（特集：新移民時代）第 4 号，2019年。
駒井洋編著『国際化のなかの移民政策の課題』明石書店，2002年。
権五定・斎藤文彦編『「多文化共生」を問い直す』日本経済評論社，2014年。
塩原良和・稲津秀樹『社会的分断を越境する——他者と出会いなおす想像力』青弓社，
　　2017年。
『世界』（特集：移民社会への覚悟）第12号，2018年。
名古屋市「名古屋市基本構想」1977年。

———『第 2 次名古屋市多文化共生推進プラン』2017年。

西日本新聞社編『新　移民時代』明石書店，2018年。

樋口直人『日本型排外主義——在特会・外国人参政権・東アジア地政学』名古屋大学
　　出版会，2015年。

安田浩一『ルポ　差別と貧困の外国人労働者』光文社，2010年。

インタビュー

　鈴木淳氏（名古屋市役所），加藤理絵氏（名古屋国際センター），米勢治子氏（東海
　　日本語ネットワーク）

推薦図書

NHK 取材班編『外国人労働者をどう受け入れるか——「安い労働力」から「戦力」
　　へ』NHK 出版，2017年。

＊日本各地で外国人労働者が直面している労働問題や受け入れをめぐる課題の実態に
　　ついて現場取材をもとに明らかにした書。

高谷幸編『移民政策とは何か——日本の現実から考える』人文書院，2019年。

＊日本における移民政策の必要性と外国人労働者にかかわる問題を多角的かつ体系的
　　に論じた書。

毛受敏浩編著『自治体がひらく日本の移民政策——人口減少時代の多文化共生への挑
　　戦』明石書店，2016年。

＊人口減少が進む地方での外国人受け入れの現状や多文化共生政策，自治体の政策の
　　課題を検討した入門書。

── コラム⑭　やさしい日本語劇団 ──

　外国人の住民に防災の情報を伝えるために，やさしい日本語の活用が全国の自治体で広まっている。名古屋ではやさしい日本語を日常生活のなかでも広めるために，「やさしい日本語劇団」が活動している。団員はいずれも名古屋や東海地域で外国人との共生のためのボランティア活動を行っている人たちで，日本人以外にもペルー人，韓国人，ネパール人らが参加している。上演するのは団員の体験を基にした1本あたり2，3分のコント仕立ての寸劇である。「外国人には英語なの？」では，外国人に話しかけるには英語を使うという先入観をなくして，日本語でもよいからコミュニケーションをとろうというメッセージを伝えている。その他にも役所の窓口の係員が上から目線であることで問題が起こってしまうものなど，外国人が直面している日本社会での日常的な問題や日本語の障壁，暮らしのマナーやルールなどの題材を取り上げている。

　この劇団の結成は，2017年12月に東海地方の日本語教室の講師やボランティアが集まる恒例のシンポジウムでやさしい日本語をテーマに取り上げたことがきっかけとなった。日本語ボランティアの人たちが教室でやさしい日本語を使って教えていないので，それを学ぶ必要があることを示すために，日本語教室の様子を再現したり，様々なシチュエーションを寸劇方式にして日本語の先生たちにやさしい日本語の重要性に気づいてもらう提案が出された。シンポジウムを主催する東海日本語ネットワークのメンバーのみならず，つながりがあった多文化防災ネットワーク愛知・名古屋（TABOネット）のメンバーも加わり，名古屋国際センターの協力を得てシンポジウムで寸劇のお披露目をした。シンポジウム終了後，有志が集まって劇団が結成され，名古屋国際センターや愛知県，名古屋市の多文化共生関連のイベントで上演を行っている。このような組織ができたのは，劇団に集まった人々が多文化共生の活動やイベントのなかで，すでに様々な形でかかわりをもっていたからである。またその背景には，名古屋と東海地域での日本語ボランティアの層の厚さがあったからである。

　今後，外国人住民が増加する日本社会において，やさしい日本語をいかに普及させることができるかが課題である。日本人住民と外国出身の住民がともに働き，暮らし，協働して地域社会を作っていくためには，共生のための日本語が求められている。

索 引

（＊は人名）

執筆者紹介 (所属，執筆分担，執筆順，＊は編著者)

＊伊藤恭彦（名古屋市立大学大学院人間文化研究科教授，はしがき，序章，第1章，コラム①）

＊小林直三（名古屋市立大学大学院人間文化研究科教授，はしがき，序章，第2章，第14章，コラム②，コラム⑬）

＊三浦哲司（名古屋市立大学大学院人間文化研究科准教授，はしがき，序章，第3章，第15章）

曽我幸代（名古屋市立大学大学院人間文化研究科准教授，第4章，コラム③，コラム④）

山田恵里（名古屋市立大学大学院経済学研究科講師，第5章，コラム⑤）

森田雄一（名古屋市立大学大学院経済学研究科教授，第6章，コラム⑥）

中山徳良（名古屋市立大学大学院経済学研究科教授，第7章，コラム⑦，コラム⑧）

三宅　勝（名古屋市立大学都市政策研究センター長，第8章，コラム⑨）

林浩一郎（名古屋市立大学大学院人間文化研究科准教授，第9章）

別所良美（名古屋市立大学大学院人間文化研究科教授，第10章，コラム⑩）

森田陽子（名古屋市立大学大学院経済学研究科教授，第11章）

谷口由希子（名古屋市立大学大学院人間文化研究科准教授，第12章，コラム⑪，コラム⑫）

桜井啓太（立命館大学産業社会学部准教授，第13章）

山本明代（名古屋市立大学大学院人間文化研究科教授，第16章，コラム⑭）

《編著者紹介》

伊藤恭彦（いとう・やすひこ）

1961年　生まれ。
1990年　大阪市立大学大学院法学研究科博士後期課程単位取得。博士（法学）（大阪市立大学）。
現　在　名古屋市立大学大学院人間文化研究科教授。
主　著　『多元的世界の政治哲学――ジョン・ロールズと政治哲学の現代的復権』有斐閣，2002年。
　　　　『貧困の放置は罪なのか――グローバルな正義とコスモポリタニズム』人文書院，2010年。
　　　　『タックス・ジャスティス――税の政治哲学』風行社，2017年。

小林直三（こばやし・なおぞう）

1974年　生まれ。
2008年　関西大学大学院法学研究科公法学専攻博士課程後期課程修了。博士（法学）（関西大学）。
現　在　名古屋市立大学大学院人間文化研究科教授。
主　著　『中絶権の憲法哲学的研究――アメリカ憲法判例を踏まえて』法律文化社，2013年。
　　　　『地域に関する法的研究』（共編著）新日本法規出版，2015年。
　　　　『法と持続可能な社会の構築』（共編著）新日本法規出版，2017年。

三浦哲司（みうら・さとし）

1983年　生まれ。
2011年　同志社大学大学院総合政策科学研究科博士後期課程修了。博士（政策科学）（同志社大学）。
現　在　名古屋市立大学大学院人間文化研究科准教授。
主　著　『地方自治入門』（共著）ミネルヴァ書房，2020年。
　　　　『自治・分権と地域行政』（共著）芦書房，2020年（近刊）。

転換期・名古屋の都市公共政策

――リニア到来と大都市の未来像――

2020年9月30日　初版第1刷発行　　　　　　〈検印省略〉

定価はカバーに
表示しています

		伊	藤	恭	彦
編著者		小	林	直	三
		三	浦	哲	司
発行者		杉	田	啓	三
印刷者		坂	本	喜	杏

発行所　株式会社　ミネルヴァ書房
607-8494　京都市山科区日ノ岡堤谷町1
電話代表　(075)581-5191番
振替口座　01020-0-8076番

ⓒ伊藤・小林・三浦ほか, 2020　冨山房インターナショナル・清水製本

ISBN 978-4-623-08986-4

Printed in Japan

入江容子／京 俊介 編著
地方自治入門
A 5 判・408頁
本 体 3500円

橋本行史 編著
新版 現代地方自治論
A 5 判・296頁
本 体 2800円

石橋章市朗／佐野 亘／土山希美枝／南島和久 著
公共政策学
A 5 判・324頁
本 体 2800円

重森 曉／柏原 誠／桑原武志 編著
大都市ガバナンスの検証
A 5 判・282頁
本 体 5500円

キャロライン・ノウルズ／ポール・スウィートマン 編
後藤範章 監訳　渡辺彰規／北山輝裕／松橋達矢／
林浩一郎／後藤拓也 共訳
ビジュアル調査法と社会学的想像力
A 5 判・336頁
本 体 3400円

有馬晋作 著
劇場型ポピュリズムの誕生
四六判・322頁
本 体 3500円

―――――― ミネルヴァ書房 ――――――

https://www.minervashobo.co.jp/